보통이 아닌 몸

미국 문화에서 장애는 어떻게 재현되었는가

Extraordinary Bodies: Figuring Physical Disability in American Culture and Literature
by Rosemarie Garland Thomson

Copyright © 1997 Columbia University Press
All rights reserved.
Korean translation copyright © 2015 Greenbee Publishing Co.
This Korean language edition is a complete translation of the U.S. edition, specially authorized by the
original publisher, Columbia University Press, USA through Yu Ri Jang Agency, Korea.

보통이 아닌 몸: 미국 문화에서 장애는 어떻게 재현되었는가

초판1쇄 펴냄 2015년 5월 30일
초판3쇄 펴냄 2021년 2월 11일

지은이 로즈메리 갈런드 톰슨
옮긴이 손홍일
펴낸이 유재건
펴낸곳 그린비
주소 서울시 마포구 와우산로 180, 4층
대표전화 02-702-2717 | **팩스** 02-703-0272
홈페이지 www.greenbee.co.kr
원고투고 및 문의 editor@greenbee.co.kr

주간 임유진 | **편집** 홍민기, 신효섭, 구세주 | **디자인** 권희원 | **마케팅** 유하나
물류유통 유재영, 한동훈 | **경영관리** 유수진

이 책의 한국어판 저작권은 유리장 에이전시를 통해 Columbia University Press와 독점 계약한 (주)그린비출판사에 있
습니다. 저작권법에 의하여 한국 내에서 보호를 받는 저작물이므로 무단전재와 무단복제를 금합니다.
책값은 뒤표지에 있습니다. 잘못 만들어진 책은 구입처에서 바꿔 드립니다.
ISBN 978-89-7682-787-6 93330

學問思辨行 독자의 학문사변행을 돕는 힘이 센 책

그린비 철학, 예술, 고전, 인문교양 브랜드
엑스북스 책읽기, 글쓰기에 대한 거의 모든 것
곰세마리 책으로 통하는 세대공감, 가족이 함께 읽는 책

보통이 아닌 몸

미국 문화에서 장애는 어떻게 재현되었는가

로즈메리 갈런드 톰슨 지음 | 손홍일 옮김

그린비 장애학 컬렉션·04

그린비

옮긴이 서문

이 책의 지은이가 밝힌 것처럼, 나도 자신의 장애를 인정하게 된 과정의 일환으로 장애학에 접근하였고, 이 책을 번역하기로 마음먹었다. 장애를 인정하기 이전에 나는 '보통 사람'으로 행세하기 위하여, 그리고 그렇게 받아들여지기 위하여 애쓰는 삶을 살았다. 그러던 중 이 책에 나오는 낸시 메어즈의 다음과 같은 말에 깊은 감동을 받으면서 나의 장애에 대해 새로운 시각과 그에 따르는 태도를 갖게 되었다. "나는 사람들이 나를 운명/신/병균으로부터 친절한 대우는 받지 못했지만 내 존재의 잔인한 진실을 정면으로 직시할 수 있는 그런 강인한 사람으로 보아 주길 원한다. 불구라서 나는 활보한다."

지은이가 주장하듯이 이 책은 장애학을 인문학적 맥락 속에 위치시키려는 시도로서 중요한 의미를 지닌다. 본문에서 그녀는 이 책의 목적을 다음과 같이 기술하고 있다. "내 목적은 장애를 인종, 젠더, 사회계급, 민족, 섹슈얼리티와 함께 고려해야 할 또 다른 문화적 연관으로, 그리고 신체적으로 정당화된 차이로 재구성함으로써, 몸과 정체성의 문화적 구성에 대한 우리의 이해를 넓히고 관련된 용어를 바꾸어 내는 것이다."

장애학은 사회학, 의료인류학, 특수교육학, 재활의학과 같은 학문 분과에서 이루어지는 학술적 연구의 한 분야로서 발전하였지만, 인문학 내에서 분명하게 장애를 정치화된 문제로서, 구성주의적 시각 내에 위치시키려는 연구는 거의 없었다. 이 책은 그러한 결여 또는 부족을 메우는 의미 있는 노력인 것이다.

이 책은 여러 면에서 강점이 많은 책이다. 그 중 몇 가지를 말하자면, 첫째 이 책은 인문학적 장애학에 접근하려 할 때 도움이 되는 다양한 이론들, 특히 어빙 고프먼의 낙인 이론, 메리 더글러스의 '불결한 것'에 대한 이론, 미셸 푸코의 특수성과 정체성에 대한 사유 등을 비교적 자세히 소개하고 있다. 둘째, 이 책은 여러 작가들의 작품 분석을 통해 장애학과 인문학의 접점을 찾고 있다. 특히 장애와 미국 흑인여성 문학의 접점에 대한 깊이 있는 분석은 인문학적 장애학에 관한 좋은 모형을 제시해 주고 있다. 더불어 이 책은 장애를 여성주의 담론과 결합시켜 여성주의 장애 담론을 시도함으로써 현재의 여성주의가 드러내는 일부 한계를 보완해 주고 있다는 점도 강조하고 싶다.

이 책의 핵심 용어인 extraordinary body를 '보통이 아닌 몸'으로 옮기는 데는 여러 가지 사항이 고려되었다. 첫째는 extraordinary가 비장애인을 지칭하는 ordinary의 반대 개념으로 사용되고 있다는 사실이다. 이 경우 extraordinary를 어떻게 번역하는가는 ordinary를 어떻게 번역하는가에 달려 있다고 할 수 있겠다. 둘째는 지은이가 비장애인과 연결되는 ordinary의 반대어 un-ordinary라는 말을 피하고 extra-ordinary를 사용한 이유를 추측해 보았다. 그러면서 지은이가 un-의 부정적인 의미와는 달리 extra-가 지니고 있는 긍정적인 함축성을 강조하려 한 것이 아닐까라는 생각을 하게 되었다. 마지막으로 지은이가 책의 결론 부분에서 밝힌 것처럼, 이 책의 궁극적인 목적이 "장애를 지닌 몸을 새로운 방법으로 보는 것"이라는 점을 고려하였다. 즉 장애를 새로운 방법으로 보는 데 도움을 주기 위해서 장애라는 말 대신 extraordinary라는 말을 사용한 것이라는 생각에 이르게 되었다. 이 세 가지 사항을 고려하면서, 장애를 새롭게 보는 데 도움을 줄 수 있으면서 동시에 extra-가 지니고 있는 긍정적인 의미를 전달할 수 있는 우리말을 찾게 되었고, extraordinary를 옮길 수 있는 여러 가지 말 중에서(예를 들면 '비범한', '기이한', '놀라운', '평범하지 않은' 등) '보통이 아닌'을 택하여 그렇게 옮기기로 결정하였다. 독자들이 이 책의 서술을 통하여 '장애'를 '결핍'이나 '결여'가 아니라 '보통이 아닌' 몸으로 읽을 수 있게 되기를 바란다.

최근 국내에 장애학에 대한 관심이 급증하고 있다. 이런 관심이 장애학을 인문학 영역으로 도입하는 데까지 이어질 수 있으면 한다. 그리고 그와 같은 노력에 이 책이 작은 기여나마 할 수 있으면 좋겠다는 바람을 가져 본다.

장애학 컬렉션이란 이름의 프로젝트를 마련하여 한국에서 장애학이 도약할 수 있는 발판을 마련해 주신 그린비출판사에 감사드린다. 특히 대단히 세밀한 편집과 교정으로 번역의 완성도를 높여 주신 김미선 씨에게 깊은 감사를 드린다. 끝으로 무한한 사랑으로 건강과의 싸움에서 나를 지켜 준 아내 육청민에게 감사한 마음과 존경과 사랑을 모두 전하고 싶다.

금호강이 보이는 곳에서
옮긴이 손홍일

서문

이 책은 나 자신의 장애를 공개적으로 밝히고 인정하게 된 과정의 결과물이다. 장애를 지닌 사람들이 흔히 겪는 것처럼, 나도 내 몸의 다름을 개인적인 문제로, 침착과 당황이 뒤섞인 상태에서 인정하고 타협한 나 자신의 한 측면으로 보는 법을 익혔다. 정도 차이는 있지만 내 몸이 사람들을 불편하게 만든다는 것을 알았고, 그런 사람들에게 난 괜찮을 것이라고, 우린 함께 잘 해낼 것이라고 안심시키는 것이 내가 할 일이라는 것도 알게 되었다. 나는 장애 문화에 동질감을 느끼지 못했고, 장애를 지닌 친구들도 없었다. 여성주의적 의식화 이전의 많은 여성들처럼 또는 흑인 인권 운동 이전의 일부 흑인들처럼, 나 역시 내가 사회가 존중하는 규범과 다르다는 사실을 정치적 또는 사회적 문제로서가 아니라 개인적 문제로 보아 왔던 것이다.

한편 나는 문학 비평가로서 일하면서, 작품 속에 등장함에도 비평적 관심을 받지 못하는 수많은 장애 인물들을 발견하게 되었고, 그들과 동질감을 느끼게 되었다. 그러나 장애에 관심을 가져야겠다고 생각하는 것은 장애를 부인한 나의 삶을 부정하는 것이라 생각되었기 때문에,

비평에서 처음으로 내가 장애인임을 밝히는 것은 망설여지고 불안하기도 했다. 개인적인 것은 정치적인 것이라는 여성주의의 대담한 주장이 없었다면, 그리고 정체성의 정치학이 하나의 비평적 시각으로 인정되지 않았다면, 또한 최근의 학문적 탐구 영역의 확장이 없었다면 나는 이 같은 연구 과제를 시작하지 못했을 것이다. 장애를 재현의 정치학에 대한 학문적 심문에 도입할 시기가 무르익었기 때문에 나는 끝까지 계속할 수 있었다. 그러니까 나는 비평적 사고와 문화연구의 역사에 있어서 현재 시점의 덕을 보고 있는 것이다. 장애에 관하여 항상 당당하게 말하며 살 수 있게 되면서 인문학에서의 장애학 분야를 발견할 수 있었고, 동시에 그 분야를 구축해 나갈 수 있었으며, 장애학의 상을 형성해 나가는 학자들의 공동체 기반을 굳히는 데 도움이 될 수도 있었다.

이 책이 세상에 나올 수 있었던 것은 격려를 아끼지 않은 마이클 길모어, 그리고 사회과학 내의 장애학이라는 학문을 소개해 주고, 그 학문 분야에서 활동하며 내게 도움을 준 학자들을 소개해 주신, 이제는 고인이 된 어브 졸라 덕분이다. 이 책이 출판되기까지 여러 단계에서 아낌없는 지원과 유용한 지적을 해준 나의 동료들——밥 보그단, 메리 캠벨, 레니 카수토, 레니 데이비스, 와이 치 디목, 트레이시 페신든, 스킵 게이츠, 캐롤린 게브허드, 낸시 골드스타인, 데이비드 거버, 진 굿하트, 할런 한, 필 하퍼, 리즈 호드슨, 에이미 랭, 클라우디어 림버트, 시미 린튼, 폴 롱모어, 에릭 로트, 헬레나 미치, 데이비드 미첼, 엘리자베스 판타야, 캐런 산체스-에플러, 로빈 위홀——그리고 윌리엄 앤드 메리 대학의 1992년 커먼웰스센터 박사후 연구 장학금 위원회에 감사드린다. 이 외에도 여러 기관이 연구비와 집필 보조비를 제공하는 형태로 이 책의 집필에 도움을 주었다. 1994~1995년 대학 교수를 위한 연구비를 준 미국 국립인문

재단, 1995년 연구비를 준 퍼지션스 대학의 우드연구소, 1995년 앤드루 W. 멜론 연구비를 준 메사추세츠 역사연구회, 1991~1992년 박사학위 논문 장학금을 준 미국대학여성연합회, 1991~1992년 앤드루 W. 멜론 박사학위 논문 장학금을 준 브랜다이스 대학 영어영문학과, 그리고 1991~1992년 박사학위 논문 장학금을 준 브랜다이스 대학 여성학과에 감사드린다.

그리고 이 책 5장의 일부와 관련된 초기 연구인 나의 논문 「차마 말할 수 없는 것에 대해 말하기: 토니 모리슨의 소설 내 장애의 재현」에 1989년 여성주의 연구를 위한 플로렌스 하우 상 Florence Howe Award을 준 미국현대언어학회의 여성위원회에 감사드린다. 뿐만 아니라 1990년에 나에게 '떠오르는 학자상'을 준 장애학협회에도 감사드린다. 2장과 5장의 일부는 『국제여성학』지에 다른 형태로 출판된 앤 페트리 Ann Petry에 관한 논문에서 가져온 것이고, 4장은 『미국문학』지에 다른 형태로 출판되었던 것이다. 이 논문들을 다시 사용할 수 있도록 허락해 준 편집인들께 감사드린다. 또한 아낌없는 지원과 철저한 교정을 해준 컬럼비아 대학교 출판부의 제니퍼 크루와 레슬리 크리슬에게도 고마움을 표하고 싶다.

밥, 랍, 레나와 카라의 변함없는 태도, 정서적인 지지, 인내, 격려와 지원 덕분에 이 책을 쓰는 일과 다른 여러 일을 할 수 있었다. 그리고 미국 전역에 있는 동료들과의 든든한 관계에 감사드리며, 지난 여러 해 동안 내가 글을 쓰고 읽을 시간을 가질 수 있도록 내 아이들을 돌봐 준 많은 여성에게 감사드리고 싶다.

차례

| 일러두기 |

1 이 책은 Rosemarie Garland Thomson의 *Extraordinary Bodies: Figuring Physical Disability in American Culture and Literature*(New York: Columbia University Press, 1997) 를 번역한 것이다.

2 이 책의 주석은 모두 본문 뒤에 후주로 실었다. 옮긴이 주의 경우, 주석 맨 앞에 [옮긴이]라고 적어 구분했다.

3 본문 내용 중 옮긴이가 독자들의 이해를 위해 추가한 내용은 대괄호([ ])로 묶어서 표시했다. 인용문에 있는 대괄호 안의 내용은 지은이가 추가한 것이다.

4 단행본·전집·정기간행물 등은 겹낫표(『 』)로, 시·논문·단편·회화 제목 등은 낫표(「 」)로 표시 했다.

5 외국 인명이나 지명, 작품명은 2002년에 국립국어원에서 펴낸 외래어 표기법을 따라 표기하 는 것을 원칙으로 하였으나, 관례에 따라 표기한 경우도 있다.

1부 | **몸의 다름을 정치화하기**

†

자연은 단지 문화의 원료, 즉 자본주의적 식민주의 논리에서 문화에 의해 원하는 대로 사용될 수 있도록 전용되고, 보존되고, 예속되고, 찬양되거나 기타 다른 방법으로 유연하게 만들어지는 원료일 뿐이다.
— 도나 해러웨이, 『영장류의 시각』*Primate Visions*

재현이란 [실제 몸의 다름에 대한] 인식을 이해 가능한 것으로, 항상 깨지기 쉽고 관례화된 것으로, 달리 표현하자면, 인간적인 이해가 가능한 것으로 구성하는 것이다.
— 리처드 다이어, 『이미지 문제』*The Matter of Images*

변칙은 패러다임에 의해 제공된 배경에 대조되어서만 드러난다.
— 토마스 S. 쿤, 『과학 혁명의 구조』*The Structure of Scientific Revolution*

1장

서론: 장애, 정체성, 재현

문화 속의 장애 형상

아주 넓은 의미에서 이 책은 재현이 어떻게 몸에 의미를 부여하는가에 대한 연구라고 할 수 있다. 최근 학계에서 젠더, 인종, 성적 취향과 같이 정치화된 구성에서 다름과 정체성이 어떻게 작동하는지에 대해 연구를 많이 하고 있지만, 문화와 문학 비평은 대체로 그와 관련된 신체적 타자성 ─ 우리가 '괴물', '손상', '기형', '불구', 또는 '신체적 장애'와 같이 다양하게 생각하고 있는 ─ 은 간과해 왔다.[1] 그럼에도 불구하고 이 같은 용어들이 묘사하고 있는 신체적으로 보통이 아닌extraordinary 형상은 특권이 부여된 규범을 떠받치는 다양한 젠더화된, 인종적, 민족적, 성적 타자성의 형상들만큼이나 미국의 자아 형성이라는 문화적 과제에 중요한 것이다. 내 목적은 장애를 인종, 젠더, 사회계급, 민족, 섹슈얼리티와 함께 고려해야 할 또 다른 문화적 연관으로, 그리고 신체적으로 정당화된 차이로 재구성함으로써, 몸과 정체성의 문화적 구성에 대한 우리의 이해를 넓히고 관련된 용어를 바꾸어 내는 것이다. 달리 말하면, 나는 혼혈, 미개인, 퀴어queer, 숙녀lady 같은 형상들을 해체하는 데 집중하는 우리의 비평적 대화 속으로 불구, 환자, 기형과 같은 형상들을 도입하려는 것이다. 이들 보통이 아닌 몸들의 문화적 기호화를 자연스럽지 않은 것으로 만듦으로써 나는 단순히 스테레오타입을 공격하는 차원을 넘어서 재현의 전통적 방식을 심문하고 몸의 다름에 대한 사회적 내러티브 안에서 일어나는 정체성 형성 과정의 복잡성을 풀어헤쳐 보려는 것이다. 주변이 중심을 구성한다는 탈근대주의의 전제를 따르면서 나는 전체를 새로운 방법으로 보기 위해 주변을 탐구하려는 것이다. 문화가 '정상으로부터의 일탈'이라 부르는 것의 전형인 장애 형상을 자세히 살펴봄으로써 나는 겉으로 보기에 중립인 규범을 뒷받침하고 있는 가정들을 드러내 보여 줄 수 있기를 원한다. 따라서 나는 이 책에서 장애가 문화 속에서 어떻게 작동하는지, 그리고 특히 기형인간쇼(프릭쇼)freak show, 감상주의 소설 또는 흑인여성의 해방 소설과 같은 재현의 현장에서 어떻게 장애, 인종, 젠더, 섹슈얼리티 같은 담론들이 뒤섞여 신체적 다양성이라는 원료로부터 타자성의 형상들을 만들어 내는지에 집중하려 한다. 이 같은 분석은 신체적 다양성을 나타내는 모든 형태들이 문화적 의미를――특권과 지위와 권력의 분배를 결정하는 신체적 특징들의 서열 관계에 토대가 되고 있는 그런 문화적 의미를――얻게 되는 복잡한 과정에 대한 우리의 이해를 높여 줄 것이다.

이 책의 주요 목표 중 하나는 '신체적 온전함'able-bodiedness과 이것의 반대 개념인 '장애'disability가 자명한 신체적 상태라고 하는 고정된 생각에 도전하는 것이다. 나는 배제적 담론을 구성하는 법적, 의학적, 정치적, 문화적, 문학적 내러티브를 통하여 어떻게 '신체적 장애인'이 생산되는지를 보여 줌으로써, 온전함과 장애라는 두 가지 정체성의 범주를 낯설게 만들고자 한다. 신체적 부적당과 일탈을 체화[2]한 것으로 구성된 신체적 장애를 지닌 몸은 취약함, 통제, 정체성과 같은 골치 아픈 문제들에 대한 사회적 불안의 저장소가 된다. 달리 말하자면, 나는 장애를 의학의 영역으로부터 정치적 소수집단의 영역으로 옮기려는, 즉 장애를 병적인 현상에서 일종의 민족성ethnicity 형태로 재구성하려는 것이다. 장애란 사회적 권력 관계의 맥락 속에서 몸의 특수성들을 이해하는 것이라고 주장함으로써, 나는 신체적 장애를 절대적이고 열등한 상태 그리고 개인적인 불행으로 간주하는 일반적인 생각을 반박하려 한다. 그런 일반 통념을 대신하여 나는 장애란 재현, 즉 신체적 변화 또는 형상에 대한 문화적 해석이며 사회적 관계와 제도를 구성하고 있는 몸들의 비교라는 것을 보여 주려 한다. 결국 장애는 신체적 '비정상'의 속성, 몸의 특성이라기보다는 몸이 어떠해야 하는지 또는 몸이 무엇을 해야 하는지에 대한 문화적 규칙인 것이다.

이처럼 장애와 관련된 사회적 맥락을 고려하는 시각은, 예를 들자면, 1990년에 제정된 「미국 장애인 법」Americans with Disabilities Act에 의해 마련된 장애에 대한 현재의 법적 정의에서 확인할 수 있다. 이 기념비적 인권법은 장애가 객관적인 몸의 상태라기보다는 인식과 주관적 판단에 좌우된다는 것을 인정하고 있다. 이 법은 장애를 "한 가지 이상의 주요 일상 생활 활동들을 현저하게 제약하는 손상"으로 규정한 다음, 법적으로 장애를 갖게 된다는 것은 또한 "그 같은 손상을 갖고 있는 것으로 간주되는" 문제임을 인정한다.[3] 그 중요성에도 불구하고 이 같은 정의에 그저 암시되고 있는 정도에 그치고 있는 '손상'과 '제약' 둘 다 진술되지는 않은 그러나 결정적인 규범 ──즉 인간이 어떻게 생겨야 하고 행동해야 하는지에 대한 문화적 기대로부터 발생하는 신체적 형태와 기능에 대한 일련의 가설적 지표——을 가지고 개개의 몸들을 비교하는 것에 의해 결정된다는 것이다. 이러한 기대들의 일부는 (직립보행을 위한 두 다리를 갖고 있는 것 또는 시력과 발화 능력과 같은) 전형적인 인간과 관련된 생리학적 사실들에 근거하고 있지만, 그 기대들의 사회정치적 의미와 결과는 전적으로 문화적으로 결정되는 것이다. 예를 들자면, 휠체어 사용자에게 있어서 계단은 경사로가 만들어 내지 않는 기능적 '손상'을 만들어 내는 것이다. 인쇄된 정보는 시력이 있는 사람을 제약하지 않지만 시각 장애인은 제약하게 되는 것이다. 말뿐만 아니라 수화로도 대화하는 공동체에서는 귀가 들리지 않는 것이 장애가 되지 않는다.[4] 300파운드의 무게를 들어 올릴 수 없는 사람은 '신체적으로 온전'하지만, 50파운드의 무게를 들어 올릴 수 없는 사람은 '장애'인 것이다. 나아가 '아름다움', '자립', '체력', '능력', '정상'normalcy과 같이 문화적으로 생성되어 굳어진 기준은 어떤 인간의 몸은 인정하고 긍정적으로 받아들이는 반면, 다른 인간의 몸은 배제하고 장애로 만든다. 법은 장애를 기능 면에서 정의하려 들지만, 신체적 형태와 외모에 부여된 의미는 많은 사람들에게 제약이 된다. 이 점은, 예컨대, 눈에 띄는 장애를 지닌 사람들이 공공장소에 나타나는 것을 금지한 어글리 법ugly laws이 잘 보여 주고 있다. 미국의 일부 지역에서는 이런 법이 1974년에 이르러서야 겨우 폐지되었다.[5] 이처럼 몸은 사회적으로 만들어진 환경과 상호작용하고, 사회적 기대에 따르는 방식들이 장애 또는 온전함, 달리 표현하자면 신체적으로 보통이 아님과 보통임의 다양한 정도를 결정하는 것이다.

결과적으로 보통이 아닌 몸의 속성이라고 여겨지는 의미들은 내재된 신체적 결함에 있는 것이 아니라, 한 집단이 소중하게 여기는 신체적 특징들을 소유함으로써 정당화되고, 다른 집단들에게 문화적으로 또는 신체적으로 열등한 역할을 강요함으로써 그 지배력과 자아 정체성을 유지하는 것이다. 그래서 재현은 규범적인 정체성이 체화된 형태를 지지하고 동시에 그러한 규범에 맞지 않는 몸과 행동을 가진 사람들을 배제하는 신체적 다름의 내러티브를 만들어 낸다. 따라서 나는 미국 문화에서 어떻게 재현이 신체적인 장애의 형상을 창조해 내는지에 초점을 맞춤으로써 우리의 집단적인 문화적 의식 속에 아주 뚜렷하게 새겨져 있는 장애와 상관된 미국의 규범적인 자아의 형상도 확실하게 밝힐 것이다. 우리는 장애 형상이 생생하게 체화된 그리고 낙인찍힌 타자로서, 특권이 주어지고 이상화된 미국적 자아의 형상을 체화가 지니고 있는 예측 불허의 가변성과 취약성으로부터 해방시키는 사회적 역할을 수행하는 타자로서 작동하는 것을 보게 될 것이다.

이 책의 한 가지 목적은 결국 우리가 일반적으로 받아들이는 체화의 서열에 의해 윤곽이 그려지는, 존중되거나 폄하되는 사회적 정체성들 사이의 관계를 조사해 보는 것이다. 지배적인 기대를 벗어난 신체가 그 의미가 해석되지 않거나 처벌받지 않는 경우는 없으며, 기대에 부응하는 신체는 항상 보상을 받는다. 다르다고 간주되는 몸을 둘러싼 일탈의 내러티브는 보통인 것 또는 최상의 것이란 개념에 부합하는 몸을 둘러싼 보편성의 내러티브와 병행한다. 문화적 이분법이 평가 작업을 통해 이 몸은 열등하고 저 몸은 우수하다, 이 몸은 아름답거나 완벽하고, 저 몸은 기괴하거나 추하다는 평가를 내린다. 이 같은 시각적인 다름의 경제학 속에서 무표적인unmarked 몸은 '정상'이라는 중립적 공간 속에 있게 되는 반면에, 열등하다고 여겨지는 몸은 타자성을 목격하게 되는 대단한 구경거리가 된다. 생물학적 근거를 크게 넘어서는 의미가 부여된 병신, 혼혈, 변태, 이방인, 창녀 같은 형상들은 사회적으로 결정된 낙인으로 표시되고 재현을 통해 정의되며 사회적 권력과 지위로부터 배제당하는 다름을 분류하는 이념의 산물인 것이다. 이와 같이 문화적 타자와 문화적 자아는 상반된 쌍둥이 형상으로 함께 작동하면서 생리학적 다름에 의해 정당화된 사회적, 경제적, 정치적 권력 부여 체제를 적법한 것으로 만드는 것이다.[6]

나는 장애 형상을 연구하면서, 동시에 본 연구가 만들어 내는 형상으로서 장애 형상과 서로를 구성해 주는 형상이라고 할 수 있는 문화적으로 구성된 '정상인'normate을 불안정하게 만들려고 한다. 이 normate라는 신조어는 문화적 자아의 가려진 주체 위치를 말하는데, 즉 그들의 유표된 몸이 '정상'의 경계를 이루고 있는, 일탈한 여러 타자들에 의해 윤곽이 그려지는 형상을 말한다.[7] 이 '정상인'이라는 용어는 사람들이 자신을 거의 완벽한 인간으로 제시하는 데 사용하는 사회적 형상을 명시한다. 따라서 '정상인'은 신체적 구성과 그 구성이 갖고 있는 문화자본을 통하여 권위를 갖는 위치를 차지하게 되고, 그 같은 위치가 부여하는 권력을 행사하는 자들이 갖게 되는 구성된 정체성인 것이다. 역사상 현시점에서 사회 체제 내에 존재하는 모든 유표된 특성들을 벗겨 버림으로써 '정상인'의 위치를 정의하려 할 때 등장하는 것은, 너무도 좁게 정의되어 있어 오직 소수의 실제 사람들만을 서술할 수 있는 윤곽이다. 뒤에서 내가 상세하게 논의할 어빙 고프먼Erving Goffman은 이 같은 현상의 논리적 결론을 "미국에는 단 하나의 완전하고 당당한 남자가 있다. 그 남자는 젊고, 결혼하고, 백인이고, 도시에 살고, 북부에 살고, 이성애자이고, 개신교도이고, 대학 교육을 받고, 완전 고용 상태에 있고, 혈색좋고, 적당한 체중과 키를 지니고 있으며, 최근 운동시합에 출전한 경력이 있는 아버지이다"라는 냉소적인 말로 표현하였다.[8] 흥미롭게도 고프먼은 '정상인'을 묘사함에 있어 여성성은 당연히 관련 없는 것으로 생각하였다. 한편 이 같은 이미지의 편재와 권력과 가치를 통해 알 수 있는 것은 분명하다. '정상인'의 주체 위치가 갖는 권력은 신데렐라의 이복 자매들이 그들의 발을 신데렐라의 유리구두에 억지로 밀어 넣으려 한 것과 동일하게, 사람들이 종종 '정상'의 주체 위치에 대한 묘사에 자신을 맞추려 한다는 것이다. 이처럼 '정상인'의 형상을 정확하게 밝히는 것은 우리의 분석이 남성/여성, 백인/흑인, 이성애자/동성애자, 온전한 사람/장애를 지닌 사람과 같은 단순한 이분법을 넘어서 신체적 다름에 근거를 두고 있는 사회적 정체성들 사이의 미묘한 상호 관계를 탐구할 수 있도록 하는 하나의 개념적 전략이 된다.

그러나 '정상인'의 주체 위치는 우리가 신체적, 문화적 타자성을 구성하는 사회적 과정과 담론을 자세히 살펴볼 때만 그 모습을 드러낸다. 주변화되는 동안에도 타자성의 형상은 권력 관계에 있어서 두드러지게 유표되기 때문에, 타자성의 형상이 지니는 '정상'으로부터의 일탈이라는 문화적 가시성은 그것들이 적법한 것으로 만들어 주고 있는 '정상인'의 형상을 감추고 중립화한다. 따라서 장애의 작동을 분석하기 위해서는, 이 책의 1부에서 내가 진행하는 것처럼, '정상인'의 형상과 그것과 조화를 이루지 못하지만 함께 등장하는 형상들을 생산해 내는 과정과 가정에 관하여 상세하게 이론화하는 것이 매우 중요하다. 그러나 나는 이 책의 2부에서 어떻게 재현이 종종 장애 형상들을 복잡한 삼각관계 또는 의외의 동맹 속에 배치시키는지, 그리고 어떻게 이 재현들이 억압적인 동시에 해방적인 것이 될 수 있는지에 집중함으로써 자아와 타자, '정상인'과 그로부터의 일탈 같은 단순한 이분법을 복잡화하려 한다. 2부에서 기형인간쇼, 감상주의 소설, 흑인여성 해방 소설에 의해 장애가 구성되는 방식에 대한 나의 분석은 두 가지 이유로 여성 형상들에 초점을 맞춘다. 첫째로 장애와 성적 타자성 사이의 관계를 조사할 필요가 있기 때문이고, 두번째로 '비정상' 지위가 부여된 장애가 모든 장애 형상들을 여성화하기 때문이다. 내가 앞서 언급한 재현의 현장들을 면밀하게 분석하여 발견한 것은 장애가 타자성의 표시로 남아 있으면서도 여러 가지 의미를 지닌 비유로서의 기능을 수행한다는 것이다. 장애 형상들에 초점을 맞춘 연구들은 신체적 장애를 '정상'과 '비정상'으로 구분해 평가하는 과정을 보여 주지만 동시에 잠재적으로 긍정적인, 복잡 미묘한 해석의 가능성을 시사하기도 한다. 요약하자면, 나는 장애를 인종, 민족 또는 젠더에 의해 굴절되는 몸에 대한 읽기로 분석함으로써, 신체적 다름을 '정상'으로부터의 일탈로 읽는 단성적인monologic, 單聲 해석을 넘어서는 의미 작용의 가능성을 밝힐 수 있기를 바란다. 우선 장애를 이론화하고, 그런 다음 장애를 구성해 내는 여러 현장들을 조사함으로써 장애가 다른 사회적 정체성들과 교차하면서 우리 모두를 사로잡고 있는 보통이 아닌 그리고 보통인 형상들을 생산해 내는 복잡한 방식을 알아낼 수 있을 것이다.

문학에서의 장애 형상

장애에 대한 사람들의 실제 경험보다는 일반적으로 받아들여지는 태도에 더 의거하는 장애 형상의 담론적 구성은 문화 속에서 유통되고, 문학적 재현의 관습과 관례 속에서 그 본거지를 찾는다. 폴 로빈슨Paul Robinson이 주장하였듯이, "모든 소수집단처럼 장애인들도 예술의 주제로서가 아니라 단순히 그 기회로서……존재해 왔다". 문학 내에서 장애를 지닌 인물들은 복잡하지 않은 형상 또는 특이한 외계인으로서 소설의 주변에 머물며, 그 신체적 구성이 다른 인물들로부터 반응을 이끌어 내거나 장애의 문화적 반향에 의지하는 수사적 효과를 생성해 내는 구경거리로서 작동한다. 실제로 주요 등장인물들은 거의 신체적 장애를 지니고 있지 않다. 예를 들자면, 주류 비평가들이 오랫동안 마크 트웨인 Mark Twain 소설 속의 짐Jim이 흑인들에게 주는 영향에 대해 논의해 오고 있지만, 장애 인물들을 대하게 되는 경우 문학 비평가들은 흔히 이들을 은유적으로나 미학적으로 해석하면서, 정치적인 인식 없이 그들을 감상적, 낭만적, 고딕, 또는 괴기적 문학 전통의 관습적 요소로 읽는다.[9]

부여된 그리고 탈맥락적인 정체성으로서의 '장애'와 장애를 갖고 사는 실제 사람들의 인식과 경험 사이의 괴리는 몸을 특정 위치에 배치하고, 몸을 해석하고, 몸에 의미를 부여하는 일에서 이 타자성의 형상들이 형성된다는 것을 말해 준다. 재현은 알프레드 슈츠Alfred Schutz가 '요리법'recipe이라 부른 것, 즉 우리가 경험을 정리하고 세상을 규칙화하는 데 사용하는 이미 정해진 패러다임인 문화적 정체성과 범주를 생산해 내는 것이다.[10] 문학적 관습들은 이미 문학 자체를 포함한 더 넓은 문화적 모체에 의해 영향을 받은 경험을 한층 더 조정한다. 소설이 삶과 모방 관계를 갖는다는 관습을 우리가 받아들이는 경우, 우리는 이 관습에 더해 세상에 대한 우리의 인식, 특히 우리가 직접적인 지식을 갖고 있지 않은 상황들과 관련된 우리의 인식을 한 번 더 형성하는 힘을 실어 주는 것이다. 장애가 너무나도 강하게 낙인찍히고, 그것을 완화해 주는 내러티브에 의해 반박되는 경우가 드물기 때문에, 은유의 문학적 소통은 종종 실제 사람들이 자신이나 다른 사람이 장애와 관련하여 갖는 경험을 잘못 재현하거나 평탄화해 버린다.

따라서 나는 장애가 어떻게 텍스트에서 작동하는지를 분석하고 제시함으로써 장애인과 장애인의 재현 사이에 존재하는 괴리를 확실하게 보여 주려 한다. 장애의 재현이 갖는 수사적 효과는 '정상인'의 위치를 차지하는 사람들과 장애인의 위치를 배정받은 사람들 사이의 사회적 관계로부터 발생한다. 설화와 고전 신화로부터 현대와 탈근대적 '그로테스크'에 이르기까지 대체로 장애인의 몸은 화자의 목소리에 의해 매개되어 제시되면서 기이한 모습의 구경거리로 전락한다. 장애를 지닌 등장인물들은 대부분 텍스트에서 그들이 지니고 있는 장애가 지시하는 타자성에 둘러싸여 있다. 몇 가지 예로서 찰스 디킨스의『크리스마스 캐럴』에 미화되어 등장하는 가련한 타이니 팀, 제임스 매슈 배리의『피터 팬』에 나오는 사악한 후크 선장, 빅토르 위고가 쓴『노트르담의 꼽추』에 등장하는 고딕풍의 인물 콰지모도, 데이비드 허버트 로런스의『채털리 부인의 연인』에 등장하는 성 불구자 클리퍼드 채털리, 그리고 테네시 윌리엄스의 극『유리 동물원』에 등장하는 오랫동안 고통 속에 살고 있는 로라 윙필드를 들 수 있다. 신체적 타자성을 재현하는 바로 그 행위가 이 인물들이 외견상 '정상인' 독자들과 다르다는 것을 부각시키는 틀 속에 그들을 위치시킨다. 그 같은 재현이 실제 사회적 관계를 나타내기는 하지만 당연히 그 관계를 완벽하게 모방해 내지 못한다. 따라서 등장인물은 필연적으로 실제 사람들이 존재하는 복잡하고, 구분 없고, 해석되지 않은 상황과는 거리가 먼 상황을 현실로 받아들이도록 하는 환상을 만들어 내는 소수의 결정적인 묘사들을 통해 제시된다. 3장에서 논의될 기형인간쇼처럼 텍스트적 묘사는 과잉 결정적 overdetermined이다.[11] 텍스트적 묘사는 묘사를 완화하거나 복잡하게 만들 수도 있는 다른 요소나 특성들을 생략하고 결과적으로 지워 버림으로써, 등장인물들의 특성과 특질과 행위에 큰 수사적 영향력을 부여한다. 장애는 오로지 의미를 신호하는 시각적 다름으로서의 기능만 수행한다. 그 결과 필연적으로 문학 텍스트는 장애 인물들을 정상화 맥락을 박탈당하고 단 하나의 낙인찍힌 특성에 둘러싸인 기형인간들로 만드는 것이다.

텍스트와 세상 사이의 관계는 정밀하지 않고, 게다가 재현은 누락된 세부 사항을 채워 넣기 위하여 문화적 가정들에 의존한다. 모든 사람들은 그들의 세상을 이해할 수 있고 예측할 수 있는 것처럼 보이도록 하는 해석적 도식을 구성하고, 그에 따라 공동체 내에서 공유되고 문화적으로 주입될 때에 스테레오타입 또는 캐리커처로 굳어지는 인식적 범주들을 생산해 낸다.[12] 아리스토텔레스가 『시학』에서 주장하고 있듯이 문학적 재현은 현실보다는 개연성, 즉 사람들이 옳다고 받아들이는 것에 더 의존한다. 이 같은 재현과 실생활 사이의 괴리에서 (내면적) 복잡성보다 제스처[13]에 더 의존하는 캐리커처와 스테레오타입적인 묘사가 필연적으로 발생하는 것이다. 실생활에서의 스테레오타입이 텍스트적 재현에서는 비유가 된다. 예를 들면 마리아나 토고브닉Marianna Torgovnick은 미개인이라는 비유가 넓은 의미에서 볼 때 담론적으로 구성된 것으로, "본래의 은유적 지위에서 전락하여 실제 미개인들에 대한 인식을 통제하는 일련의 이미지와 생각들에 의해 형성된" 하나의 '세계'라고 설명하였다.[14] 이러한 묘사는 문화적 스테레오타입을 환기시키고, 반복하며, 스테레오타입에 의해 강화된다. 장애처럼 심하게 낙인찍힌 특성은 실제 장애인들이 스스로를 '정상인'이라고 생각하는 독자들로부터 이끌어 내는 강한, 때로는 엇갈리는 반응에서 그 수사적 효과를 얻는다. 문학적 묘사가 사회적 스테레오타입을 따르면 따를수록 그 효과는 더욱더 경제적이고 강력해진다. 따라서 재현은 이미 강조된 신체적 다름을 과장해 제시하는 것이다. 더구나 서구 전통은 가시적 세계를 논리 정연하고 공정한, 불가시적 세계에 대한 지표로 받아들여, 우리로 하여금 육신을 초월적 의미가 부여된 기호로 읽도록 만든다. 물질적 세계를 해석함에 있어서 문학은 시각적 다름에 그런 다름을 지니고 있는 사람들의 복잡성을 보이지 않게 만드는 의미를 부여하는 것이다.

문학적 재현은 장애에서 정상화 맥락을 박탈하는 것 외에도 장애 형상들과 '정상인' 독자 사이의 정적인 만남을 마련하기도 하는데, 실제 사회적 관계는 항상 역동적이다. 한 인물을 묘사하기 위하여 하나의 신체적 특성에 집중하는 일은 독자로 하여금 장애에 대한 문화적 개념들에 의해 이미 결정된 인물을 만나도록 하는 것이다. 마지막 장에서 논의될 오드리 로드의 『자미』 같은 자서전적 텍스트는 제외하고, 재현은 장애를 지닌 등장인물에게 주체성 또는 행위 주체성의 기회를 주지 않음으로써 그 장애 인물을 대상화하는 경향이 있다. 작품의 플롯이나 수사적 잠재력은 신체적으로 보통인 독자에게 타자로 남아 있는 장애 형상, 인간으로 인식 가능하지만 확실하게 다른 장애 형상으로부터 도움을 받는다. 독자들로 하여금 에이햅[15]을 편집광적 복수의 아이콘으로서가 아니라 보통인 사람으로 보도록 한다면 즉 그의 장애가 초월적 의미를 상실한다면 그가 어떻게 효과적으로 작동할 수 있겠는가? 『크리스마스 캐럴』에 나오는 타이니 팀이 '정상적인' 아이처럼 가끔 버릇없는 것으로 그려졌다면 그를 향해 형성되는 순수한 동정심에는 무슨 일이 일어나겠는가? 이처럼 매우 감정적으로 고조된 특성의 수사적 기능이 장애 형상들과 독자들 사이의 관계를 정하는 것이다. 장애를 지닌 실제 사람들이 종종 그러하듯이 장애를 지닌 등장인물들이 자신들의 낙인찍힌 신분을 반박하기 위하여 행동하는 경우 그 낙인이 지니는 수사적 효과가 경감되거나 상실될 것이다. 예를 들어 너대니얼 호손Nathaniel Hawthorne의 칠링워스가 많은 친구를 사귀거나 또는 그가 헤스터에게 사랑스럽게 보였다면 『주홍 글자』*The Scarlet Letter*에서 그가 맡은 역할의 중요성은 약화되었을 것이다. 플래너리 오코너Flannery O'Connor의 훌가 호프웰이 못생기고 매서운 대신에 아름답고 명랑한 외다리 여자였다면, 「착한 시골 사람들」Good Country People은 실패한 단편소설이 되었을 것이다. 따라서 서로 연관된, 구경거리 관습을 기반으로 하는 재현의 형태들인 활인화tableaux vivant,[16] 미인 선발 대회, 기형인간쇼처럼, 일반적으로 장애의 문학적 내러티브도 재현이 만들어 낸 구경거리의 대상화에 의존하는 것이다.

재현과 현실 사이의 괴리

우리가 장애를 갖고 살고 있든지 아니면 장애를 지닌 사람을 만나든지 간에 장애의 실제 경험은 재현이 보통 시사하는 것보다 더 복잡하고 역동적이다. 아래에서 나는 장애인들이 사회적 접촉을 관리하기 위해 배워야만 하는 기술을 설명하고자 한다. '정상적인 사람'normate과 장애인 사이의 최초 또는 우연한 교류는 독자와 장애 인물들 사이의 일반적인 관계와 현저하게 다르다. 다른 사람과의 첫 교류에서는 어마어마한 양의 정보가 정리되고 동시에 해석되어야 한다. 만나는 두 사람 각자가 암시적인 것이 명시적인 것이 되도록 살피고, 특별한 목적을 위하여 무엇이 중요한지를 결정하고, 여러 미세하거나 확실한 단서들에 따르는 반응을 준비한다. 그러나 한 사람이 시각 장애를 지니고 있는 경우 이 시각 장애는 '정상적인 사람'이 인식을 정리하고 반응을 형성하는 과정을 지배하고 왜곡한다.[17] 사회적 의례로 인해 비장애인은 공포, 연민, 매력, 혐오, 또는 단순한 놀라움을 느끼는 것을 표현할 수 없기 때문에 이러한 상호작용은 불편한 것이 된다. 경험한 반응과 표현한 반응 사이의 편치 않은 불협화음 외에도 비장애인은 종종 장애인에게 어떻게 행동해야 할지, 도움을 주어야 하는 것인지, 도움을 준다면 어떻게 주어야 하는 것인지, 장애를 알고 있다는 표시를 해야 하는 것인지, 어떤 말, 몸짓, 또는 기대를 해야 하는 것인지 또는 피해야 하는 것인지를 모른다. 아마도 지속적으로 관계 맺을 수 있는 가능성을 가장 파괴하는 것은 흔히 '정상인'이 하나의 장애가 다른 특성들을 말살시킨다고 생각해 복합적인 사람을 단 하나의 특성으로 축소시키는 일일 것이다. 이 같은 불확실성과 불협화음 때문에 특히 장애인에 익숙하지 않은 비장애인들은 장애인과의 만남에서 큰 스트레스를 받게 된다. 장애인은 비장애인과의 만남이 둘 중 한 사람에게 너무 불편해 관계를 지속할 수 없게 되지나 않을까 걱정을 하게 되고, 늘 있는 거부의 위협을 느낄 수도 있다. 장애가 가느다란 사회성의 실을 끊어 버릴지도 모른다는 위협이 있지만, 이러한 만남에서 대부분의 장애인들은 만남이 지속될 수 있도록 관계의 천을 수선할 수 있을 만큼 능숙하다.

'정상인'들로부터 완전한 인간의 지위를 인정받기 위하여 장애인들은 처음부터 관계를 관리하는 법을 배워야만 한다. 달리 표현하자면, 장애인들은 비장애인들의 심리적 불편을 덜어 주기 위하여 매력, 위협, 열정, 예의, 유머, 또는 접대의 방법을 사용해야만 하는 것이다. 장애를 지닌 우리와 같은 사람들은 애원자이며 음유시인으로, 다수를 차지하는 비장애인들과의 관계에 있어서 우리 자신들을 사회에서 존중되는 모습으로 재현하려고 애를 쓴다. 최근에 장애인이 된 사람들은 바로 이 점을 행하지도 받아들이지도 못하는데, 이 점이 적응하는 데 있어서 미묘한 부분이고 때로는 가장 어려운 부분이 된다.[18] 그 같은 보상의 노력이 성공적인 경우 장애인들은 초기에 장애에 부여되는 낙인을 중화시켜 관계가 지속되고 깊어지게끔 할 수 있다. 오로지 그런 경우에만 인간성의 다른 면들이 드러나 처음 갖게 되는 관심의 초점을 확장함으로써 관계가 좀더 편해지고, 폭넓게 되고, 장애의 영향을 덜 받게 된다. 이 경우에만 각각의 사람이 다면적으로, 전체로 보이게 된다. 그러나 장애인들이 지나치게 정상화normalization[19]를 추구하는 경우 다른 사람들을 편하게 만들어 주기 위하여 자신들의 한계와 고통을 부정하는 위험을 초래하게 되어 '패싱'passing[20]과 관련되는 자기 배신으로 나아가게 된다.

이렇게 말한다고 곧 모든 형태의 장애가 상호 대체가 가능하다고 말하려는 것은 아니며, 모든 장애를 지닌 사람들이 동일한 방식으로 자신들의 몸을 경험하거나 정체성을 협상한다고 말하려는 것도 아니다. 사실 문화적 범주가 경시하는 것 그리고 재현이 종종 왜곡하는 것은 다름 아닌 개인들 사이의 다양함이다. 장애는 선천적이거나 후천적인 신체적 다름, 정신적인 병이나 지체, 만성 또는 급성 질환, 불치나 진행성 질병, 일시적이거나 영구적인 상해 그리고 흉터, 모반, 이상한 몸의 비례, 또는 비만 등과 같이 흉하다고 간주되는 다양한 신체적 특징들을 포함하는 총괄적인 그리고 어떤 의미에서는 인위적인 범주이다. 문화적 재현에서 상정되는 원형적인 장애인은 항상 휠체어 신세를 지거나, 완전히 보지 못하거나, 전혀 듣지 못하지만, 대략 4000만 명에 이르는 미국 장애인들 대부분은 이 같은 원형적인 장애인 구분과 아주 모호한 관계를 형성하고 있어 확실하게 구분되는 것은 아니다. 특정인을 장애인으로 만드는 신체적 손상들은 결코 절대적이거나 고정적이지 않고 많은 외적 요소들에 의해 영향을 받으며, 보통 시간이 흐름에 따라 변하는 역동적이며 불확정적인 상태들이다. 일부 상태들은 다발성경화증이나 관절염처럼 진행성이고 만성적이며, 또 다른 일부는 간질처럼 격렬하고 급성이다. 사지 절단과 같이 겉보기에는 고착된 장애조차도 몸의 나머지 부분의 상태에 따라 활동에 미치는 영향이 다르다.

물론 우리 모두는 노화라는 점진적인 장애화 과정을 겪게 된다. 자신이 신체적으로 온전하다고 생각하는 사람들은 우리 모두가 오래 살면 결국 장애인이 된다는 사실을 인정하고 싶어 하지 않는다.[21] 신체적 능력이 변함에 따라 개인적으로 필요한 것들이 변하며, 그리고 그 필요한 것들에 대한 인식도 변하게 된다. 장애에 동반하거나 장애를 일으키는 고통도 신체적 손상의 정도와 그에 대한 인식에 영향을 준다. 일레인 스캐리Elaine Scarry에 의하면 고통은 보이지 않고, 증명할 수 없으며, 보여 줄 수 없기 때문에 그 고통을 경험하지 않는 사람들에 의해 잘못 귀인되거나 부정될 수 있다.[22] 그러니까 장애는 고통스럽거나, 편안하거나, 익숙하거나, 소외시키거나, 결합시키거나, 고립시키거나, 불안감을 주거나, 사랑스럽거나, 힘들거나, 분노를 느끼게 하거나, 또는 평범한 것이다. 실제 인간관계의 복잡성 속에 자리 잡고 있는 장애는 항상 장애 형상이 나타낼 수 있는 것 그 이상이다.

누구나 언제든 장애인이 될 수 있다는 사실 때문에 자신이 '정상인'이라고 말하는 사람들에게는 장애가 여성성이나 흑인성, 소수민족 집단 정체성과 같이 외견상 비교적 더 안정적인 주변화된 정체성들보다도 더 유동적이고 그래서 더 위협적인 것이 된다.[23] 나아가 장애인이 장애를 자아감 속에 포함시키거나 또는 장애를 받아들이지 않고 거부하는 방식들이 장애인의 인식에 영향을 끼치는 것처럼, 장애가 형성되는 시간과 방식도 장애에 대한 인식에 영향을 준다. 예를 들면 노화나 진행성 질병같이 서서히 형성되는 장애는 아예 장애로 간주되지 않을 수도 있다. 이와는 반대로 사고를 당해 생기는 경우처럼 극심하고 갑작스러운 손상은 갑작스러운 적응을 요구하지 않는 선천적이거나 서서히 형성되는 장애보다 항상 더 큰 손실로 경험된다. 장애의 눈에 띄는 정도도 사회적 관계에 영향을 준다. 동성애 정체성과 흡사하게 눈에 보이지 않는 장애는 항상 그 장애를 밝힐 것인지 아니면 감출 것인지, 밝힌다면 언제 밝혀야 하는 것인지와 같은 딜레마에 빠지게 된다. 눈에 보이지 않는 손상을 밝히는 일은 항상 새로운 관계를 망칠 위험을 감수해야만 하고, 이에 못지않게 이전에 밝히지 않았던 장애를 밝히는 일도 상대방을 놀라게 할 위험을 감수해야만 한다. 장애의 외형적 측면과 기능적 측면 사이의 차이도 장애에 대한 인식에 영향을 준다. 눈에 보이지 않는 주로 기능적인 장애를 갖고 있는 사람들은 종종 꾀병을 부린다거나 그들의 신체적 능력에 대한 기대를 충족시키지 못한다는 비난을 받게 된다. 반면에 주로 외형적인 장애를 갖고 있는 사람들은 그들이 쉽게 할 수 있는 일도 장애 때문에 할 수 없을 것으로 간주된다. 뿐만 아니라 안면 변형, 흉터, 모반, 비만, 기계적 보조 장치로 교정된 시각 또는 청각 손실 같은 외형적 장애 상황들은 대체로 신체적 기능 장애가 전혀 없는 경우라도 사회적인 장애가 된다. 그리고 3장에서 논의되는 기형인간쇼의 사례가 보여 주듯이, 지배 백인의 기준에 의해 이례적인 것으로 간주되는 인종적인 신체적 특징과 외형적 장애 사이에는 확실한 구분이 없다.

인종, 민족, 젠더 등과 같은 범주들은 공유된 특징들을 토대로 공동체를 형성하고 있지만, 장애인들은 자신들을 하나의 집단으로 거의 생각하지 않는다. 다른 종류의 장애를 지닌 사람들이 필요로 하는 것과 상황은 너무도 다양하기 때문에, 이들 사이에는 신체적 공동체가 거의 존재하지 않는다. 예를 들면, 시각 장애인, 간질 환자, 하반신 마비 장애인, 청각 장애인과 절단 장애인은 공유된 문화적 유산, 전통적 활동, 또는 공통된 신체적 경험을 갖고 있지 않다. 오로지 공유하고 있는 낙인찍히기 경험만이 이들에게 공통성을 갖게 한다. 때로는 장애인들이 비장애인들과 비슷하게 동화되어 자신들의 사회적 정체성을 정상화하려는 시도 속에서 서로를 피하거나 스테레오타입화하기도 한다. 뿐만 아니라 많은 장애인들이 한때는 자신을 비장애인이라고 생각했고, 장애인 집단에 참여하기 전에 다른 장애인들과 극히 제한된 접촉만을 가져 왔다. 생물학적 다름을 바탕으로 추정되어 문화적으로 강요된 모든 범주들이 그러하듯이 정체성은 집단 내의 다양한 차이를 평준화하는 강제적 성격을 지닌다. 예를 들면 이제는 해체되어 가고 있는 '특수' 교육이란 제도는 장애를 지닌 사람들이 개별적으로 필요로 하는 것을 고려하지 않은 채, 그들을 비장애 학생들로부터 분리시킴으로써 이 같은 게토화[24]를 향한 문화적 충동을 보여 준다. 마지막으로, 대부분의 장애인들은 장애를 예상치 않으며 장애를 큰 불행으로 인식하는 비장애인 가족과 공동체들에 둘러싸여 있다. 민족적 집단과는 달리, 오히려 동성애자들에 가깝게, 장애인들은 종종 근본적으로 서로로부터 고립되어 있으며, 그들이 속해 있는 사회 단위 내에서 이방인으로 살아간다.[25]

그러나 재현은 원형적인 장애 형상의 수사적 또는 상징적 잠재력을 위하여 이 같은 복잡성을 감춰 버리는데, 장애 인물은 독자 또는 더 중요한 등장인물의 동정, 공포, 불안, 죄의식, 또는 자신이 '정상'이라는 느낌을 받아들여 흘려 보내는 일종의 피뢰침 기능을 한다. 여기서 나는 이 같은 미학과 은유의 일반적인 해석적 틀에서 벗어나 문화학의 비평적 영역으로 옮겨 가 그 같은 재현을 탈자연화하려 한다. '그로테스크', '불구', '기형'을 논하는 대신 '장애 형상'을 연구함으로써 나는 나의 분석을 순전히 미학적인 맥락에서 벗어나 정치적인 맥락 속에 위치시킬 수 있기를 바라고 있다. 몸이 사회적 의미를 지니는 신체적 타자들로 그려진 장애 형상들과 현실 세계에서의 사회 관계 속에서 이례적인 몸을 지니고 사는 실제 사람들 사이의 심각한 괴리를 밝힘으로써, 나는 재현이 보통이 아닌 몸을 지닌 실제 사람들의 정체성에, 그리고 종종 그들의 운명에 영향을 준다는 주장을 하려는 것이다.

이 책의 개요와 선언

어떤 의미에서 이 책은 장애학을 인문학적 맥락 속에 위치시키는 선언이라고 할 수 있다. 장애학은 사회학, 의료인류학, 특수교육학, 재활의학과 같은 학문 분과에서 이루어지는 학술적 연구의 하위 분야로서 발전하였지만, 인문학에서 장애를 분명하게 정치화된, 구성주의적 시각 내에 위치시키려는 연구는 거의 없다.[26] 이 책을 통해 이루고자 하는 나의 목적 중 하나는 문학 비평과 문화연구의 하위 분야로서 장애학의 상을 형성하기 시작하는 것이다. 따라서 여기서 나는 다음 장들에서 제시할 내용과 논점을 개략적으로 기술하려 한다.

본 연구는 두 가지 과제를 포함하고 있다. 첫째는 문화와 문학적 재현에서의 장애의 작동을 이론화하는 것이고, 둘째는 문화와 텍스트에서 장애를 구성하는 본보기가 될 만한 현장을 집중 조명하는 것이다. 이 책의 1부에서 나는 장애를 직접 다루지 않고 장애의 가장자리에서 맴도는 다양한 학문 분야로부터 일련의 이론적 작업을 수행한다. 여기 이 서론에서 나는 장애 형상이 문학적 재현에서 어떻게 작동하는지뿐만 아니라 삶 속의 장애와 재현 속의 장애 사이의 차이점들도 논의하였는데, 2장에서는 몇 가지 담론들이 장애의 구성을 다루는 방식들을 조사한다. 첫째, 나는 장애의 분석에도 적용될 수 있는 타자성에 대한 담론으로 여성주의 이론을 선택하여 여성과 장애의 문화적 상호 얽힘에 대해 상세히 논의한다. 둘째, 장애를 구성하는 과정을 밝히기 위하여 나는 세 가지의 사회문화적 이론 즉 어빙 고프먼의 낙인stigma 개념, 메리 더글러스Mary Douglas의 불결한 것dirt이라는 개념, 그리고 미셸 푸코Michel Foucault의 특수성particularity과 정체성에 대한 생각에 기댄다. 셋째, 자유주의적 개인주의 이념 내에서 장애 형상이 갖는 역할을 비판한다. 마지막으로 나는 장애를 다루는 방법이 보상 모형compensation model에서 수용 모형accommodation model으로 변해 감에 따라 어떻게 노동의 이념이 장애 형상을 구성해 왔는지를 분석한다. 이 같은 이론적 사유들은 그 뒤에 오는 분석들의 토대가 되는데, 각각의 분석은 미국 문화에서 자아가 재현되는 방식에 전반적인 의문을 제기하는 신체적 타자성의 내러티브에 초점을 맞춘다.

2부는 낙인찍기의 과정과 근대적 주체의 형성을 보여 주며, 뿐만 아니라 자립, 자율, 자유주의와 노동의 이념이 특정한 문학적·문화적 현장에서 장애 형상과 문화적 자아가 재현되는 방식에 어떻게 영향을 끼치는지를 보여 준다. 이미 논의하였듯 이 특수한 현장들은 문화의 복잡한 장애 형상 이용에 대한 탐구를 할 수 있게 한다. 2부에서 분석되는 각각의 문화적·문학적 산물은 장애 형상들의 문화적 타자성을 재각인하는 방식으로 장애 형상들을 이용할 뿐만 아니라, 때로는 좁은 규범으로부터 비롯되어 그 규범을 지지하는 제도와 정책에 도전할 수 있는 장애 형상의 잠재력을 최대한 활용하는 방식으로 장애 형상들을 이용한다. 이 신체적/문화적 다름의 내러티브들은 신체적 장애를 신체적 부적합으로 보는 수용된 정의를 확인해 주는 동시에 그에 도전하기도 한다.

3장에서는 미국의 기형인간쇼를 미국 대중에게 그들 자신은 아니라고 상상하는 것을 보여 주는 중요한 문화적 사업을 수행하는 인기 있는 사회적 의식 행사로 분석한다. 이 쇼는 인간의 다양성을 신체적 타자성을 보여 주는 구경거리로 연출했는데, 이 구경거리는 관객들을 기형인간들의 일탈에 대비시켜 결속시키고, 관객들에게 그들이 진정으로 '정상'이라는 것을 확인시켜 주었다. 고도로 구조화된 재현의 관습들은 현재 우리가 '신체적 장애'라고 부르는 것을 지닌 사람들로부터, 그리고 절대적 이질성을 시각적으로 나타내는 몸을 가진 사람들로부터 이국적인 '기형인간들'을 형상화해 냈다. 거인, 왜소인, 눈에 띄는 신체적 장애를 지닌 사람, 서구가 아닌 지역의 부족인, 몸을 마음대로 뒤틀 수 있는 곡예사, 뚱뚱한 사람, 야윈 사람, 남녀 양성인 사람, 정신적 장애를 지닌 사람, 털이 많이 난 사람, 이 모두가 별종 인간으로 함께 무대에 등장하였다. 이들의 유일한 공통점은 이들이 그들을 보러 온 관객들과 신체적으로 다르다는 것이었다. 데이비드 헤베이David Hevey가 "기형인간 만들기 과정"이라고 칭한 이 쇼는 입장료를 받고서 구경하는 사람들에게 신체적 타자성의 아이콘을 제공하였는데, 이는 그들의 공통된 미국적 정체성을 강화해 주었다.[27] 이 쇼가 제공하는 기형인간들과 비교함으로써 갑자기 보통이고, 다루기 쉽고, 표준적인 것처럼 되어 버린 구경하는 자들의 몸은 이 구경하는 자들이 공통된 미국적 정체성을 가지고 있음을 확인하여 주었던 것이다.

이와 동시에 나는 또한 기형인간쇼가 명성으로서의 특이함——계몽주의 이전의 특수화된 몸에 관한 미하일 바흐친Mikhail Bakhtin과 푸코의 개념에 의해 설명되는 종류의 특별함——이라는 대항 내러티브 counternarrative를 제공하였다고 주장한다. 옛 이념과 새로운 이념 양쪽에 걸쳐 있던 기형인간쇼는 특수성을 힘이 부여된 특성으로 읽은 옛 방식과, 평등을 성취하기 위해 다양한 다름을 평탄화한 새로운 방식 사이의 긴장 상태를 분명하게 나타냈다. 이와 같은 경계적 공간에서 길들여진 기형인간은 경이로움으로서의 예외성과 기형으로서의 예외성을 동시에 체화하고 있어서 암묵적으로 관객에게 평등주의적 사회질서 내에서 어떻게 다름을 해석해야 하는지에 대한 질문을 제기하였던 것이다.

4장은 19세기 중반 중산층 백인 여성들이 생산한 감상적 사회항의 소설에 초점을 맞춘다. 이 감상적 사회항의 소설에서 장애 형상들은 복잡한 사회적 갈등을 수용하는 일종의 담론적 피뢰침 기능을 하였다. 나는 해리엇 비처 스토Harriet Beecher Stowe의 『톰 아저씨의 오두막』Uncle Tom's Cabin, 리베카 하딩 데이비스Rebecca Harding Davis의 『제철소에서의 삶』Life in the Iron Mill, 엘리자베스 스튜어트 펠프스Elizabeth Stuart Phelps의 『침묵의 동반자』The Silent Partner가 미국의 자유주의 전통에 내재되어 있는 사회적 정의와 개인의 자유 사이의 갈등을 집중 조명하기 위하여 젠더화된, 인종화된 장애 형상들을 신체적 취약성의 아이콘으로 구성하였다고 주장한다. 이 텍스트들은 내가 보상 모형이라 칭하는 것을 도입하였다. 이 보상 모형에서는 장애를 내가 중산층 여성들의 '자선적 모성주의'benevolent maternalism라고 부르는 것에 의해 보상되어야 하는 결여로 해석하였다. 기형인간쇼가 글자 그대로 '정상인'을 확인해 주기 위해 장애인을 전시한 반면에, 이 텍스트들은 사회 개혁 의제의 정당성을 입증하고 사람들을 동원하기 위해 장애 형상들을 보여 주었다. 이 장애 형상들은 사회적·정치적 개혁을 성취하기 위해 동정의 수사법을 불러일으키는 한편, 급변하는 사회질서 속에서 주변화된 신흥 중산층 여성들에게 권장하였던 정상화된, 젠더화된 모성적 자선가 역할을 규정하고 정당화하였던 것이다. 이 감상적 사회항의 소설 장르가 스토에서 펠프스로 가면서 점차 더 부정적으로 장애여성 형상을 그려 냈다는 사실은 장애여성과 여성 자선가를 분리시키려는 열망이 은밀하게 담겨 있었음을 의미하는데, 이는 중산층 백인 여성들이 의미 있는 일로부터 밀려난 것과 병행하였다. 이 같은 장애 형상의 점차적인 포기는 19세기 후반 미국 여성의 역할과 관련된 문제들에 대한 해결책으로 제시된 모성적 자선이라는 가정성domesticity의 대본이 지니는 한계를 확실히 보여 주었다.

5장에서는 신체적 다름을 고집하고 찬양하는 정체성을 상세히 설명하기 위하여 장애 형상이나 기타 다른 보통이 아닌 몸들을 이용하는 20세기 여성 중심의 미국 흑인해방 소설에 대해 논의한다. 이 텍스트에서는 보통이 아닌 몸이 동화주의적이라기보다는 내셔널리스트적인 탈근대적 정치학에 기여한, 동일성을 넘어서는 다름의 원칙을 환기시켰다.[28] 4장에서 다룬 19세기 감상적 소설들은 그들이 그려 내려고 한 여성의 역할에 대조되는 장애 형상을 제시한 반면에, 5장에서 다루는 이 흑인 내셔널리즘적 텍스트들은 대립적 정체성에 대해 그들이 가지고 있는 비전에 장애 형상을 포함시켰다. 1946년 출판된 앤 페트리Ann Petry의 소설 『거리』The Street는 이런 유형의 재현을 조심스럽게 개시하였다. 이 유형의 뒤를 이은 것이 토니 모리슨Toni Morrison의 초창기 다섯 편의 소설과 오드리 로드Audre Lorde의 '전기적 신화'biomythography인

『자미: 내 이름의 새로운 철자』*Zami: A New Spelling of My Name*에 의해 제시된 흑인 인권 운동 시대 이후에 대두된 형태의 흑인여성의 주체성이었다. 나는 이 작품들의 수사적 목적 중의 하나가 신체적 일탈로서가 아니라 정치화된 역사적 새김의 현장으로서의 특수화된 몸에 대한 내러티브를 확립하는 것에 있다고 주장한다. 예를 들면 모리슨의 소설에 등장하는 에바 피스Eva Peace와 베이비 석스Baby Suggs 같은 장애 형상들은 흑인여성에게 부여된 신체적 열등함의 역사를 다시 썼고, 그 결과 신체적 다름은 주장되고 존중되어야 하는 예외성의 표시가 되고 있다. 이와 같은 특수성으로서의 정체성을 주장하는 이념은 동일함을 정상적인 것으로 만들고 다름을 낙인찍는 민주주의의 문화적 구현을 거부한다. 이러한 정체성 형성 전략은 이전의 보상 모형과는 대조적으로 내가 장애 해석과 관련하여 수용 모형이라고 부르는 것을 입증해 준다. 나의 마지막 주장은 이 같은 보통이 아닌 몸의 전유가 장애여성들을 그들의 특이한 몸에 개인적 그리고 집단적 역사가 새겨져 있는, 정치화된 놀라운 (중세적인 의미상의) 괴물들로 묘사함으로써 근대 이전의 경이로운 기형인간들에 대한 내러티브를 회복하였다는 것이다.

　기형인간쇼, 감상적 개혁 소설, 그리고 흑인여성 해방 소설과 같은 문화 또는 텍스트 현장들 중 그 어느 것도 본 연구의 중심에 있는 정치화된 용어 '신체적 장애'를 사용하고 있지 않지만, 이들 모두가 다양한 방법으로 장애 주체를 시각적 다름의 대상으로 규정하는 문화적 작업에 참여하였다. 따라서 나의 바람은 이 책이 인문학 내에서 재현을 통한 장애의 구성에 대해서 그리고 그에 수반되는 정치적 결과에 대해서 활발한 대화를 시작케 하는 것이다.

| 2장 |
장애의 이론화

여성주의 이론, 몸, 장애 형상

여성의 몸과 장애인의 몸

여성의 몸에 부여된 사회적 의미와 장애인의 몸에 부과된 사회적 의미 사이에는 비슷한 점이 많다. 여성과 장애인의 몸 모두 일탈적이고 열등한 것으로 묘사되고, 경제 생활뿐만 아니라 공적 생활에의 완전한 참여로부터 배제되며, 자연적인 신체적 우월성을 지니고 있는 것으로 가정되는 규범에 대조되어 규정된다. 실제로 때로는 여성을 폄하하기 위하여 때로는 여성을 옹호하기 위하여 여성성을 담론상 장애와 동일시하는 일은 흔하다. 프로이트가 여성성을 거세 측면에서 기술한 것에서부터, 19세기 후반 의사들이 월경을 장애를 초래하고 불편하게 만드는 '영원한 상처'로 정의한 것, 1899년에 소스타인 베블런Thorstein Veblen이 여성들이 여성 역할과 의상에 의해 글자 그대로 장애인이 되었다고 묘사한 것에 이르기까지 그 예는 아주 많이 있다. 심지어 오늘날의 여성주의자들도 여성의 억압을 묘사하기 위하여 부정적인 장애 이미지를 들

먹인다. 예를 들면, 제인 플랙스Jane Flax는 여성이 여성 차별적 이념과 실천에 의해 "불구와 기형"이 된다고 주장한다.[1]

아마도 최초로 여성성을 장애와 연관시킨 것은 아리스토텔레스의 '정상'과 '비정상'에 대한 담론인 『동물 발생론』*Generation of Animals* 4권에서였다고 할 수 있을 것이다. 이 책에서 아리스토텔레스는 신체적 다양성이 전형적인 것과 일탈적인 것으로 전환되도록 플라톤의 이율배반 개념을 다듬었다. "부모를 닮지 않은 사람은 어떤 면에서 괴물이라고 할 수 있다. 이 경우 어떤 측면에서 보면 자연이 일반형generic type에서 벗어난 것이기 때문이다.[2] 남성 대신에 여성이 형성될 때 이 같은 일탈이 처음 시작된다"라고 아리스토텔레스는 주장하였다. 서구 분류학의 창시자로 간주할 수 있는 이 철학자는 확정적인, 외견상으로는 중립적인 '일반형'을 그와 대조되는 '괴물'과 함께 만들어 내기 위하여 몸을 이상화하는데, '괴물'이 '일반형'으로부터 벗어나는 것은 심각한 '일탈'이었다. 아리스토텔레스의 공간적 은유는 특정 인간 형상 즉 '일반형'을 그의 체계의 중심에 위치시킨다. 바깥 가장자리에 자연이 일탈의 길로 들어선 신체적 결과인 '괴물'이 있고, 이 일탈의 길에서 첫 정거장이 여성의 몸인 것이다. 이처럼 아리스토텔레스는 확정적인 규범 밖에서 요즘 '선천적 장애'라고 부르는 '괴물'과 여성을 결합시켰다. 2권에서 아리스토텔레스는 "여성은 말하자면 기형적인 남성이다"라고 말하거나, 다른 번역서들의 표현에 따르자면, "훼손된 남성"이라고 말함으로써 그 같은 장애의 몸과 여성의 몸의 연결을 확실하게 주장하였다.[3]

아리스토텔레스가 단순하게 장애와 여성성을 융합시킨 것보다 더 중요한 것은 규범 —모든 신체적 변형이 대비되어 다른, 파생적인, 열등한, 또는 불충분한 것으로 보이게 하는 일종의 '일반형'으로서의 규범 —— 이 모든 타자성의 근원이라는 그의 주장이다. 이같이 "훼손된 남성"으로 여성을 정의하는 것이 후대에 여성을 퇴화한 남성으로 묘사하는 일에 영향을 주었을 뿐만 아니라, 신체적 다양성을 일부 몸은 완전한 것으로 다른 몸은 결함이 있는 것으로 규정하는 가치의 서열로 변환시켰다. 더욱이 여성성을 일탈적인 것으로 그리고 남성성을 본질적인 것으로 정의함으로써 아리스토텔레스는 특권을 가진 것을 '정상'이라는 주장 뒤에 감추는 한편 일탈적인 것을 낙인찍는 담론적 행위를 시작하였다. 아마도 이것이 젠더, 인종, 또는 장애에 대한 논의에서 너무도 익숙해진 논리의 최초 가동이었을 것이다. 겉보기에 여성, 흑인, 또는 장애인과 같은 다름에 의해 가려지는 듯한 남성, 백인, 또는 비장애인의 우월성은 자연스럽고, 반박의 여지가 없고, 눈에 띄지 않는 것으로 등장한다. 그러나 이 구절이 명백하게 보여 주는 것은 일반형의 경계를 표시해 주는 괴물 같은 몸 없이는, 남성의 몸을 구분하는 여성의 몸 없이는, 그리고 정상적인 것의 형태를 정해 주는 병적인 것 없이는 정치적, 사회적, 경제적 배열의 근간을 이루는 신체적 가치 분류는 무너지고 말 것이라는 것이다.[4]

서구 담론에서 장애와 여성성을 집요하게 결합시키는 것은 사회적 정체성이 몸에 대하여 지니는 관계에 대한 연구의 출발점을 제공한다. 아리스토텔레스의 선언이 말해 주고 있듯이, 장애의 사회적 범주는 여성의 사회적 범주처럼 신체적 기능과 형태에 부여된 의미에 의존하고 있다. 따라서 범주로서의 젠더, 정체성과 자아 의식에서의 몸의 역할, 그리고 사회적 권력 관계의 복잡성에 대한 최근의 여성주의 이론적 탐구가 쉽게 장애 분석으로 이전될 수 있다. 더욱이 장애 분석에 여성주의 이론을 적용하는 것은 문화적 재현에 의해 몸에 귀속된 의미들과 그러한 의미들이 현실 세계에 가져오는 결과들 사이의 관계에 대한 여성주의의 주장을 장애 분석에 도입하는 것이다. 나는 또한 장애 범주를 여성주의 이론에 삽입함으로써 우리가 장애라고 부르는 신체적 형태와 기능이 문화와 재현에 대한 모든 여성주의적 탐구에 포함될 수 있다고 주장하려 한다. 따라서 다음의 간략한 탐사는 여성주의 담론과 장애 담론의 방식을 수정하려는 시도를 목표로 한다.

여성주의 이론과 장애 담론

현대 여성주의 이론은 다공多孔적이고, 분산되고, 어쩌면 가장 중요한 특징이라 할 수 있는 자기 비판적임을 보여 주었다. 따라서 우리는 현재 "하나가 아닌 여러 여성주의들", "여성주의 내에서의 갈등", "~계 여성주의", 심지어 "탈여성주의"를 말하고 있다.[5] 역사적으로 볼 때, 학문적 여성주의는 1960년대와 1970년대의 매우 정치적인 인권운동 그리고 그에 동반한 정체성 정치학적 충동을 지식, 진실, 정체성에 관한 자유주의적 인본주의자의 믿음에 대한 탈구조주의의 이론적 비판과 결합하고, 종종 맑스주의적 사상에서 받아들인 물질성에 대한 강조를 추가하였다. 여성주의 대화의 초점은 초기 평등 획득에 집중한 자유주의적 여성주의와 급진적 여성주의 사이의 토론으로부터, 이후 여성적 다름을 부각시키고 회복시킨 문화적, 여성 중심적 여성주의[6]의 논의로 이동하였다. 가장 최근에는 평등을 획득하기 위하여 다름을 최소화하려는 이들과 여성적인 것을 드높이려고 다름을 자세히 설명하려는 이들 사이의 논의가 젠더의 구성 자체에 대한 심문과 정체성을 형성하는 여러 축에 대한 인식에 의해 복잡해졌는데, 이 같은 심문과 인식 모두가 통일된 정체성 범주로서의 '여성'이라는 개념에 심각하게 이의를 제기하였다.[7]

'관점이 정치학의 모습을 만든다', '정체성, 주체성, 그리고 몸은 심문되어야 할 문화적 구성들이다', '그리고 모든 재현은 정치적이다'는 여성주의의 주장이 장애에 대한 나의 연구의 이론적 환경을 형성한다.

장애학에 적용하기에 가장 적절한 계열의 여성주의는 젠더에만 좁게 초점을 맞추는 것을 초월하여, 몸에 기반을 둔 사회적 범주들을 토대로 하고 있는 조직적이고 불공평한 권력 관계에 대해 폭넓은 사회적, 정치적 비평을 하는 계열이다. 따라서 여성주의는 다른 사회적 정체성들——즉 주체성에 영향을 주는 체화와 역사와 장소의 특수성들——과 상호작용을 하지만 경시하지 않는, 담론적이고 이념적이며 물질적인 범주로서 젠더를 검토하는 이론적인 시각과 방법론이 되는 것이다. 간략히 말하자면, 몸의 물질성을 정치화하고 여성이라는 범주를 다시 쓰려는 여성주의의 목적——때로는 상충되는 그리고 항상 복잡한——은 장애를 검토하는 데 사용되어야만 하는 바로 그 방법들을 결합한다.[8]

이런 식으로 나는 새로운 병렬 배치를 통해, 이 장을 시작한 장애와 여성성의 연관성을 확장하려는 것이다. 그러나 단순하게 장애의 몸을 여성의 몸에 융합시키는 것이 아니라 여성주의가 젠더를 이론화한 방식으로 장애를 이론화하려는 것이다. 여성주의와 나의 장애 분석은 모두 기존의 사회적 관계에 도전한다. 둘 다 특정한 신체적 구성 형태와 기능을 일탈로 해석하는 것에 반대하고, 다름에 의미가 부여되는 방식을 심문하며, 일반화하는 규범의 강요를 조사하고, 외모 정치학을 심문하며, 명명의 정치학을 탐구하며, 긍정적인 정체성을 구축한다. 하지만 여성주의는 이 같은 용어들을 만들어 내었고 장애학보다 훨씬 더 철저하게 이 같은 관심사들을 살펴본다.[9]

예를 들면, 이브 코소프스키 세지윅Eve Kosofsky Sedgwick이 다름에 대해 '소수집단화' 시각과 '일반화' 시각으로 구분한 작업은 장애 담론에 적용될 수 있다. 세지윅의 여성주의 이론과 퀴어 이론의 혼합에 따르면 사람들은 다름의 중요성과 관심사를 좁고 특정한 그리고 비교적 고정된 연구 대상 집단이나 지역에 한정되는 것으로 생각함으로써 다름을 소수집단화한다. 이와는 대조적으로 일반화 시각은 특정한 다름을 둘러싼 문제들을 "[정체성들] 전 영역에 걸쳐 사람들의 삶에서 지속적이고도 결정적인 중요성"을 가지고 있는 것으로 본다.[10] 장애학은 세지윅이 게이학gay studies과 여성학이 그래야 한다고 생각하는 방식으로 일반화하는 담론이 되어야 한다. 그러면 장애(또는 젠더 또는 동성애)가 확실하게 '장애'로 표현될 수 없는 다양한 사고, 언어, 인지를 구성하는 것으로 인식될 것이다. 그러므로 나는 장애 개념이 어떻게 미국의 자유주의적 개인주의와 감상주의뿐만 아니라 미국 흑인과 동성애자 정체성에 영향을 주는지를 보여 줌으로써 장애에 대한 일반화 시각을 제안하려는 것이다. 이 여성주의 이론으로부터 온 용어들의 도움을 빌려, 장애가 신체적 불충분과 개인적 불행을 보여 주는 자명한 상태로서 그 정치학이 한정된 소수에만 관련된다는 끈질기게 계속되고 있는 생각에 도전할 수 있는 것이다.

여성주의의 젠더 체계와의 대결에 기대는 일반화된 장애 담론은 몸을 사회 관계 내에서 해석되고, 의미가 새겨지는——사실 만들어지는——문화적 텍스트로 이해하는 것을 필요로 한다. 이 같은 시각은 상정된 장애의 열등함을 탈자연화하고, 장애를 결여가 아니라 다름으로 제시함으로써 정치적 공평을 주창한다. 이러한 구성주의적 시각은 우리가 젠더, 인종, 또는 장애라고 부르는 다름에 찍힌 낙인을 제거하는 중요한 문화적 작업을 하지만, 그럼에도 불구하고 구성주의의 논리는 그 같은 다름의 물질적, 역사적 영향을 보이지 않게 만들고, 우리가 분석하고 중요하다고 주장하는 바로 그 범주들을 지워 버리려 한다. 이렇게 정체성을 불안정한 것으로 만드는 탈구조주의적 논리는 주변화된 사람들을 본질적 결여의 내러티브로부터 해방시키지만 동시에 주변화된 사람들의 경험의 특수성을 부정하는 위험을 안고 있다.[11] 억압적인 범주를 해체하는 것이 실제적인 다름의 효과들을 무효화할 수 있다는 점이 이론적 난제인 것이다.

그러나 지금 장애 정치학은 일부 여성주의자들이 여성이란 개념이 절망적일 정도로 구속적이고 추상적인 것이니 버려야 한다고 주장한 것과 같은 방식으로 정체성에 대한 탈구조주의적 비평에 따라 장애라는 범주를 없애 버려서는 안 된다.[12] 여성이 19세기에 획득하여 1960년대 이후 확대시켜 온 공공장소와 시설에의 접근권 같은 것이 장애인에게는 1990년 제정된 「미국 장애인 법」——지금에서야 시행되기 시작하고 있는 광범위한 인권법——에 의해서 겨우 법적으로 강제되었다. 평등을 향한 운동에서 인종과 젠더는 대체로 일탈이 아니라 다름으로 받아들여지고 있는 데 반해, 장애는 여전히 빈번하게 인권에 근거한 구조적 변화를 통해 받아들여져야 하는 것으로서가 아니라 동정이나 호의로 보상되어야 하는 신체적 결여나 재앙으로 간주되고 있다. 그래서 한편으로는 구성주의적 논의를 사용하여 장애가 신체적 부적당이 아니라 신체적 다름이 환경과의 상호작용을 거쳐 발생하는 것이라는 주장을 하는 것이 중요하다. 또 다른 한편으로 장애를 지닌 몸의 특수한 그리고 역사적 존재는 수용과 인정을 필요로 한다. 달리 표현하자면, 예를 들어, 휠체어를 사용하거나 듣지 못하는 것과 같은 신체적 다름은 주장되어야 하지만 결여로 제시되지 말아야 하는 것이다.[13]

구성주의와 본질주의 둘 모두, 결함이 있는 것으로 정의된 몸을 지닌 사람들을 심리적으로 해방시키거나 또는 긍정적인 정체성이 형성될 수 있는 상상의 공동체 건설을 가능케 하는 것과 같은 특수한 목적을 위해 제시된 이론적 전략——몸의 구성——이라고 할 수 있다. 전략적 구성주의는 장애의 몸에 찍힌 낙인을 제거하고, 다름을 상대적인 것으로 파악하고, 소위 '정상' 상태를 탈자연화하고, 외모 서열 체계에 도전한다. 이와는 대조적으로 전략적 본질주의는 개인 경험과 의식을 인정하고, 공동체를 상상하고, 역사를 인정하며, 자가 명명을 가능케 한다. 이 방식에서 '장애인'이라는 정체성은 실용적 내러티브로, 수전 보르도Susan Bordo의 표현을 빌리자면 개인적인 몸과 시각을 특정한 사회적 그리고 역사적 맥락 속에 위치시키는 "삶의 질을 향상시키는 허구"로 작동한다.[14]

여성주의 장애 담론을 상상하며

'장애인'이란 범주가 유용한 허구라면 특권을 누리는 몸을 위해 구성된 세상에 놓여 있는 장애의 몸은 그렇지 않다. 어쩌면 여타 다름들보다도 더, 장애는 개성이 판을 치는 신체적 다양성의 수용을 필요로 한다. 장애는 인종화된 특징들이나 젠더화된 특징들처럼 일련의 관찰 가능하고 예측 가능한 특성들로 정의되는 것이 아니라 말로 표현되지 않은 신체적, 기능적 규범으로부터의 이탈로 정의되기 때문에, 장애는 개인적인 다름을 부각시킨다. 달리 말하자면, 장애 개념은 '비정상'으로 간주되는 것이 유일한 공통점인 대단히 두드러지고 이질적인 집단을 통합시키는 것이다. 규범이 그것을 수용하기 위하여 형성된 환경 속에서 중립적이 될 때 장애는 강렬하고, 과장되고, 문제가 된다. 장애는 신체로 구현된 비정통적인 것으로, 정상화, 중립화, 동질화를 거부한다. 이보다 더 중요한 것은 보편적 평등이라는 추상적인 원칙이 지배하는 시대에 장애는 몸이 보편화될 수 없음을 시사한다는 점이다. 역사에 의해 형태를 갖추고, 특수성에 의해 정의되며, 주위 환경과 조화를 이루지 못하는 장애는 일반화가 가능한 안정된 주체라는 개념이 잘못되었음을 보여 준다. 계단 앞에 선 다리를 저는 사람, 인쇄된 종이를 받아 든 눈이 보이지 않는 사람, 라디오 앞에 있는 듣지 못하는 사람, 타자기 앞에 앉은 팔이 절단된 사람, 높은 계산대 앞에 선 키 작은 사람, 이들 모두가 물리적 일상 생활의 수많은 구조와 관행들이 아주 좁은 범위의 신체적 변형을 지니고 있는 보편적 주체라는 문화적 표준을 강요한다는 것을 보여 주는 증거이다.

형식적 정체성 범주로서의 장애는 여성주의 이론이 더 철저하게 신체적 다양성을 인정하도록 만들 수 있다. 장애학과 관련하여 가장 유용한 여성주의의 개념은 관점 이론standpoint theory이라고 할 수 있다. 관점 이론은 육체적 존재의 즉각성과 복잡성을 인정한다. 모든 여성의 정체성과 역사와 몸의 다중성을 강조하는 이 이론은 개인적 상황이 주체성을 구성하고, 그 주체성으로부터 특정 여성이 말하고 인식한다고 주장한다.[15] 계몽주의의 어느 곳에도 속하지 않은, 객관적인 관점에 대한 탈근대주의의 도전을 추가한 여성주의의 관점 이론은 젠더 정체성을 문화와 개인 역사에 의해 중재된, 서로 밀접하게 연관되었으나 때로는 모순되는 경험, 전략, 스타일 그리고 속성을 지닌, 복잡하면서도 역동적인 그물망으로 재구성하였다. 이 그물망은 의미 있는 방법으로 별개의 독립적 존재로 분리되거나 서열화될 수 없다. 정체성의 특수하고도 복잡한 성격의 인정은 인종, 사회계급, 젠더를 넘어선 특징들이 나타날 수 있도록 한다. 따라서 관점 이론, 그리고 말을 할 때 자신의 위치를 명확하게 하는 여성주의적 실천은 장애와 같이 복잡한 변형이, 더 넓게 말하면 신체적 구성 형태가——뚱뚱한, 변형된, '비정상'의, 추한, 또는 기형적인 것과 같은 속성들이——우리의 정체성과 주체성에 대한 생각에 들어올 수 있도록 한다. 이 같은 단일 범주로서의 여성의 해체는 예를 들자면 퍼트리샤 힐 콜린스Patricia Hill Collins의 '흑인여성주의 사상' 또는 나의 '여성주의적 장애학' 추구 같은 여성주의의 전문 분야를——논쟁이 없는 것은 아니지만——여성주의가 아우를 수 있도록 해준다.[16] 따라서 여성주의 이론은 신체적 다름의 의미를 분석하고 그런 의미가 다른 담론에 영향을 주는 현장을 확인하는 데 사용할 수 있는 전략을 장애 이론에 제공할 뿐만 아니라 동시에 정체성의 독특함과 신체성을 표현할 수 있도록 도움을 준다.

장애를 지닌 여성들을 위한 여성주의적 실천은 때때로 신체의 특이성과 어쩌면 불변성에 초점을 맞출 필요가 있고, 동시에 그것이 지지하는 정체성에 초점을 맞출 필요가 있다. 예를 들면 자가 명명의 정치학을 탐구함에 있어, 낸시 메어즈Nancy Mairs는 다른 사람들로 하여금 그녀의 몸의 특수성을 인정하도록 만든다는 이유로 '불구'라는 호칭의 사용을 요구하였다. "사람들은…… '불구'라는 단어에 움찔한다"라고 메어즈는 주장하였다. 메어즈는 경멸의 뜻이 담긴 용어를 계속 사용하였지만, 그 용어의 의미는 그녀 스스로 정해야만 한다고 강조하였다. "어쩌면 나는 사람들이 움찔길 바라는지도 모른다. 나는 사람들이 나를 운명/신/병균으로부터 친절한 대우는 받지 못했지만 내 존재의 잔인한 진실을 정면으로 직시할 수 있는 그런 강인한 사람으로 보아 주길 원한다. 불구라서 나는 활보한다." 여기서 메어즈는 단순히 타자성을 나타내는 용어를 찬양하거나 그 용어에 함축된 부정적 의미를 역전시키려는 것이 아니었다. 그녀가 갖고 있는 불구의 물리적 현실, 그녀의 신체적 다름 그리고 그 다름의 경험에 대한 사람들의 주의를 환기시키려는 것이었다. 메어즈에게는 사회적 구성주의의 논의가 그녀의 고통 그리고 다른 몸들을 위해 형성된 환경과의 투쟁의 의미를 중립화할 위험을 지니고 있는 것이다.[17]

그러나 주류 여성주의의 몇 가지 가정에서 장애는 빠져 있다. 예를 들면, 여성주의가 여성의 성적 대상화에 대하여 타당한 비판을 하고는 있지만 장애여성은 종종 할런 한Harlan Hahn이 "무성적 대상화"라고 부른, 즉 장애인에게 성은 부적절하다는 가정에 직면하게 된다. 휠체어를 사용하는 상당히 미인인 한 여성은 사람들이 마치 이 두 특성의 조합이 놀랍고 한탄스러운 모순이나 되는 듯한 반응을 보인다고 말한다. 장애여성의 몸이 성과는 무관하고 여성답지 못하다는 판단은 미셸 파인Michelle Fine과 에이드리엔 애시Adrienne Asch가 지적한 "역할 상실"rolelessness, 즉 사회적으로 보이지 않는 상태 그리고 장애여성들로 하여금 사회가 그들에게 부정하는 여성 정체성을 요구하게 만드는 여성성을 소멸시키는 상태를 만들어 낸다. 예를 들면 시에서 자신을 「매력 있는 여자」Woman with Juice로 표현한 셰릴 메리 웨이드Cheryl Marie Wade는 그녀의 장애와 그녀의 여성다운 성 사이의 조화를 주장하였다.[18] 메어즈의 자가 명명에 대한 탐구와 웨이드의 성에 대한 주장이 보여 주고 있듯이, 여성주의 장애 정치학은 여성들이 그들의 몸에 대해 일반적으로 인정된 해석을 따르지 않고 스스로 그들의 신체적 다름과 여성성에 대해 정의할 권리가 있음을 지지한다.

웨이드의 자기 정의self-definition에 관한 시는 자신이 "신체적으로 도전을 받는 자들 중 한 사람이 아니다"라고 주장함으로써 메어즈의 주장을 상기시키고 있다. 웨이드는 그러나 "나는 절름발이 / 나는 불구 / 나는 미친 숙녀"라고 주장한다. 그녀의 몸이 성적이며 동시에 다르다고 단언하면서 그녀는 "나는 갈라진 혀를 가진 프렌치 키스다"라고 주장하였다. 그녀의 섹슈얼리티를 지워 버리려 할 뿐만 아니라 그녀의 몸을 평가 절하하고 대상화하려는 문화적 경향에 저항하면서 그녀는 자신의 모습을 "비틀린 주먹으로 얼굴 후려치기"로 묘사하였다. 이 같은 시각적 공격 즉 '정상인'의 눈에 충격적인 장면으로 다가오는 장애인의 몸 이미지는 장애인의 경험을 규정하는 한 단면을 포착해 내고 있다. 여성주의자들이 여성은 남성의 평가적 시선gaze의 대상이 된다고 주장하고 있는 반면에, 웨이드가 자신의 몸을 "얼굴 후려치기"라는 이미지로 제시한 것은 장애인의 몸이 빤히 쳐다보기stare의 대상이라는 점을 예리하게 상기시켜 주고 있는 것이다. 남성의 시선이 정상적인 여성을 성적인 구경거리로 만드는 반면에, 빤히 쳐다보기는 장애를 지닌 대상(시 속의 인물)을 괴기스러운 구경거리로 조각해 낸다. 빤히 쳐다보기는 강력해진 시선으로 그녀의 몸을 일탈의 아이콘으로 만든다. 웨이드의 시가 말하고 있는 것처럼, 사실 빤히 쳐다보기는 장애를 억압적 사회 관계로 만드는 제스처이다. 그리고 장애를 지닌 모든 사람들이 잘 알고 있듯이, 그 같은 빤히 쳐다보기를 감당하거나, 피하거나, 저항하거나, 포기해 버리는 것은 삶의 일상적인 업무의 일부이다.

더욱이 장애여성들은 종종 그들의 몸이 어머니가 되기에 적절치 않다고 평가하는 것과 그들을 다른 이들의 선행을 유도하는 유아적 존재로서 평가하는 것에 맞서 방어해야 한다. 어머니가 되는 것을 여성에게 의무적인 것으로 보는 통념과 달리 장애여성들은 종종 일부 여성주의자들이 억압적이라고 생각하는 생식 역할을 거부당하거나 단념하도록 강요받는다. 여성주의적 장애학 학자들은 그 논란 많은 여성주의의 돌봄의 윤리에 대해 돌봄이 오로지 여성 책임이라고 주장하는 것일 뿐만 아니라 장애여성과 비장애여성 사이의 대칭적, 호혜적 관계를 약화시키는 것이라고 비판하였다. 장애여성을 돌봄의 대상으로 만드는 것은 양육을 선한 여성스러운 행위로 찬양하기 위하여 장애여성을 무력한 존재로 만드는 위험을 안고 있는 것이다. 철학자 애니타 실버스Anita Silvers는 "평등의 윤리를 돌봄의 윤리로 대치하는 것은 가부장적 제도를 격파하기는커녕 더욱 억압적인 온정주의를 불러올 위험이 있다"고 주장하였다.[19]

이보다 더 큰 문제는 어쩌면 여성주의의 낙태에 대한 방침이 장애인이 될 운명에 처한 "결함이 있는" 태아는 제거해야 한다는 좋지 않은 생각에 의문을 갖지 않는다는 것이다. 종종 장애인인 고령의 여성들의 관심사가 젊은 여성주의자들에 의해 무시되는 경향이 있다.[20] 널리 퍼져 있으면서 장애여성들의 투쟁을 약화시키는 여성주의적 생각 중 하나가 여성의 권능화empowerment를 향한 충동을 부채질하는 자주와 자립에 관련된 자유주의 이념이다. 추상적이고 육체로부터 분리된 민주주의의 주체를 상정하기 위하여 개인적 특성들을 평준화하는 자유주의적 전제를 암암리에 포함시킴으로써 여성주의적 실천은 종종 장애여성의 몸이 필요로 하는 것과 요구하는 시설을 위한 공간을 허락하지 않는다.[21] 유명한 장애인 권리 운동가인 주디 휴먼Judy Heumann이 분노하고 실망해서 한 다음과 같은 말은 일부 흑인여성들과 백인 여성주의자들 사이에 존재하는 소외감과 다르지 않은 소외감을 반영하고 있다. "내가 여성주의자들로 가득 찬 방에 들어갈 때 그들이 보는 것이라고는 휠체어뿐이다."[22] 이 같은 갈등은 장애인을 포함한 모든 사람들처럼 여성주의자들도 문화적 스테레오타입을 받아들였음을 보여 주는 것이다.

여성성과 장애

나는 그 근원에 대해 의문을 제기하면서도 장애여성의 정체성을 강력히 주장하면서, 동시에 성sex과 젠더의 완전한 구분이 문제가 있는 것처럼 '장애'여성과 '비장애'여성 사이에 의미 있는 경계선을 확실하게 그을 수 없다고 주장하려 한다. 아리스토텔레스가 여성을 장애 남성과 동일시한 것이 보여 주듯이, 가부장적 문화에서 여성성과 장애는 불가분의 관계로 얽혀 있다. 여성의 몸은 일탈적이라고 분류될 뿐만 아니라 역사적으로 여성성의 실행이 여성의 몸을 장애와 비슷하게 만들어 왔다. 전족, 몸에 상처를 내 문신하기scarification, 음핵 절제와 코르셋을 착용해 허리가 잘록하게 보이도록 하는 것 등이 사회적으로 받아들여지고, 권장되고, 심지어는 강제되는 여성 장애화의 문화적 형태들——아이러니하게도 특정 사회에서 특정 시기에 사회적으로 힘을 부여하는, 여성의 가치와 지위를 높이는——이다. 이와 비슷하게 거식증, 히스테리, 광장 공포증 같은 상태도 어떤 의미에서는 장애 상태로 확장된 표준적인 여성적 역할이라서 '정상적인' 여성적 행동과 병적인 것 사이의 경계를 모호하게 만들고 있다.[23]

　여성적 아름다움에 대한 통제 제도는 종종 '정상적인 것'과 '병적인 것'이라는 자명한 듯 보이는 범주들을 모호하게 만든다. 예를 들면, 오늘날 패션 산업이 장려하는 야윈 모습의 광신적인 추종이 병에 걸린 외모를 흉내 내고 있는 것과 마찬가지로, 19세기 미국 백인 상류층 여성의 아름다움에 대한 규정인 창백한 피부, 야윈 몸, 커다란 눈은 확실하게 폐병 증상과 유사하다.[24] 이와 비슷한 예를 더 들자면, 최근 여성 잡지에서 성형수술을 묘사하는 도상학과 언어는 수술로 재구성되지 않은 여성의 몸을 '비정상성'을 지니고 있는 것으로 철저하게 묘사하는데, 이 '비정상성'은 "자연스럽게 보이는" 코, 허벅지, 가슴, 턱 등을 만듦으로써 외모를 '개선'해 주는 수술 과정으로 고칠 수 있다고 말한다.[25] 이 담론은 고치지 않은 여성의 몸은 자연스럽지 않고 비정상적인 것으로 지칭하면서, 수술로 교정한 몸을 '정상'이고 자연스러운 것으로 묘사한다. 어떤 의미에서는 성형수술이 화장, 머리 파마하기 또는 펴기, 피부 미백이나 제모 같은 미용 행위의 논리적 연장선상에 있는 것이라고 할 수 있지만, 성형수술은 근본적으로 장식을 목적으로 하는 형태의 자기 재구성과는 매우 거리가 멀다. 음핵 절제와 몸에 상처를 내 문신하기처럼 성형수술은 여러 장애들에 동반되는 훼손과 고통을 포함하고 있다.

이 같은 행위들 모두가 물론 동일한 것으로 취급될 수는 없다. 그러나 각각의 행위는 형태를 바꾸기가 대단히 쉬운 몸을 장애의 결과와 비슷한 방법으로 변형시킨다. 사람들은 미화美化의 변화가 여성성의 이상에 맞도록 여성의 몸의 형태를 만들어 내는 선택이라고 생각하고 있다. 반면에 장애는 몸을 이상적인 형태로부터 멀어지게 하는 무작위적인 변화라고 생각하고 있다. 여성에게 (그리고 점차로 남성에게) 외모가 주요 가치 척도가 되는 사회에서 미화 행위는 여성의 몸을 정상화하는 반면에 장애는 여성의 몸을 비정상화한다. 여성화는 시선을 집중시키고 장애는 빤히 쳐다보기를 불러온다. 여성화는 여성의 문화자본을 증가시키는 반면에 장애는 그것을 감소시킨다.

그러나 아리스토텔레스가 여성을 훼손된 남성과 동일시한 것이 말해 주고 있듯이, 보편적 기준인 남성의 몸에 비교하면 이상적인 여성의 몸조차도 '비정상'이다. 규범적인 여성 즉 아름다운 여성 형상은 아주 좁게 규정된 이상적인 남성의 반대이다. 이상적인 남성이 강하고, 능동적이고, 크고, 털이 많고, 단단해야 한다면, 이상적인 여성은 약하고, 수동적이고, 작고, 털이 없고, 부드러워야만 하는 것이다. 따라서 규범적인 여성의 몸은 이중적이고 역설적인 문화적 역할을 하게 된다. 규범적인 여성의 몸은 남성의 몸의 반대가 되는 부정적인 용어가 되지만 동시에 비정상화된 여성의 몸과 대립되는 특권적인 용어가 되기도 한다.[26] 예를 들면 19세기 과학적인 수량화에의 집착은 절대미에 대한 자세한 묘사——즉 해블럭 엘리스Havelock Ellis가 정리하여 제시한, 그리고 순전히 신체적인 특징에 의해서만 결정되고 '아름다운' 유럽계 여성으로부터 그녀의 그로테스크한 대립으로 간주된 아프리카계 여성에 이르는 다윈식의 서열화를 동반한——를 낳았다.[27] 더구나 과학 담론은 이 같은 아름다움의 해부학적 척도를 동시에 병적인 상태의 척도로 생각하였다. 여성의 몸은 절대미에서 멀어지면 멀어질수록 점점 더 '비정상'이 되었다. 검은 피부와 신체적 장애 같은 특징들 또는 종종 신체적 특성과 연결 지어진 성매매와 같은 행위들은 이 의심의 여지가 없는 병적인 상태를 나타내는 것이었다. 이러한 도식schema에서 모든 여성은 일탈적인 존재로 간주되지만, 일부 여성은 다른 여성보다 더 일탈적인 것으로 간주된다. 그리하여 대상화된 여성적 몸과 남성적 주체를 구분하는 단순한 이분법이 다른 여러 대립들에 의해 복잡해진다. 실제로 여성적이지 않은, 아름답지 않은 몸은 이상적인 여성적 몸을 정의하고 또 그에 의해 정의된다. 이 일탈한 여성 형상은 역사와 담론에서 검은, 뚱뚱한, 동성애적인, 호색적인, 장애를 지닌, 또는 못생긴 등과 같이 다양하게 나타났다. 여기서 중요한 것은, 아름다움을 항상 여성적인 여성의 몸에 위치시키는 것과 마찬가지로, 이러한 형상의 일탈 그리고 그에 따르는 가치 저하도 항상 다름의 상징으로 작동하는, 눈에 보이는 특징들의 결과로 간주된다는 것이다.

따라서 아름답지 않은 여성의 표현으로서의 장애여성 형상은 대립적인 패러다임을 혼란스럽게 만든다. 장애를 지닌 실제 여성이 아니라 이 같은 문화적 장애여성 형상이 본 연구의 주제이다. 재현이 현실을 구성하기 때문에 버지니아 울프Virginia Woolf의 "집안의 천사"같이 자주 우리 주변에 출몰하는 문화적 형상들은 정치적 행동은 말할 필요도 없이 평범한 자기 정의조차 이루어지기 전에 제압되어야만 하는 것이다. 여기서 내가 초점을 맞추고 있는 장애여성 인물은 개념적 삼각분할 triangulation의 산물이다. 장애여성 인물은 남성적 인물과 여성적 인물로 이루어진 원래의 쌍에 의해 정의된, 문화적으로 제3의 용어이다. 따라서 남성적 인물의 반대인 동시에 정상적 여성의 대립으로 간주되는 장애여성 인물은 여성이란 범주의 안과 밖에 동시에 애매하게 위치하고 있는 것이다.

장애여성 형상들

여기서 나의 목적은 문화적·문학적 텍스트 내에 주변부를 맴도는 이 애매한 장애여성 형상들이 등장함으로써 발생하는 복잡성을 추적하는 것이다. 거의 모든 경우에 있어서 장애여성 인물은 긍정적인 또는 부정적인 타자성의 상징으로서 기능한다. 자주 다중으로 주변화된 이 장애여성 형상들은 텍스트에서 외견상 안정되어 보이는 내러티브 경제를 복잡하게 만들고 불안정하게 만든다. 3장의 기형인간쇼에 대한 논의를 예로 들자면, 흑인 장애여성의 전시는 당초 '정상'과 '비정상' 몸의 단순한 대립인 것처럼 보이는 기형인간 담론에 인종, 젠더, 그리고 민족을 도입하였던 것이다. 기형인간은 항상 그저 괴물로 나타난 것이 아니라 젠더화된 그리고 인종화된 괴물로 등장한다.

장애여성의 형상에 의해 야기된 복잡성은 아마도 여기서 검토되는 텍스트에서 가장 분명하게 보여질 것이다. 분석의 초점을 주요 인물과 핵심 플롯으로부터 보조 또는 부수적인 인물과 플롯으로 옮기는 경우 텍스트에서 작용하고 있는 복잡한 배열과 ——다른 방법으로 접근하는 경우 드러나지 않을—— 긴장이 드러난다. 4장에서, 예를 들자면, 많은 19세기 감상주의 소설은 여성적 내러티브 목소리를 남성적 관점에 대립시킨다. 그러나 만일 절대적으로 남성적인 문화적 자아, 여성적인 여성, 그리고 장애여성의 삼각관계를 인식하는 경우 새로운 시각이 떠오르게 된다. 이 사회개혁 소설들이 여성적인 여성과 장애여성 사이에 설정하는 대립 관계, 예를 들면 엘리자베스 스튜어트 펠프스의 여주인공인 펄리Perley와 청각 장애인이며 언어 장애인인 반反여주인공 캐티Catty 사이에 설정된 대립 관계는 다른 방식으로 접근하는 경우 드러나지 않았을, 그 텍스트가 자유주의적 개인주의적 이념과 갖는 관계를 드러내 보인다. 이와 비슷하게 5장에서 논의되는 20세기 미국 흑인 소설의 주요 담론은 인종 담론이다. 그러나 방금 논의한 이전의 텍스트에서처럼, 장애 형상의 수사적 기능에 대해 초점을 맞추고 검토하는 경우 이 소설들이 기대고 있는 흑인 문화와 백인 문화라는 기본적인 대립을 복잡하게 만든다. 예를 들어 토니 모리슨의 『타르 베이비』Tar Baby의 사회 비평을 충분히 이해하려면 시각 장애인 테레스Therese의 힘의 강화를 아름다운 제이딘Jadine의 힘의 상실과 대조시켜 관찰해야만 한다. 이처럼 장애여성 형상의 존재는 젠더, 인종, 사회계급과 같이 단 하나의 정체성 축을 따라 중심적 위치와 주변적 위치를 배열하는 것과 같은 단순한 텍스트 읽기에 이의를 제기한다.

보통이 아닌 몸에 대한 사회문화적 분석

어빙 고프먼의 낙인 이론

내가 주장하였듯이, 장애를 연구하는 데 가장 적합한 현대 이론은 정체성 정치, 그리고 정체성, 진리, 지식에 대한 탈구조주의적 심문을 융합하면서, 관심을 역사적 맥락 속에 위치시키고, 사회와 몸과의 관계에 대한 복합적인 분석을 하는 것이다. 이와 관련하여 여성주의 이론의 몸과 정체성에 주목하는 것이 유용함에도 불구하고, 장애 이론을 만족스럽게 구성하기 위해서는 주요 초점을 젠더나 장애에 맞추고 있지 않은 몇 명의 다른 이론가들을 불러들일 필요가 있다. 재현이 우리가 장애라고 부르는 신체적 다름에 의미를 붙이는 방법을 명확하게 하기 위하여, 여기서 나는 여러 학자들 중에서도 특히 어빙 고프먼, 메리 더글러스, 미셸 푸코가 조사한 몸과 문화의 교차점에 대해 논의하려 한다. 이들 중 고프먼의 사회학적 낙인 이론만이 직접적으로 장애를 다루고 있다. 더글러스, 푸코, 그리고 다른 학자들의 연구를 활용하기 위해서 나는 그들의 분석에 장애가 포함될 수 있는 방식에 대해 추정해 보았다. 이 간략한 조사는 장애를 지닌 몸이 문화로부터 모습을 드러내는 방식에 대한 이들 이론가들의 생각의 여러 측면들을 강조한다.

　　1963년에 출판된 어빙 고프먼의 권위 있는 연구 『낙인: 망가진 정체성 관리에 관한 연구』*Stigma: Notes on the Managements of Spoiled Identity*는 낙인을 사회적 과정으로 보면서, 시몬 드 보부아르Simone de

Beauvoir가 여성에 대한 초기 연구에서 '타자성'이라고 부른 것의 모든 형태들에 대한 설명을 시도한 이론을 제시하였다.[28] (어쩌면 프로이트의 전통에 따른) 이상하리만큼 둔감한 제목과 그 주제에 대한 충격적일 정도로 호전적인 어조에도 불구하고 고프먼의 연구는 사회과학 분야에서 이제 막 시작한 장애 분야를 뒷받침하고 있다. 여성주의 이론처럼 낙인 이론도 장애를 사회적 맥락 속에 위치시키는 데 유용한 어휘를 제공한다. '타자성'을 의미하는 otherness 또는 alterity 같은 용어들은 문학 비평을 지배하는데, 이 두 영어 용어들은 명사이기 때문에 주변화된 정체성들을 설명하는 데 한계가 있다. 이와는 대조적으로 '낙인'이란 용어는 고프먼이 그리스에서 노예나 범죄자들을 불로 지져 표시한 그리스의 관행과 성인들의 상처에 대한 기독교적 생각으로부터 취한 것으로서 복잡한 사회적 과정의 구성 부분들에 맞추기 위해 여러 가지 문법적 품사 형태를 취할 수 있다. 예를 들어 타동사인 '낙인찍다'는 주체와 대상 모두를 포함하는 과정을 의미한다. 이 같은 의미적인 유연성을 이용하여 '낙인찍는 자'를 설명하고, '낙인찍는' 제도를 확인하며, '낙인'을 완전하고도 복잡한 개인의 단지 한 측면으로 분리할 수 있고, 사람이나 특징을 '낙인찍힌' 상태로 묘사할 수 있다. 일부 사회심리학자들은 고프먼의 이론을 확장시켜 잠재적으로 낙인찍힐 가능성이 있는 신체적이거나 행위적인 특징을 지칭하기 위해 '유표'mark라는 용어를 사용하여 왔다. 이 같은 예리한 구분은 실제의 특징이나 행위와 그런 것들을 평가 절하하는 과정의 분리를 강조하는 것이다.[29] 개인은 특정한 특성 때문에 '유표될' 수 있고, '유표하는 자들'이란 어떤 특성을 일탈적인 것으로 해석하는 자들을 말한다. 이처럼 낙인 이론은 문화적 '소수집단' 또는 '타자'의 생산을 정밀하게 추적할 수 있는 수단을 제공한다. 요약하자면 '낙인찍는다'는 것은 사람들, 그들의 신체적 특성들, 그들에게 가해진 것, 가해자, 그리고 그것이 의미하는 것 사이의 구분을 나타내는 것이다.

본질적으로 낙인찍기는 상호작용적인 사회적 과정으로서, 이 과정을 통해 인간의 특정한 특성이 다르다고 간주될 뿐만 아니라 일탈적이라고 간주된다. 낙인찍기의 대상으로 선택되는 구체적인 특성들은 문화와 역사에 따라 다양하지만 모든 사회에서 발견되는 사회적 비교 형태인 것 같다. 가장 중요한 것은 이 같은 사회적 평가 절하는 집단적으로 일어나는 것으로 공동체적인 문화적 동화 과정의 일부라는 점이다. 낙인찍기는 자신들의 성격과 영역을 규정하려고 시도하는 사회적 집단에 의해서 형상화된, 그리고 내가 앞에서 '정상인'이라고 부른 그런 정상적인 사람에 대해 공유된, 사회적으로 유지되고 결정되는 개념을 만들어 낸다. 어느 인간적인 특성이나 낙인찍힐 수 있는 것이지만 지배집단은 어느 다름이 열등한 것인가를 결정할 권위와 수단을 갖고 있으며 그러한 판단을 영구화한다.[30] 따라서 '소수집단', '민족'과 '장애' 같은 용어들은 특정 특성들에 부정적인 가치를 불어넣는다. 낙인찍기는 지배집단의 취향과 견해를 반영할 뿐만 아니라 힘이 약한 집단이나 이방인으로 간주되는 집단의 특징들을 폄하함으로써 지배집단의 이상화된 자기 묘사를 중립적이고, 정상적이며, 정당하고, 식별 가능한 것으로 강화하기도 한다. 따라서 낙인찍기 과정은 현상 유지를 정당화하고, 내재된 속성을 열등함과 우세함으로 구분하는 것을 자연스러운 것으로 만들며, 그 두 범주가 사회적으로 구성된 자질이라고 보기 어렵게 만든다.

최근 낙인 이론에 대한 사회과학자들의 설명은 이 보편적인 듯 보이는 사회적 과정의 동기를 살피고 있다. 현상학적 설명에 의하면 낙인찍기는 다름을 분류하고 경험에 어떤 의미 있는 질서를 부여하려는 인간의 충동에서 발생한다. 모든 사람들은 그들의 세상을 알 수 있는 그리고 예측할 수 있는 것으로 만들어 주는 해석적 도식 또는 알프레드 슈츠가 말하는 '요리법'recipes으로 자신들의 삶을 일상화할 필요가 있는 듯하다.[31] 그러나 낙인을 찍는 것은 경험을 체계화하는 것 이상을 의미한다. 우리가 '성'sex, '인종', '민족', '장애'를 고정시키는 생리적 특징들과 같은 인간의 어느 특성은 이 낙인을 찍는 복잡한 과정에서 두드러지게 된다. 고프먼은 특정 사회적 단위에 의해 낙인이 구성되는 세 가지 유형의 신체적, 행위적 특징들을 발견하였다. 첫째 유형은 장애, 기형, 또는 변칙anomaly이고, 두번째 유형은 중독, 부정직, 예측 불가능, 교육 또는 예의 부족, 또는 어떤 성적인 버릇이고, 마지막 세번째 유형이 인종, 종교, 민족, 또는 젠더이다.[32] 이 같은 행위와 특징들을 토대로 사회적 지위의 복잡한 서열화가 형성된다.

　고프먼은 사회의 대부분의 사람들이 어느 정도 낙인찍힌 특성을 갖고 있어서 이상화된 규범의 좁은 기준을 만족시키는 집단은 매우 작은 소수집단으로 만들어진다는 점을 인정함으로써 그의 사회적 낙인찍기에 대한 분석을 한층 더 정제하였다. 서구 사회가 이상형으로 그리고 규범으로 구성하는 원형적인 형상은 낙인찍힌 특성들을 가지고 있는 모든 것들을 제거하고 나서 남은 인간의 모습이다. 고프먼이 수용한 '정상인' 형상 즉 내가 앞에서 이야기한 적이 있는 "젊고, 결혼하고, 백인이고, 도시에 살고, 미국 북부에 살고, 이성애자이고, 대학 교육을 받은 개신교도인 아버지이고, 완전 고용된 자이고, 잘생기고, 체격이 좋고, 키가 크며, 최근 운동을 한 적이 있는" 인물은 19세기 미국 담론에서 형상화된 냉철한 사람의 최신판이다. 고프먼은 이 묘사에 일치하는 사람은 거의 없다는 점을 지적함으로써 소위 '정상인'이라는 주체가 환상에 불과하고 이념적인 성격을 갖고 있다는 것을 보여 주었다. 이 인물은 물리적인 실체가 없이 지배하는 이미지이며, 수적으로 압도적인 그리고 못지않게 환상에 불과한 '소수집단'에 반하는 유령 같은 '다수'이다.[33]

낙인 이론의 기저에 흐르고 있는 암묵적인 질문은 왜 사회적 집단 내에서의 다름이 가치 부여 없이 그대로 인식되지 않는 것인가이다. 탈구조주의적 이론은 이항 대립이 항상 서열을 결정한다고 주장하려 하지만, 사회과학자들은 사회적 실천에 대한 자료를 토대로 이를 설명하려는 경향이 있다. 예를 들면 역사주의적 접근법은 부모, 제도적 실천, 그리고 다양한 형태의 예술과 통신 매체가 세대와 지역을 넘어 낙인찍기를 사람들의 머릿속에 주입한다고 주장한다. 개인적 차원에서, 동기적 또는 심리적 설명은 받아들이기 어려운 감정이나 충동을 힘이 약한 집단에 투사하는 것이 정체성을 확립하고 자존감을 높이게 한다고 설명한다. 이유를 불문하고 보편적이라고까지는 아니더라도 너무도 광범위하게 퍼져 있는 그 같은 실천은 근대성의 자유주의적 민주주의 이념에 위배되는 것이다.

따라서 낙인 이론은 규범적인 것과 일탈적인 것 둘 다를 구성하는 복잡한 과정을 풀어헤쳐 보여 주기 때문에, 그리고 평가 절하된 특정 정체성을 염두에 두면서 모든 문화적 억압 형태 사이의 유사점을 밝혀 주기 때문에 유용하다고 할 수 있다. 낙인 이론은 본질적으로 소위 장애라는 '문제'를 장애인의 몸에서 그 몸의 사회적 구성으로 이동시킨다. 마지막으로 낙인 이론은 우리가 직면하고 있는 문제들이 장애, 민족, 인종, 사회계급, 동성애, 또는 젠더의 문제가 아니라 오히려 낙인찍기 과정의 결과 발생하는 불평등, 부정적인 태도, 잘못된 재현, 제도적 실천의 문제임을 우리에게 주지시켜 주고 있다.

"상황에 부적절한 것": 메리 더글러스의 '불결한 것'이란 개념

인류학자 메리 더글러스 또한 장애라는 범주가 어떻게 작동하는지를 보여 주는 문화적 양식을 지적하였다. 이제 고전이 된 그녀의 연구 저서 『순수와 위험: 오염과 금기 개념의 분석』*Purity and Danger: An Analysis of Concepts of Pollution and Taboo*에서 더글러스는 장애의 문화적 의미에도 적용될 수 있는 방식으로 불결한 것dirt의 상대성에 대해 논의하였다. 더글러스는 불결한 것이 "특정한 상황에 부적절한 것이며……질서 확립이 부적절한 요소를 배제하는 것일 때에 체계적인 질서 확립과 분류의 부산물"이라고 관찰하였다.[34] 위생과 병균은 문화적 오염으로서의 불결한 것을 비교적 최근에 이르러서 정당화한 것이라고 더글러스는 주장하였다. 불결한 것은 변칙, 즉 안정되고 알아볼 수 있고 예측 가능한 세상을 구성하기 위하여 개인과 사회가 사용하는 도식으로부터 거부된 조화를 이루지 못하는 요소이다.[35] 더글러스와 고프먼의 이론을 합쳐 인간에 대한 낙인은 사회적으로 불결한 것으로서 기능한다고 주장할 수 있겠다.

변칙에 대한 이 같은 문화적 불관용은 서구 사상에서 가장 널리 논의된 주제 중의 하나이다. 그 한 예가 서구 문학 비평의 창시 문헌인 아리스토텔레스의 『시학』이다. 여기서 아리스토텔레스는 우리가 '개연성'과 '합리성'이라고 부르는 도식이 비극의 플롯의 범위를 한정하여 어떤 요소들이 적절하게 포함될 수 있고 어떤 요소들이 맞지 않는지를 결정한다고 하였다. 아리스토텔레스가 필수 조건으로 내세운 통일된 플롯을 위해서는 변칙들이 배제되어야만 한다. 이 같은 다름에 대한 반감의 또 다른 아주 생생한 예는 칸트의 미학 이론 『판단력 비판』*Kritik der Urteilskraft*에서 이루어진 아름다움에 대한 지나칠 정도로 추상적인

논의에서 찾을 수 있다. 칸트는 오로지 '순수한' 경우에만, 오로지 "다른 이질적인 감각에 의해 어지럽혀지거나 가로막히지 않은" 경우에만 색깔이 아름다운 것이라고 주장하였다. 결과적으로 칸트는 단순색은 아름다운 반면에 혼합색은 아름답지 않다고 믿었다. 이 같은 아름다움에 대한 정의는 변칙적인 요소인 불결한 것이 없는 상태가 청결한 것이라는 더글러스의 생각과 유사하다. 요소들을 순수한 것과 오염된 것, 적법한 것과 부정한 것으로 분류하는 이 같은 추상적인 가치 체계는 쉽게 일부 사람들을 불순하거나 아름답지 않거나 또는 맞지 않는 것으로 만들어 버리는 인종적 순수성의 이념으로 변환될 수 있는 것이다.[36]

불결한 것을 변칙 즉 보통이 아닌 것으로 본 더글러스의 해석은 사회적 주변화의 다른 형태로뿐만 아니라 우리가 '장애'라 부르는 몸으로 확장시켜 볼 수 있다. 불결한 것처럼 모든 장애는 어떤 의미에서는 우리 문화가 공유하고 있는 해석적 틀과 신체적 기대와 관련하여 "상황에 부적절한 것"이다. 눈에 보이는 신체적 장애는 규범적 정리 체계 밖에 존재하고 있어, 보통인 것의 영역에 맞지 않은 것들을 수용하는 더글러스의 '일탈적인' 또는 '변칙적인'이라는 분류하에서만 받아들여지고 이해될 수 있는 것이다.[37] 더글러스는 여러 문화권이 변칙을 다루는 방법의 예로서 흔히 범해지는 선천적인 장애를 지닌 영아의 살해를 들었지만 그녀의 이론에 장애를 포함시키지는 않았다. 그럼에도 불구하고 그녀의 연구는 장애가 실제적인 신체적 특징이라기보다는 일부 몸을 '비정상'으로 간주하는 체계적인 사회적 해석이라고 주장하였다. 더글러스는 문화가 모든 개인의 경험을 중재하면서 쉽게 변경되지 않는 인식 체계를 부과한다고 보았다. 나아가 그녀는 모든 사회가 그 사회의 도식이 만들어 내는 변칙을 받아들이는 법을 가지고 있어야만 한다고 언급했다. 문화는 그 문화를 공유하는 집단의 질서에 대한 내러티브에 가해지는 그 같은 모욕을 받아들일 수가 없다. 그 때문에 특정한 문화적 맥락 속에서 바로잡을 수 없는 변칙으로 나타나는 것이 중립적인 다름으로 해석되는 것이 아니라 오염, 금기 또는 전염으로 해석되는 것이다. 더글러스는 이 과정을 상세히 설명하면서 문화가 '보통이 아닌 것'에 대처하는 다섯 가지 방법을 논의하였다. 이 전략들은 우리 (미국) 문화가 장애를 표현하고 그에 반응하는 방식과 대체적으로 일치한다.

첫째, 사회 집단은 변칙 요소들을 절대적인 두 범주 중 어느 하나에 배정함으로써 모호함을 감소시킬 수 있다. 젠더나 인종과 같은 여타 비슷한 이원적인 체계처럼 장애/비장애 몸의 이분법도 사실 그 체제가 인정하는 것보다 훨씬 더 분류하기에 어려운 신체적 특성들에 대한 해석을 통하여 사람들을 분류한다. 예를 들면, 실제 신체적 손상은 보통 몸의 어느 부위나 신체적 기능에 영향을 주지만 하나의 특정한 다름은 한 사람의 몸의 나머지 부분과 기능이 '정상'으로 남아 있음에도 불구하고 그 사람 전부를 '장애'로 분류한다. 이 전체화하는 '핵심 지위'master status[38]에 따라 하나의 일탈적 특징이 한 사람의 다른, 무표된 면들을 압도해 버린다.[39] 문화적 타자성의 범주들은 이처럼 알아볼 수 있는 특정한 특성으로 개인을 축소시켜 버려 다면적인 개인을 '흑인', '동성애자', 또는 '장애인'으로 만드는 것이다. 법 체계와 같은 제도들은 정의와 차별이라는 이름으로 그 같은 이분법적 분류를 강화하여 왔다. 실제로 경험을 절대적 범주에 따라 구성하려는 문화적 필요성은 매우 강해 흑백혼혈아, 기형, 다른 성의 옷을 즐겨 입는 자, 양성애자 또는 다른 혼성체 등과 같이 분류를 거스르는 형상들은 불안감, 적개심, 또는 연민을 일으켜 항상 엄격하게 감시된다.[40] 사회질서의 경직성은 모호함이 지니는 안정을 깨뜨리는 위협에 대한 증거가 될 뿐만 아니라 모든 사회적 정체성들이 지니고 있는 인위성과 구성성에 대한 증거가 된다.

더글러스는 변칙에 대한 두번째 문화적 해결책으로서 제거를 발견하였다. 그녀는 밤에 우는 수탉의 목을 "즉시 비틀어 죽여 버리는 것은, 새벽에 우는 새로서의 수탉의 정의에 모순되지 않도록, (밤에 우는) 수탉은 살지 말아야 하기 때문이다"라고 씁쓸한 투로 썼다. 더글러스가 너무도 무심하게 제시한 이 원칙이 장애를 지닌 사람들에게 적용되는 경우 한층 더 큰 문제가 된다. 19세기 중반 과학계에서 시작된 현대적 우생학 운동과 그것의 최신판이라 할 수 있는 "결함이 있는" 태아 감별과 제거 이 모두가 장애인들을 박멸하려는 의지를 보여 준다. 수사적인 말로는 그러한 절차들이 장애를 끝내는 것을 목표로 하고 있다고 하지만, 현실에서는 종종 장애를 지닌 사람들이 제거된다. "동물 개량의 과학"이란 우생학은 미국에서 1924년 이민 제한법 제정뿐만 아니라 강제 불임 수술법을 성공적으로 촉구한 존경받는 분야였다. 그리고 이민 제한법과 강제 불임 수술법은 '최상의' 사람들이 신체적 또는 정신적으로 '열등한' 사람들에 의해 수적으로 압도당할 수도 있다는 두려움을 반영하고 있었다. 개량이라는 생각과 그리고 그에 수반되는 퇴보의 개념은 서구의 유산인 플라톤의 관념론뿐만 아니라 자유주의적 개인주의에 포함되어 있는 자주autonomy와 생산성이란 가치에 의존하고 있다. 사실 로널드 월터스Ronald Walters는 우생학적 사고가 19세기 사회를 완벽하게 만들려는 개혁 노력의 세속적인 현상이었다고 주장하였다. 불협화음을 일으키는 사회적 요소로서의 장애인들을 제거하는 것은 자립, 자기관리, 자급자족을 향한 국가적, 개인적 전진을 높이 평가한 이념의 연장선에 있는 것인데, 이 점에 대해서는 뒤에 다시 논의할 것이다.[41]

더글러스가 발견한 세번째 문화적 반응은 "변칙적인 것 피하기"이다. 역사적으로 장애인들은 개인적으로나 집단적으로 분리되어 왔다. 근대 주체에 대한 분석에서 미셸 푸코는 장애인과 같이 주변화된 사람들이 공간적으로 한정되고, 배제되고, 통제되어 온 방식을 보여 주었다. 눈에 띄는 장애를 지닌 사람들이 공공장소에 나타나는 것을 금한 19세기와 20세기 미국의 어글리 법에서 볼 수 있는 것처럼 여러 사회가 분리를 명하는 법으로 집단적인 편견을 만들었다.[42] 이와 비슷하게 19세기 미국에서 번창한 보호 수용소와 빈민 구호소는 장애인을 위한 한정된 도움으로 구금 분리를 제공하였다. 아마도 가장 지속적인 형태의 분리는 경제적인 것일 터이다. 구걸의 역사는 장애의 역사와 궁극적으로 같다고 할 수 있다. 미국의 장애 관련 법 제정의 대부분은 이 같은 융합, 톰 컴튼Tom Compton이 "부랑자/거지/불구의 복합체"라고 명한 것을 가려내는 것이었다.[43] 오늘날 장애인 특히 장애여성은 가난과 교육 부족, 흔히 신체적 특성을 토대로 한 주변화를 동반하면서 그 주변화를 더욱 강화하는 낙인의 주요 예인 가난과 교육 부족 때문에 게토화되는 경향이 있다.

그 불이익에도 불구하고 분리는 정치화된 의식과 내셔널리즘을 낳는 공동체적 의식을 형성할 수도 있다. 인종적 또는 젠더적 내셔널리즘 대對 동화주의의 장점과 단점에 대한 걱정 어린 논의가 계속되고 있지만, 전략적인 분리주의로부터 얻어 낼 수 있는 연대 의식은 종종 정치적 행동주의로 이어져 사회적 태도에 도전한다. 장애인들이 비장애인들 속에 흩어져 존재하기 때문에 정치적인 단합과 의식화는 전통적인 분리 또는 종종 긍정적인 정체성의 정치학에 수반되는 자진해서 이루어지는 분리의 결과로서 형성된다. 예를 들면 청각 장애인들을 위한 분리된 학교로부터 매우 정치화된 청각 장애인 공동체가 탄생하였다. 장애인 자립생활 운동 또한 분리교육과 보호시설 수용제도 때문에 일어나게 된 것이다.[44]

변칙에 대응하기 위해 사회 집단이 사용하는 네번째 방법은 변칙에 위험한 것이라는 딱지를 붙이는 것이라고 더글러스는 주장하였다. 분리와 제거 둘 다 부분적으로 신체적 장애가 변칙적인 것일 뿐만 아니라 위험한 것, 사실 불결한 것처럼 오염시키는 것이라는 해석을 토대로 하는 사회적, 정치적 실천이다. 변칙에 대한 개인적인 반응은 매우 복잡한 것이지만, 대중적 믿음은 개인적 반응 속의 불협화음을 줄이면서 큰 사회 제도의 모습으로 나타나는 순응을 촉진한다고 더글러스는 지적하였다. 그 결과 변칙은 종종 위험이나 악과 동일한 것을 의미하게 된다. 이것을 가장 분명하게 보여 주는 것이 문학과 영화에서 장애가 상징적으로 이용되는 것이다. 흔히 볼 수 있는 신체적 변칙의 아이콘인 괴물은 다른 몸을 위협하는 것에 대한 문화적 집착의 전형을 보여 준다.[45] 셰익스피어의 리처드 3세, 디킨스의 퀼프, 멜빌의 에이햅, 포의 홉 프로그, 스탠리 큐브릭Stanley Kubrick[46]의 스트레인지러브 박사Dr. Strangelove와 같은 원형적인 악한들에서 장애는 단순히 악을 나타내는 데 그치지 않고 위협의 기능을 행한다. 플래너리 오코너의 단편소설 「당신이 구하는 생명이 당신의 생명일지도 모른다」The Life You Save May Be Your Own에 등장하는 외팔이 톰 시프트렛, 카슨 맥컬러스Carson McCullers의 단편소설 「슬픈 카페의 노래」The Ballad of the Sad Cafe에 등장하는 꼽추 커슨 라이먼, 너새네이얼 웨스트Nathanael West의 『미스 론리하츠』Miss Lonelyhearts에 나오는 불구 피터 도일, 그리고 호손의 『주홍 글자』에 등장하는 꼽추 로저 칠링워스가 보여 주고 있는 것처럼, 힘을 지닌 장애

인물들은 그들의 환상적인 사촌이라 할 수 있는 괴물들처럼 거의 항상 사회질서에 저항하는 위험한 세력을 상징한다.[47] 이 인물들은 이름 없는, 심각한 위험의 체화로 작동하기 때문에 이야기의 결론은 거의 항상 장애 인물을 죽이거나 무력화함으로써 그 위협을 방지하는 것이다. 따라서 이 같은 문화적 내러티브를 지배하는 논리는 변칙을 제거하는 것이 위험을 제거한다는 것이다.

장애를 악 또는 죄의 징표로 해석하는 것은 멜빈 러너Melvin Lerner의 "공정한 세상" 이론에 의해서도 설명될 수 있다. 러너의 설명에 의하면, 인간은 질서와 예측 가능성을 필요로 하는데, 이 필요성이 사람들은 자격이 있는 만큼 받는다 또는 모든 일은 마땅히 일어나야 하는 방식으로 일어난다는 믿음을 낳게 된다는 것이다. 이 이론은 정의를 확립하는 규범들뿐만 아니라 다름에 대한 평가도 설명해 준다. 이는 곧 장애를 갖게 되는 것처럼 '나쁜' 일이 어떤 사람에게 일어날 때에는 그런 일이 발생하게 된 '좋은' 이유, 신적인 또는 도덕적인 정의 같은 이유가 반드시 있다는 신의론神義論의 논리이다. 이 골치 아픈 사고방식은 19세기 사회 진화론적 유사 과학, 특히 허버트 스펜서Herbert Spencer와 그의 미국 제자들이 라마르크 진화론[48]을 사회 관계에 적용한 것으로부터 그 힘과 적법성을 획득하였다. 이 신의론은 받아들이기 어려운 경험의 임의성에 대하여 심리적 보호 장치를 제공하기도 하지만 동시에 피해자에게 책임을 전가하거나, (보통 사람들과는) 다른 사람들을 희생양으로 만드는 결과를 낳기도 한다. 장애는 대단히 우발적인 상황이기 때문에 '공정한 세상'이란 개념이 가장 잘 완화시켜 줄 수 있는 종류의 불안감을 유발하는 것일 수도 있다. 누구나 언제라도 장애가 될 수 있다는 사실뿐만 아니라 장애와 종종 연관되는 고통, 신체적 훼손, 또는 손상은 자신이 '정상'이라고 생각하는 사람들에게 장애를 통제 불가능한 위협인 것처럼 보이게 한다. 장애인들은 일종의 커다란 경쟁 구도에서 패배자일 뿐이라는 믿음, 또는 자위 행위가 눈을 멀게 한다는 한때 많은 사람들이 가졌던 확신이 장애에 대한 '공정한 세상'식의 생각을 입증해 준다.[49] 아마도 현재의 가장 불행한 '공정한 세상'식의 생각은 에이즈가 동성연애자들과 마약주사 사용자들에 대한 도덕적 심판이라는 생각일 것이다.

장애를 지니게 된 몸은 또한 통제 불능인 것으로 인식되기 때문에 위험한 것으로 간주될 수도 있다. 장애를 지닌 몸은 신체적 규범에 어긋날 뿐만 아니라, 예측 불가능한 것처럼 보이고 그렇게 행동함으로써 사회적 관계가 토대로 삼고 있는 의례화된 행위를 깨뜨릴 위협을 가하기도 한다.[50] 통제되지 않는 몸은 보통 정교하게 구성되고 용납되는 사회적 행동 양식이 요구하는 일상적인 기능을 행하지 못한다. 예를 들어 시각 장애, 청각 장애, 말더듬기는 의사소통과 관련된 의례가 의존하고 있는 미묘한 말 주고받기의 복잡한 형식을 깨뜨린다. 휠체어나 신체 마비는 다른 보행 형태를 요구한다. 뿐만 아니라 장애를 지닌 몸은 규범과는 다른 형태의 행동을 함으로써 개인주의와 관련된 노동과 자주의 규칙들을 위반하는데, 이점은 뒤에서 더 깊이 있게 논의할 것이다.

현대 세계에서 장애가 위험하다고 딱지를 붙이는 방법은 장애를 악이나 비도덕적이라 부르지 않고 병적인 현상이라고 부르는 것이다. 예를 들면, 프로이트는 「예외」The Exceptions라는 에세이에서 장애인들을 심리적으로 병든 자들로 구분하였다. 프로이트는 내적 자아와 외적 자아를 융합하면서 "성격적 기형"이 신체적 장애의 결과라는 결론을 내렸다. 사실 20세기 미국에서 장애는 거의 전적으로 장애를 병으로 취급하는 의학적 모형에 포섭되었다. 비록 의학적 해석이 장애를 악과 연결시키는 이전의 생각으로부터 장애를 구해 내기는 하였지만, 병적인 현상으로 취급되는 다름은 일탈이란 생각, 아랫사람 대하는 듯한 관계, 그리고 지배의 문제로 얼룩져 있다.[51]

더글러스가 관찰한 변칙의 문화적 취급 방법 중 다섯번째이며 마지막 방법은 "의미를 풍요롭게 하거나 또는 존재의 다른 차원에 대한 주의를 환기시키기 위하여" 변칙적인 요소를 의례에 포함시키는 것이다.[52] 더글러스의 다섯 가지 해결 방법 중에서 이 방법이 유일하게 보통이 아닌 사람에 대해 긍정적이거나 변화를 일으키는 문화적 해석이다. 나는 여기서 더글러스의 생각을 확장한 여러 이론가들 중 두 명에 대해 간략히 언급하겠다. 이들은 특별히 장애를 논의하지는 않았지만 문화적 양식을 변경할 수 있는 변칙의 잠재력을 탐구함으로써 더글러스의 생각을 확장하였다. 『과학 혁명의 구조』*The Structure of Scientific Revolutions*에서 토머스 쿤Thomas S. Kuhn은 과학적 이해에서 변칙이 행하는 역할을 추적하여 점진적인 과학 발견이라는 내러티브를 개정하였다. 쿤이 말한 '정상 과학'normal science은 그 패러다임에서 보통이 아닌 것을 배제함으로써, "근본적으로 새로운 것은 필연적으로 정상 과학의 기본적인 헌신을 전복시키는 것이기 때문에" 새로운 것을 억누름으로써 일관성과 일치를 찾는다.[53] 쿤은 "새로운 것"을 과학적 기대에 일치시킬 수 없는 현상으로 정의하면서, 그 같은 예외적인 현상들이 누적되거나 너무 강력해 더 이상 무시할 수 없게 될 때 그런 현상들의 존재가 과학적 패러다임의 변화를 일어나지 않을 수 없게 만들어 새로운 믿음 체계가 형성되는 것이라고 주장하였다.

보통이 아닌 것이 가지고 있는 기존의 질서를 불안하게 만드는 힘에 대한 쿤의 견해는 카니발레스크carnivalesque로서의 그로테스크한 몸이 현상을 깨뜨리고 사회적 서열 체계를 뒤집는다는 미하일 바흐친 Mikhail Bakhtin의 개념 속에 반향되고 있다. 쿤이 변칙을 전복의 힘을 지닌 과학적 유형으로 본 반면에, 바흐친은 카니발레스크를 사회질서를 깨뜨리기 위해 보통이 아닌 몸을 의례적으로 사용하는 것으로 규정하였다. 바흐친의 설명에 따르면, 어쩌면 장애 형상에 대한 그의 생각을 나타낸 것이라고 할 수도 있는 카니발레스크적 형상은 "이 세상에서 '다른 것'이 될 수 있는 권리, 삶에서 찾을 수 있는 기존 범주 중 그 어느 범주와도 함께하지 않을 권리를 나타내며, 이 범주들 중 그 어느 것도 카니발레스크적 형상에 적절치 않으며, 이 카니발레스크적 형상은 모든 상황의 밑 부분과 허위를 본다".[54] 기존 질서에 대한 도전으로서의 무질서한 몸disorderly body이라는 바흐친의 개념은 다름을 나타내는 표시로서 장애를 지닌 몸이 재현 속에서 소유할 수도 있는 급진적인 잠재력을 시사한다. 바흐친의 카니발레스크적 형상은 범주들 사이를 가로지르고 넘어섬으로써 급진적인 재현을 가능케 하는 경계적인 예술적 범주로서 그로테스크에 관한 비평적 분석에 자주 등장한다.[55] 변칙과 그로테스크를 문화적 담론을 재구성할 능력이 있는 동인으로 생각하는 것은 불편하게 만드는 변칙이나 참기 힘든 애매함으로서가 아니라 자격을 갖춘, 현실에 대한 신선한 시각의 소유자로 불결한 것과 장애를 해석할 수 있는 가능성을 시사한다. 뿐만 아니라 장애 형상은 항상 보통이 아닌 것을 나타내기 때문에 그 같은 해석은 우리가 일탈과 기형이 아닌 신체적 장애에 대한 내러티브를 상상할 수 있는 길을 열어 준다. 실제로 나는 다음 장에서 특정 재현 현장에서 장애 형상들이 다양한 정도로 문화적 현상 유지에 대한 도전으로 작동하면서 사회질서를 재구성할 잠재력을 지닌 문제들과 시각을 제시한다고 주장하려 한다.

장애를 가진 몸을 역사화하기: 미셸 푸코의 "유순한 몸"

고프먼과 더글러스가 장애를 사회적 맥락 속에 위치시키는 데 도움을 주는 관계 분석을 제시한 반면, 근대적 주체의 구성에 대한 미셸 푸코의 성찰은 이들이 빠뜨린 역사적 변화의 개념을 장애에 가져왔다. 일상적 실천에 박혀 있는 권력이 주체를 구성하는 방식에 대한 푸코의 생각은——사회학자들이 주장하는 것처럼 보편적일 수도 있는——분류와 낙인이 역사에 의해 어떻게 복잡하게 되었는지를 말해 준다. 고프먼의 낙인 이론이 장애의 근대적 맥락을 밝혀 주는 반면, 18세기 근대에 계몽주의, 이성을 토대로 몸의 개념이 어떻게 변화했는가를 추적하는 푸코의 이론은 장애를 가진 몸에 대한 다른 읽기와 취급을 지지한다.

『감시와 처벌』*Surveiller et punir*에서 푸코는 신고전주의 시대에 담론과 제도가 굳어져 새로운 지배와 종속의 관계를 다시 만들어 내는 과정에서 근대적 주체가 등장하였다고 설명하면서, 몸의 효율적인 작동과 유용성에 대한 관심이 커지면서, 봉건 사회로부터 몸을 체계적으로 통제한 '감시 체제'로 이행했다고 주장했다. 이 '유순한 몸'docile body이라는 개념은 인간 특성을 불연속적이고 서열적인 관계 내에 배열하려는 19세기와 20세기 과학과 의학의 과제에 핵심이 된 엄격한 분류를 낳았다.[56] 건축적, 교육적, 의학적 실천은 몸을 조종해서 자기 지배를 목적으로 하는 독립되고, 고립되고, 효율적인 기계로서의 개인이라는 데카르트적 이미지를 생성하고 강화한다. 이와 같은 몸에 대한 실용주의적 개념은 17세기 경제적 위기에 자극을 받아 걸인, 빈민, 부랑자의 병원 '대감금'으로 이어졌는데, 이에 대해서는 푸코가『광기의 역사』*Histoire de la folie à l'âge classique*에서 언급하고 있기도 하다. 그러나 이 병원이란 것은 의료 시설이 아니라, 경제적으로 비생산적인 커다란 "무차별적인 대중", 외견상 자기 지배에 실패한 사람들을 분리하고, 도와주고, 처벌하기 위해 귀족과 유산 계급에 의해 세워진 극빈자 보호소였다. 경제적으로 쓸모 있는 걸인들로부터 "병들고 가난한 자들"을 추려내는 일에 관심을 갖게 되면서 18세기를 지배한 시민의 의무, 그리고 정치적 목적으로서의 건강과 육체적 행복이라는 이념이 생겨났다. 그 결과 의사들에 의해 시행된 의학은 푸코가 『권력/지식』Power/Knowledge에서 말한 '보건 정치학', 위생학에 의해 합리화되었고 원조보다는 '치료'를 통한 예방에 집중한 그런 '보건 정치학'을 강화하였다.[57] 건강한 몸과 병든 몸을 분류한 이 담론은 개선이란 명목하에 모든 몸을 감시하는 일에 집중하였다. 생산적인, 잘 작동하는 기계로서의 몸이라는 이 도구주의적 시각은 규범norm이라는 생각을 낳았다. 푸코는 이 규범을 인간의 몸을 측정하고, 분류하고, 규제하기 위해 사용된 "근대 사회의 새로운 법" 그리고 "강요의 원칙"이라고 불렀다.[58]

규범을 특이한 근대적 개념으로 제시한 푸코의 역사적 설명은 낙인 이론의 문턱으로, 신체적 외모의 억압적인 서열 제도로 우리를 안내한다. 고프먼과 더글러스의 초역사적이고 초문화적인 설명은 규범을 자연화한 반면에, 푸코는 규범을 평가 절하하는 사회적 태도에 연결했을 뿐만 아니라 일탈에 대한 역사적인 이해에 의해 적법화된 사회적 제도에까지 연결함으로써 적극적으로 규범을 강제적인 동시에 처벌적인 것으로 제시하였다. 그러나 푸코는 그의 분석에서 장애를 분명하게 언급하지는 않았다. 많은 극빈자들이 신체적 장애를 지니고 있었지만, 푸코는 이 둘을 구분한 적이 없다.[59] 그럼에도 불구하고 우리는 푸코의 이론으로부터 근대 사회에서의 '장애인'의 정체성은 푸코가 추적한 변화로부터 나왔다는 것 그리고 그것이 그 반대인 추상적인, 자기 통제가 가능하고 자주적인 사람과 연계되어 발생하였다는 것을 추론해 낼 수 있다.

근대적 개인은 그 특수성에 의해 결정된다는 푸코의 의견은 이 책에서의 나의 목적에 가장 유용한 통찰이라 할 수 있다. 근대 이전의 사회에서는 개성을 부여하는 표시들이 권력과 특권을 나타낸 반면에, 근대 사회에서는 무표적인 규범이 판단 기준이 되었다. 규범적인 기준으로부터 가장 멀리 간 사람들은 가장 아래에 위치한다. 예를 들어 하얀 피부색은 감춰지고 중립적인 반면에, 까만 피부색은 '인종'의 부담을 안게 된다. 이러한 다름은 계몽주의 시대 이전과 이후 귀족 남성들의 의상에도 표시되었다. 19세기 이전에 왕관, 권장, 휘장, 기장, 가발 등과 같은 일련의 화려한 장식물들은 힘 있는 자들을 신분이 낮은 무차별적인 대중들로부터 구별해 주었다. 한편 오늘날에는 남성의 권력이 구분되지 않고 튀지 않는 (사무직용) 정장과 넥타이 차림으로 포장되는 반면에, 타자성은 죄수들의 줄무늬 죄수복, (유태인을 상징하는) 다윗의 별이 그려진 완장, 또는 여성의 화려하게 장식된 가운과 하이힐 등으로 정교하게 눈에 띄도록 만든다. 이처럼 푸코의 이론은 고프먼의 낙인 이론에서 핵심을 차지하는 권력과 특권의 위치, 즉 무표된 원형적인 주체, "흠잡을 데 없는" 주체, 문화적으로 구성된 '정상'을 예견한 것이다.[60] 복잡한 사회적 체계화 속에서 권력은 실력주의라는 환상을 만들어 내는 중립이라는 미사여구에 의해 가려지게 된다. 그러나 권력의 시각적인 비특이성은 근대성에서 지위를 표시하는 미묘한 전시 경제에 있어서 바로 그 권력의 표시가 되는 것이다.

장애는 역사적으로 불이익 또는 저주로 간주되었지만, 근대에 들어서 신체적 장애와 같은 개성화의 표시들은 권력이 행사되는 '사례'를 제공한다. 근대의 무력화가 가시적인 낙인들에 의해 표시된 반면, 근대 이전의 사회에서 장애는 더 쉽사리 권력과 특권의 표시로서 읽혔다. 실제로 할런 한은 예전의 문화에서는 장애인들이 존경받았을지도 모른다는 사실을 시사하는 고고학적 증거를 제시하였다. 성인들의 성흔, 오이디푸스와 소크라테스의 다리 절음, 테이레시아스와 호메로스의 실명, 그리고 필록테테스의 다리 상처는 분명히 근대의 '절름발이' 같은 표시처럼 폄하하는 기형의 표시라기보다는 고상하게 만드는 표시로서의 기능을 수행한 것 같다.[61] 따라서 특수성의 의미가 근대에 변화했다는 푸코의 생각은 장애가 규범을 오염시킨다는 정의에 도전하는 것이다. 그와 같은 생각은 보통이 아닌 인간의 몸을 일탈이나 열등함이 아닌 다른 것으로 해석하는 것을 생각해 볼 수 있게 해준다.

종합하면, 장애가 사회적 관계에 의해 정의되는 것이라는 고프먼의 분석, 변칙에 대한 문화적 반응에 관한 더글러스의 관찰, 그리고 근대 규범이 무표된 것이라는 푸코의 역사적인 기술은 신체적 장애를 지닌 형상이 문화적으로 그리고 역사적으로 특유한 사회적 구성임을 보여 준다. 이와 같은 비평적 체계가 자유주의적 개인주의와 도덕적 의무로서의 노동이라는 미국적 이념 속에 장애 형상을 위치시키는 데 도움을 주며, 문학에서 장애 형상이 어떻게 작동하는지를 밝혀준다.

장애 형상과 자유주의적 개인주의 이념

에머슨의 병약자와 자립 신조

자신의 장애에 대한 획기적인 문화 기술지 『침묵하는 몸』*The Body Silent*에서 인류학자 로버트 머피Robert Murphy는 다른 사람들의 회피, 불편하게 느끼는 것, 자신에 대한 평가 절하가 최근에 갖게 된 하반신 마비

자체만큼이나 충격적인 지위 상실과 자아상의 상처가 되었다고 강조하였다. 장애는 "사회적 병폐이다.……가난한 사람들이 미국적 꿈의 배신자들인 것처럼 우리 장애인들은 미국적 이상형의 전복자들이다"라고 관찰하였다.[62] 머피는 단순하게 장애의 사회적 측면을 인식하는 차원을 넘어서 정상적인 미국인 자아의 경계를 확립하는 일에 있어서 장애 형상이 맡은 결정적인 역할을 조사하였다. 가난한 사람들과 마찬가지로, 장애인들은 나머지 미국인들이 되기를 두려워하는 것을 의미하도록 되었다고 머피는 주장하였다. 미국적 이상형이 거부하는 통제와 자주의 상실에 대한 걱정을 담은 존재인 '장애인들'은, 몸의 특수성과 한계에 의해 기능을 발휘하지 못하게 되어 위협적인 존재가 된다. 신체적 부적당에 관한 내러티브에 의해 형성되어서 돌발적인 특이함의 구경거리로 제시되는 장애 형상은 그에 상응하는 소비주의와 기계화가 팽배한 사회로부터 등장하는, 자치적이고 표준화된 인물이라는 추상적인 문화적 형상의 윤곽을 그려 준다. 장애를 지닌 타자는 사회의 궁극적인 '나는 아닌' 형상으로 정해져 문화적 자아의 부인된 요소들을 흡수하여 모든 인간적 취약성을 나타내는 아이콘이 되며, '미국적 이상형'이 운명과 자아를 지배하는 것처럼 보이도록 만들어 준다. 낯익은 인간이면서 동시에 확실하게 타자인 문화적 담론 속의 장애 형상은 나머지 시민들에게 그들이 아닌 사람에 대해 확인해 주면서 그들이 될 가능성이 있는 사람에 대한 의구심을 갖게 한다.[63]

예를 들어 랠프 월도 에머슨Ralph Waldo Emerson이 「자립」Self-Reliance의 수사에서 장애 형상을 동원한 것을 보라. 이 에세이의 1847년판에서 에머슨은 "그래서 이제 우리는 인간이다.……안전한 곳에 있는 병약자invalid나 혁명을 앞두고 도망가는 겁쟁이가 아니고 안내자,

구원자, 자선가이고 전능하신 하나님의 뜻에 순종하며 혼란과 어둠을 뚫고 전진하는 인간이다"라고 썼다. 이보다 뒤에 출판된 에세이 「운명」 Fate에서 에머슨은 다시 장애 형상을 동원하면서 보수주의자들을 "선천적으로 여자 같은, 절름발이와 장님으로 태어나" 오로지 "병약자처럼 수비만 할 수 있는" 자들로 규정하면서 비하하였다. 학자들은 자유주의적 개인주의를 신플라톤주의적, 육체를 넘어선 형태의 남성성으로 묘사한 에머슨의 설명이 여성성 ——그가 구성한 다음 그로부터 도망친 경시된 (남성성의) 반대인 ——에 기대고 있으며, 이 여성성에 그가 의존과 궁핍에 대한 두려움뿐만 아니라 데이비드 레버런즈David Leverenz가 말한 "몸의 위기"에 대한 두려움을 투사한 사실에 주목하였다.[66] 하지만 에머슨이 자유주의적 자아를 형성하는 타자성과 관련된 범주로 "병약자"를 동원하였다는 사실은 주목받지 못하였다. "전진하는 것"이 가능한 "안내자, 구원자, 자선가"로 행동하는 침범할 수 없는 진정한 "인간들"과는 달리, 에머슨의 폄하된 그리고 정적인 "병약자들"은 "미성년자들" 그리고 아마도 여성들과 함께 안전한 곳으로 추방되었다. 에머슨이 대조법으로 자유주의적 개인을 정의하기 위해 동원한 '장님'과 '절름발이'와 '병약자'는 무엇보다도 신체적 취약성의 아이콘이다. '병약한' 몸은 명백하게 드러난 무기력이다. 보편적인 '인간'의 정의로부터 장애 형상을 제외시킴으로써 에머슨은 자주적인 개인 자아라는 이상에 내포되어 있는 배타적인 신체적 규범을 은연중에 가정하고 있었음을 보여 주었다. 여성과 함께 "안전한 곳"으로 망명한 신체적 취약성의 유령과 더불어 에머슨의 자연화된 "인간"은 역사와 불의의 사건들이 실제 삶에 부과하는 신체적 제약에 방해를 받지 않는 머피의 "미국적 이상형"으로 등장한 것이다.

에머슨이 제약받지 않는 문화적 자아와 신체적 제약으로 좌절된 무언의 타자를 대립시킨 사실은 자유주의적 개인주의 이념에서의 몸의 문제점을 보여 준다. 자유주의적 개인주의가 상정하는 '미국적 이상형'은 리처드 셀저Richard Selzer가 장애가 나타내는 "치명적인 교훈"이라고 부른 것에 의해 심각하게 위협받는, 네 부분으로 이루어진 자아 개념으로 구성되어 있다.[65] 정상적 자아를 이루는 상호 관련된 네 가지 이념적 원칙은 자치, 자결, 자주와 진보라고 할 수 있다. 이 자아상은 각 시민은 전체 나라의 축소판이라는 개인주의적, 평등주의적 민주주의에서의 국가적 이상과 유사하다. 따라서 잘 규제된 자아는 잘 규제된 국가에 기여하는 것이다. 그러나 이 네 가지 원칙은 개인 의지의 안정되고 중립적인 도구인 몸에 의존하고 있다. 바로 이 환상을 장애 형상이 괴롭히는 것이다. 이 (네 가지) 국가적이면서 개인적인 자아의 원칙을 분석해 어떻게 각각의 원칙이 장애 형상에 의지해 스스로 부정하는 것을 흡수하는지를 조사해 보는 것은 (이 책에서의) 나의 목적에 도움이 된다.

평등주의적 민주주의는 무정부 상태를 피하기 위해 개인적 자치를 필요로 한다. 개인들이 법을 만들고 지도자를 선출하는 제도는 사회적 몸을 다스리듯이 자신들의 행동과 몸을 다스리는 개인들에게 달려 있다. 결과적으로 장애 형상은 이상적인 미국적 자아에 반대되는 문화적 타자 속에서 독특하면서도 불안감을 조성하는 구성물인 것이다. 어쩌면 젠더적, 민족적, 인종적 특징들과 같이 철저히 감시되지만, 안정적인 몸의 표시들을 토대로 다름을 수립하는 것은 장애와 거리를 두는 것보다 쉬울 수 있다. 장애의 부인할 수 없는 무작위적이고 예측 불가능한 특징이 자치를 토대로 한 사회질서 속에서는 가공할 무질서와 지속적인 위협을 의미하게 된다. 더욱이 신체적 불안정은 정치적 무질서, 평등주의적 민주주의의 위협적이지만 논리적인 연장인 도덕률 폐기론적 antinomian 충동이 몸으로 나타난 징후이다.[66] 장애를 지닌 몸은 통제할 수 없는 자아, 걷잡을 수 없게 된 개인주의를 나타내고, 몸이 무한한 의지에 순응하는 기구라는 생각을 비웃으며, 문화적 상상 속에 통제 불가능한, 다루기 어려운, 평등이라는 생각 속에 내재되어 있는 동일성에 대한 환상을 반박이나 하려는 듯이 다름을 과시하는 것으로 나타난다. 이보다 더 큰 골칫거리는 문화적 타자가 문화적 자아 내에 잠복하고 있으면서 갑작스럽게 또는 점차적으로 '인간'으로부터 '병약자'로 변화할 수 있다는 위협을 장애가 가하고 있다는 것이다. 장애 형상은 우리 가운데에서, 가족 내에서, 어쩌면 자아 내에서도 낯선 존재인 것이다.

자치 원칙이 규제된 몸을 필요로 하듯이 자결 원칙도 지독히 경쟁적이고 역동적인 사회경제 영역에서 자리 잡기 위해 순응하는 몸을 필요로 한다. 자결이라는 생각은 개인들에게 자신들의 사회적 지위, 경제적 상황, 다른 사람들과의 관계에 대한 책임감을 느끼도록 엄청난 압력을 가한다. 19세기에 등장한 전통적인 집단 소속이 사라진 중산층 사이에서 정체성에 대한 열망은 자유가 장려한 차이인 바로 그 다름에 대한 불관용으로 표출된 순응을 낳았다. 민주주의는 이전의 사회계급적 동맹과 세대의 연속성generational continuity[67]을 막기 때문에 사람들은 서로를 모델로 할 수밖에 없게 되었다. 1835년에 이미 알렉시 드 토크빌 Alexis de Tocqueville은 이 순응의 경향에 주목하면서 "모든 미국인들의 마음은 한 모델로 형성되어서 동일한 경로를 아주 정확하게 따라간다"고 관찰하였다.[68] 더욱이 평등에 의해 요구된 대중문화의 발전은 무질서의 위협을 진정시키는 획일성을 부추겨 순응을 강화하고 다름을 처벌하였다. 따라서 민주주의의 역설은 자유의 보장이 독특성의 잠재 가능성을 시사하는 반면, 평등의 원칙이 조건의 동일성을 시사한다는 점이다. 이 가능성은 많은 미국인들에게 특이할 권리, 즉 에머슨과 헨리 데이비드 소로Henry David Thoreau가 모든 구속으로부터 자유로운 개인을 구성하려는 노력 속에서 그토록 열렬히 극찬한 불순응과 동일한 것을 의미하는 것이 되었다.

이처럼 역설적인 자결의 이념에서 몸이 갖는 중대한 역할은 종종 논의되지 않는다. 예를 들면 19세기의 건강에 대한 관심, 특히 배설, 청결, 그리고 G. J. 바커-벤필드G. J. Barker-Benfield가 말한 "생식력 유지"에 대한 집착은 육체적 자아 통제의 압력에 대한 신체적 표현으로 볼 수 있다. 뿐만 아니라 불순응과 반권위주의의 수사학은 상품의 대량 생산 기술의 발전과 재생 가능한 이미지를 통한 외모의 표준화와 공존하면서 근대 소비자와 기계화된 문명에 기여하는 생활 방식의 획일성을 조장하였다.[69] 장애 형상은 이 독특성과 획일성 사이의 긴장을 말해 준다. 한편으로 장애 형상은 지배되기를 거부하고 자결의 의지를 실행에 옮길 수 없는 몸을 나타내는 표시이다. 다른 한편으로는 보통이 아닌 몸은 불순응의 화신이다. 따라서 어떤 의미에서는 장애 형상은 사람들에게 불경한 개성으로 격려를 하고 평등의 위배로 위협을 준다. 사실 다음 장에서 나는 19세기 미국인들이 느꼈던 기형인간쇼의 매력의 일부가 바로 이 보통이 아닌 몸에 내재되어 있는 이중성이라고 주장한다.

여성의 이념적인 형상이 그 문화의 남성성을 확실하게 해주고 그리고 흑인의 이념적인 형상이 백인성을 확실하게 해주는 것을 지배 문화의 이상적인 자아가 필요로 하는 것처럼 에머슨의 세분화된 자아도 대립되는 두 가지가 비장애성을 갖는 것을 필요로 한다. 흑백 혼혈인이나 동성애자처럼 기형인간, 불구자, 병약한 자나 장애인은 재현적인 그리고 분류학적인 산물들이고, 이것들은 권력과 지위를 나타내는 (사회에서 받아들여진) 신체적 특징들과 행위들로 구성된 규범을 자연화한다. 이렇게 보았을 때, 신체적 다름은 훼손된 온전함, 제한되지 않은 불완전성, 규제되지 않은 특수성, 의존적인 예속, 무질서한 골칫거리, 그리고 외부 세력에 의해 좌우되는 것을 나타내는 문화적 아이콘을 낳는 것이다. 이처럼 몸이 가지는 배반의 위협이 구분되어 있는 상태에서 신화적인 미국적 자아는 방해받지 않고 거리낌 없이 그 명백한 운명manifest destiny에 따라 펼쳐질 수 있는 것이다.[70]

멜빌의 에이햅: 고래가 만든 인간

개성과 평등에 대한 이 역설적이고 동시적인 요구가 아마도 미국 문학에서 장애 형상의 정수라 할 수 있는 『모비 딕』Moby-Dick의 선장 에이햅을 그렇게나 강렬한 인물로 만든 것일 수도 있다. 분명히 에머슨이 말한 무기력한 병약자가 아니었음에도 불구하고 허먼 멜빌Herman Melville의 에이햅은 자유주의적 개인주의라는 미국의 거대한 실험에서 몸의 문제를 시사한다.[71] 자치와 자결 둘 다 에머슨이 자립이라고 부른 가상적인 독립 상태인 개인적 자주를 필요로 한다. 장애 형상은 무력하게 보여서라기보다는 자아의 밖에 있는 힘에 의해 변형되었다고 상상되었기 때문에 이 자주에 대한 환상을 위협한다. 에이햅은 복수하기 위해 선원들을 이용하지만, 결국 그의 분노는 개인적인 것이다. 고래가 그의 몸을 침범한 것이다. 자주는 C. B. 맥퍼슨C. B. Macpherson이 설명한 "소유적 개인주의"와 같은 안정되고 고정적인 존재 상태를 유지할 수 있는 능력과 함께 외부적 힘에 대한 면역력을 상정한다. 이 논리에 의하면 시간이나 환경에 의해 생긴 신체적 변형 즉 우리가 장애라고 부르는 변화는 외부로부터의 적대적인 습격, 개인이 적절히 대응하지 못한 불의의 사태의 결과인 것이다.[72] 외부 힘의 희생자로 간주되는 장애 형상은 변화된, 유연한, 또는 독특한 것으로 보이지 않고 침범당한 것으로 보이게 된다. 이와는 대조적으로 자주적인 개인은 제한받지 않는 자결을 가능케 하는 침범할 수 없는 경계선을 가지고 있는 것으로 여겨져 완전함의 신화를 만들어 낸다.[73] 이와 같은 이념적 체계 내에서 몸이 자치의 중립적인 도구가 되는 형상은 계약 관계에서 자유 주체가 된다. 반대로 장애 형상은 외부의 힘의 영향을 쉽게 받는 불완전하고, 침범할 수 없는 경계선에 의해 보호되지 않고, 침범당하고, 종속된 몸, 달리 말하자면 제대로 관리되지 않은 자산, 적절하게 방어되지 않은 요새, 무기력하게 침범당한 자아를 나타내는 것이다. 에이햅의 분노는 그의 취약성을 보상해 주면서 그를 장애 형상의 고상한 모습인 동시에 위협적인 모습으로 제시한다.

무엇보다도 에이햅은 다른 사람들과 다르다고 할 수 있다. 매력적이면서 동시에 혐오스러운 그는 불순응이 부여할 수도 있는 자유를 나타냄과 동시에 도덕률 폐기론의 무서운 위협을 나타낸다. 그의 다름의 외면적인 표시는 그의 상아로 만든 다리이고 내적인 표시는 그의 편집광적인 분노다. 기능 상실이나 고통이 아니라 고래 즉 외부의 힘에 의해 침범당했다는 뼛속 깊은 생각이 에이햅의 복수의 동기인 것이다.[74] 다루기 힘든 외부적 의지로 제시된 고래는 에이햅의 개인의 경계를 무너뜨렸고, 그의 존재 자체를 변하게 하였으며, 그의 미래를 결정해 버렸다. 고래의 침범과 에이햅의 운명을 결정하는 힘은 자결과 자주라는 생각을 조롱한다. 에이햅은 스스로 만든 사람이 아니라 고래가 만든 사람이 된 것이다. 그의 장애를 지닌 몸은 개인주의 이념이 숨기려 하는 그의 자아의 물리적 취약성을 증언해 준다. 이와 같은 배신 때문에 에이햅의 몸은 고래가 작살 줄로 그를 피쿼드호에서 끌어내릴 때 배 위의 사람들로부터 거칠고도 확실하게 분리되며, 살아 있을 때처럼 죽어서도 고래가 그를 통제하게 된다.[75] 에이햅의 고귀함은, 그가 나타내는 위협처럼, 자주적이고 침범할 수 없는 자아라는 생각을 위협하는 신체적 한계와 취약성을 상징하는 그의 신체적 다름으로부터 발생한다. 다른 장애 형상들과 함께 에이햅은 '사람이 신체적 한계로부터 자유롭고, 외부적 힘에 영향받지 않고, 다른 사람들의 도움과 배려를 필요로 하지 않고 살아갈 수 있는 것이지'라는 골치 아픈 문제를 제기한다.[76] 장애 인물은 절대적으로 온전함 몸이라는 환상을 뒷받침하고 있는 자주, 자치와 자결의 환상을 폭로하는 것이다.

잘 다스려지고 스스로 결정할 수 있는 인간의 삶은 개신교의 완전론,[77] 성공주의와 자기 개선 개념 모두가 토대로 삼고 있는 진보의 내러티브로 상상되었다. 토크빌은 민주주의 국가들이 특히 인간의 완벽성이라는 생각에 사로잡혀 있으며 "그 생각을 억지로 확장할" 가능성이 크다고 주장하였다.[78] 그러나 장애 형상은 이 같은 이상에 정면으로 도전하며, 존재하는 것 그 자체로 자기 개선의 허구성을 버리고 동시에 완벽과 향상에 대해 궁극적으로 도전하는 것이다. 신앙 요법, 성형수술, 결합 쌍둥이의 수술적 분리와 제리 루이스Jerry Lewis[미국의 유명한 희극배우]의 모금 방송 같은 다양한 현상들은 몸의 정상화에 대한 문화적 요구를 보여 준다. 뿐만 아니라 장애 형상이 우리에게 상기시켜 주는 '완벽이란 불가능한 희망에 불과하다는 사실'을 우리가 참지 못한다는 것을 증명해 준다. 제한받는 자아의 문화적 상징인 장애의 몸은 자아에 대한 미국적 사유에 있어서 정말로 핵심적인 요소인 개인의 의지로 이루어지는 개선을 완강하게 받아들이지 않는 것이다. 사실 온전한 몸의 형상 뒤에는 삶이 궁극적으로 우리를 '장애를 지닌' 자아로 변하게 한다는 인식, 사람들이 부정하는 어쩌면 용납하기 어려운 인식이 도사리고 있다. 결국 몸과 역사가 의지를 지배해, 높은 물질적 상태로 방해받지 않고 진보해 가는, 육체적으로 안정된 자아라는 신화에 한계를 부여하는 것이다.[79]

장애 형상과 노동의 문제

제대로 된 극빈자

이미 논의하였듯이, 장애인은 종종 실제 능력이나 성취한 것에 상관없이 생산적일 수 없거나, 삶을 영위할 수 없거나, 공동체적 생활에 참여할 수 없거나 또는 의미 있는 개인적인 관계를 형성할 수 없는 사람으로 간주된다. 사실 장애인이 경험하는 한계는 '정상인'을 수용하도록 고안된 사회적, 물리적 환경과의 상호작용의 결과로 생기는 경우가 더 많다. 달리 표현하자면, 장애인으로 간주되는 사람들은 몸이 특정 방식으로 보여야 하고 작동해야 한다는 가정을 토대로 이루어진 건축적, 태도적, 교육적, 직업적, 법적 관습에 그들의 몸이 맞지 않기 때문에 완전한 시민권 행사를 하지 못하는 것이다.

자치, 자결, 자주와 진보라는 추상적인 원칙들이 그것이 가장 완벽하게 나타나는 경제적 자원의 생산과 분배 제도인 노동work이라는 개념과 연결될 때, 장애 형상은 미국적 이념과 역사에 가장 골치 아픈 존재가 된다. 청교도적 미국에서부터 현대 미국에 이르기까지 최고의 신조인 노동은 필요를 미덕으로 바꿔 놓고, 생산적인 일을 도덕적 가치와 동일시하고, 나태를 타락과 동일시한다. 자수성가한 미국인이라는 형상은 특히 19세기에 빈곤이 광범위하게 퍼져 있었고 산업화가 노동을 알아볼 수 없는 형태로 만들고 있었음에도 불구하고, 늘 대단한 문화적 권위를 지녔다. 임금 노동이 자영업을 대체하고, 취약한 경제가 등락을 거듭하고, 기계가 전례 없는 규모로 노동자들을 망가뜨리기 시작하면서 노동의 윤리에 필수적인 자주와 자립이라는 개념이 왜곡되기 시작하였다. 근대화가 진행되면서, 장애 형상은 산업화와 점증하는 경제적, 사회적 혼란에 직면해 지위와 노동의 옛 의미를 유지할 수 없는 데에 대한 사회의 불안을 새로운 방식으로 떠맡게 되었다. 미국적 개인주의는 경제적 자주가 근면과 덕목의 결과인 반면에 가난은 나태와 도덕적인 열등함으로부터 온다는 확신에 가장 잘 나타나 있다.[80] 민주주의 사회에서 각 개인이 경제적으로 '명백한 운명'이라는 진보 내러티브에서 스스로 결정하는 자유로운 주체라는 소중히 여겨진 믿음을 지지하기 위하여 극빈자들은 그들의 사회경제적 상황에 책임을 져야만 했다. 그러나 이 신조를 다른 몸을 지닌 또는 삶에 의해 몸이 변형된 자들인 장애인들에게 적용할 때 도덕적 딜레마와 모순이 나타나게 된다. 그 누구의 자유의지와도 무관하게 한 개인이 갑작스럽게 또는 점차적으로 작업 환경에 맞지 않게 되는 경우 덕목과 노동의 연계는 어떻게 되는가? 간단히 말해 자유주의적 개인주의를 토대로 세워지고 그것에 헌신하는 문화가 신체적 장애를 어떻게 다루겠는가?

점점 더 하나님의 결정으로부터 자유롭고 개인의 통제에 지배되는 것으로 간주되는 세상에서 장애 형상은 의지, 능력, 진보, 책임, 자유 주체와 같은 개념들 즉 자유주의적 사회에서 사람들이 그들의 정체성을 세우는 개념들에 의문을 제기한다. 나아가 생리학과 질병에 대한 세속적인 사고와 더 정확한 과학적 이해 때문에 19세기 미국인들은 이전 시대에 한 것처럼 장애를 신의 처벌로 해석하지 못하게 되었다. 개인의 경제적 상황과 연결된 사회적 서열 체계를 보존할 필요성과 개인의 성취를 옹호할 수 있게 해주는 신의 간섭으로부터 자유를 인정할 필요 사이의 갈등에서 장애를 어떻게 사회적 범주로 만드는가 하는 문제가 야기되었다. 장애 형상의 존재가 사회로 하여금 어떤 상황에서 개인이 '생계유지'의 책임을 지도록 해야 하는지, 반대로 언제 개인이 어쩔 수 없는 상황 때문이라는 이유로 그 같은 기대로부터 벗어날 수 있도록 해야만 하는지에 대해 생각하도록 만든 것이다. 사회적 범주로서 '장애인'은 더이상 신이 결정하는 것으로 생각하지 않는 세상, 자치와 개인적 진보가 승리한다고 알려진 세상에서 인간의 취약성을 마지못해 인정하는 것이다. 특히 노동 인구 밖에 있는 자들을 향한 공공 정책이 마련되는 시기에, 그 같은 분류는 덕목을 독립적인 근면성과 동일시하는 데 전념하는 나라의 의식으로부터 상당한 양가 감정을 이끌어 낸다.[81] 이 양가 감정은 사회적 낙인찍기와 장애인 집단에 합류할 수밖에 없는 이들에 대한 엄격한, 때로는 이들을 배제하기 위한 감시의 모습으로 표출된다.

남북전쟁 이전 미국이 산업화되기 시작하면서 산업재해가 증가하고 안정된 공동체와 옛 생산 방식이 해체되기 시작하자 미국 법제도는 신의 처벌이 아닌 우발적인 사고로서의 신체적 장애 문제를 다루지 않을 수 없게 되었다. 예를 들면, 19세기 초에 권력이 아버지로부터 남성 판사에게로 넘어가고 있을 때, 1842년 레뮤얼 쇼Lemuel Shaw가 작성한 결정적인 판결문은 계약 경제적 개인주의의 수칙에 따라 법적으로 장애인의 사회적 범주의 틀을 만들었다. 쇼는 과실을 고용주에 유리하도록 정의한 공동 고용자 규칙fellow-servant rule[82]을 제정하여 상해를 입은 노동자가 보상을 받기 위해 소송을 제기하는 것을 아주 어렵게 만들어 장애인이 된 노동자를 희생시키고 사업자의 이익을 지지함으로써 노예들의 행동에 대해 노예 주인들에게 책임을 물은 보통법의 전례를 뒤집었다.[83] 이 판결은 고용인과 피고용인 둘 다 자유 의지로 계약에 참여하는 자주적인 주체로 보면서, 그 계약에서 시장 임금이 부상의 위험을 보상하는 것으로 해석하였다. 이 법안이 이전에 부상당한 군인들을 보상해 주었던 전례를 따르지 않았다는 것은, 겉으로 보기에 사적 정의 문제를 공적 정의에서 분리하여, 경제 발전을 자유롭게 하려는 노력의 표현이었을 수 있다. 그러나 새로이 장애인이 된 노동자들은 자선이나 빈민구호를 제외하고는 의지할 곳이 없어졌다. 공공 영역으로부터의 경제적 자원을 부상당한 노동자들이 평등하게 이용할 수 있지 않는 한 그들은 일자리를 잃어버렸을 뿐만 아니라 그들의 경제적 상황을 시장이나 국가가 더 이상 책임지지 않는 자선이라는 사적 영역으로 사라져 버리기도 한 것이다. 어느 날 도덕적인 노동자였던 사람이 그다음 날 빈둥거리는 빈민이 될 수도 있다는 사실은 의심할 여지없이 개인의 무제한적 자결 능력에 대한 불안한 의문을 제기하였다.[84]

장애인의 법적, 사회경제적 범주는 불의의 사고를 인정하지만, 그럼에도 불구하고 이 분류가 지니고 있는 '근면'과 경제적, 사회적 성공 사이의 연계에 대한 미국인들의 믿음을 위협하는 것은 너무도 큰 것이라서 철저하게 기술되고 감시되어야만 했다. 자주와 자결의 신화가 손상되지 않은 채로 남아 있기 위해서는 이 신화에 대해 의문을 제기하는 상황에 처한 사람들은 다른 가정들의 지배를 받는 별개의 사회적 범주로 분리되어야만 했던 것이다. 실제로 적어도 1388년 영국 빈민구호법이 시작된 이래로 공공 복지에 관련된 국가 그리고 다른 기관들은 진짜 '불구'와 꾀병을 부리는 사람, 일을 할 수 없는 것으로 여겨지는 사람과 일을 하지 않으려 한다고 여겨지는 사람을 구분하기 위하여 지금 우리가 '신체적 장애'라고 알고 있는 것에 대한 정치적, 문화적 정의를 구성하였다.[85] '능력'과 '의지'가 분명히 '생계 유지'라 불리는 사회 관계에서 복잡하고 의심스러운 개념들이지만, 자원을 분배함에 있어 국가와 사람들은 이 두 집단의 사람들 사이에 확실한 경계선을 긋기 위한 노력을 해야 한다고 주장한 것이다.[86]

보상에서 수용으로

장애인의 사회사는 대체로 변함없이 낙인찍기와 낮은 사회적 지위의 역사였지만, 미국에서의 '장애'에 대한 국가적 대응은 초기의 그리고 지금까지 계속되고 있는 군인 연금과 같은 공무 보상에서, 산업화된 미국 사회의 민간 노동자들을 위한 노동자 재해 보상을 거쳐, 장애에 더 적절한 대응은 배상이 아니라 수용이라는 1990년 「미국 장애인 법」의 규정에 이르기까지 확장되고 변화되어 왔다. 1990년 이전 장애인 정책의 특징이었던 보상 개념은 규범 그리고 이 규범으로부터의 이탈이나 이 규범의 상실은 배상을 필요로 한다는 사실을 암시하고 있다. 이런 식으로 파악된 장애는 수용되어야 할 다름이 아니라 보상되어야 할 상실인 것이다. 따라서 장애는 개인적인 결점이 되고, 장애인들은 '온전한 몸'이 고장 난 것이 된다. 다름이 일탈로 바뀐 것이다. 뿐만 아니라 확실한 장애로서 전쟁 부상과 산업재해에 집중하는 것은 한때 '온전한 몸의 노동자'로서의 자격을 갖췄던 자들에게 경제적 혜택을 제한함으로써, 이 (온전한 몸이라는) 가상적인 장점을 원래 갖고 있지 않았기 때문에 상실할 수도 없다는 이유로 선천적 장애인들과 장애여성들에 대한 경제적 '보상'을 막음으로써 좁게 정의된 신체적 규범을 지지하는 것이다. 따라서 보상 논리에 따르면 '장애'는 생리학적인 차이가 아니고 가상적인 온전함의 주된 상태를 위반한 것이 된다. 반면에 수용의 논리는 장애란 그저 사람들 사이의 많은 다름 중의 하나일 뿐라고, 사회는 이 점을 인식하고 그에 맞게 환경을 조정해야 한다고 주장한다. 장애의 보상 모형의 토대를 이루고 있는, 밀접하게 연결된 신화인 신체적 온전함과 신체적 결여는 보통이 아닌 몸에 대한 공공 정책의 역사를 구성하였다. 국가가 신체적 그리고 정신적 상태로 인해 임금 노동을 할 수 없는 사람들과 단순히 일하기를 거부하는 사람들을 정량적인 방법으로 구분하려고 하면서 온전한 몸과 그 이론적 반대인 장애의 개념이 변화되어 왔다. 과학과 기술의 발전에 따라 장애가 점점 의학화되면서 원조를 받을 만한 '병들고 가난한 자'와 처벌받아야 하고 방지되어야 하는 '사기꾼'을 구분하는 방법이 국가의 지도 지침이 되었다. 자주와 자치가 경제적 성공의 열쇠라는 신화를 보존하기 위해 '온전한 몸을 지닌 자'와 '장애인'의 분리가 이념적으로 요구됨에도 불구하고, 공공 정책과 사회적 태도에 종종 빈민을 위로하는 동시에 책망하려는 상충된 충동이 모습을 드러내어 이 두 충동 중 그 어느 하나도 효과적으로 이루어지지 않았다. '장애인'으로 지칭된 사람들에게 주어진 공적 자원 분배와 사적 자원 분배의 역사는 연민적인 것과 정의로운 것뿐만 아니라 처벌적인 것과 가부장적인 것으로 물들어 있다.

과학과 의학은 19세기 중엽과 20세기 미국에게 일을 할 수 없는 것으로 분류할 필요가 있는 집단을 분리해서 게으름뱅이라고 여겨지는 사람들을 재활 치료할 수 있게 하는 수단을 약속하였다. 청진기나 엑스레이 같은 의술은 마침내 사회가 일을 할 수 있는 개인의 신체적 능력을 객관적이고 정량적으로 축정할 수 있는 방법으로 믿게 된 수단을 제공하게 되었다. 뿐만 아니라 특정 질병을 일으키는 원인에 대해 새롭게 이해할 수 있게 되면서 장애를 낳는 병과 손상을 개인 책임보다는 운명의 탓으로 돌릴 수 있게 되었다. 신체적으로 정상적인 생활을 할 수 없는 상태에 대한 의학적 인정이 개인의 증언을 피해 갈 수 있게 해 꾀병 문제를 해결하였다. 이러한 확인 제도하에서 의사는 몸의 상태를 알아내기 위해 몸과의 직접적인 대화를 시도하였고, 이것은 환자가 자신을 드러내는 능력 그리고 궁극적으로 자결 능력을 없애 버렸다.[87] 법적 보상은 작업 환경과 예외적인 몸 사이의 간격을 좁히기보다는 장애인이 된 노동자들이 자신들의 몸을 의식적으로 경험하는 것으로부터 그들의 몸을 분리시킴으로써 노동자들이 더욱 소외되도록 만들었다. 그 결과 20세기 복지국가에서 '장애'는 국가가 외견상 객관적이고 공평하게 보이는 방법으로 경제적 구호 활동을 하는 데 사용할 수 있는 의학화된 범주가 되었다.[88] 더욱이 법적인 사회적 집단을 구성함에 있어 매우 다른 상태들이 단 하나의 행정적, 사회적 정체성으로 합쳐졌다. 이처럼 예전에는 몸의 구성 형태가 어떤 알 수 없는 죄에 대한 신의 응징으로 해석되었던 장애 형상이 무죄임이 밝혀졌다. 하지만 새로운 의학적 진단으로 구성된 장애 범주는 장애를 가진 사람을 경제적 기회로부터 배제된, 따라서 자유 미국인의 품격을 높이는 속성들인 자유 행동, 자결과 자제가 결여된 형상으로 정의하게 된 것이다.

보통이 아닌 몸으로 인해 일하는 부담과 특권으로부터 배제당하는 '진짜 빈민들'이라는 범주를 사회적 그리고 법적으로 구성하는 것은 이들을 식별 가능한 신체적 타자 집단으로 몰아냄으로써 신체적 취약성에 대한 불안을 완화시켜 주었다. 나아가 어떤 의미에서는 '신체적 장애' 때문에 일을 면제해 주는 것이 인간적 한계 그리고 동시에 인간적 의무에 대한 인식인 도덕적 관대함은 아닐지라도 적절한 자선 행위는 된다. 이와 비슷한 논리에 의해 아주 어린 사람들과 아주 나이가 많은 사람들도 공식적인 노동으로부터 면제가 되지만, 변치 않는 정체성이라기보다는 생산적인 사람들의 삶에 있어 거치는 단계로 간주되는 어린이 또는 노인보다 장애라는 사회적 범주가 더 피하기 어렵고, 훨씬 더 낙인찍히는 범주이다. 반면에, 공식적으로 그리고 동정적으로 생산적인 노동의 의무를 면하게 되는 것, 다시 말해 공적 경제 영역에서 벗어나 사적 자선 영역으로 보내지는 것은 또한 노동이 대니얼 로저스Daniel Rodgers가 "도덕적인 삶의 핵심"이라고 강조했던 사회에서 일할 특권으로부터 제외되는 것이기도 하다.[89] 따라서 신체적인 다름을 보상하려 하는 도덕적 관대함은, 신체적 다양성을 수용하기 위해 사회적 환경을 재구성하기보다는 개인의 몸이 제도적 표준에 순응해야 한다고 상정함으로써, 그 관대함의 수혜자들을 문화적으로 따돌림받는 자들로 만드는 것이다.

그림 1 "세상에서 가장 못생긴 여자", "곰 같은 여성", "원숭이 같은 여성", 또는 "잡종 원주민"으로 광고된 훌리아 파스트라나(Julia Pastrana)는 털이 많이 난 멕시코계 원주민으로, 1854년부터 1860년에 사망할 때까지 관객 앞에서 노래하고 춤을 췄다. 사망한 뒤 방부 처리된 그녀의 몸은 백 년 이상 쇼나 서커스에서 전시되었다. 그녀의 방부 처리된 몸을 촬영한 이 사진은 기형인간의 몸은 살아 있으나 죽어 있으나 변함 없이 가치가 있었다는 것을 보여 주고 있다. [2013년, 죽은 지 153년 만에 그녀의 유해는 그녀의 고향 근처 공동묘지에 안장되었다.]

그림 2 이 광고에는 "정체를 알 수 없는 인간" 훌리아 파스트라나가 다양한 의상을 입고 있다. 기형인간 전시의 주요 관습 중의 하나는 기형인간의 여성 같은 생김새, 목소리, 치마와 같은 보통인 것과 그녀의 턱수염과 유인원을 닮은 모습같이 보통이 아닌 것의 조합을 과장해 보여 주는 것이었다. (출처: 호튼 도서관 하버드 연극 컬렉션)

그림 3 기형인간 담론은 보통이 아닌 몸을 "경이로운", "충격적인", "놀라운" 등의 표현으로 묘사하였다. 기형인간이 진짜임을 확인한 의사들의 증언 그리고 부풀려진 묘사는 기형인 몸의 특이성을 확실하게 보여 주는 동시에 기형인간의 매력과 기형인간이 보통 사람이기도 함을 입증해 주었다. (출처: 메사추세츠 역사학회)

그림 4 기형인간쇼는 시각적 대조를 통해 백인이고 남성인 민주주의의 주체를 문명화된, 자기 통제가 가능한, 그리고 이성적인 존재로 정의하기 위해 이국적인 인종적 타자를 전시하였다. (출처: 호튼 도서관 하버드 연극 컬렉션)

그림 5 이 아프리카 우방기[Ubangi; 콩고의 지명] 여성과 유럽계 미국인의 대조는 미국 문화에서의 아름다움과 못생김의 조건을 제시하고 있다. 입술에 끼운 원반, 담배 파이프, 중성적인 의상은 이 아프리카 여성을 표준적인——성적 매력이 강조된 옷을 입고, 머리를 하고, 화장을 한——상태로 제시된 백인 여성의 그로테스크한 반대로 만들고 있다. (출처: 위스콘신주 배러부 서커스 월드 박물관)

그림 6 이상 소두증의 흑인을 토대로 그려진 바넘(Bamum)의 "이것이 무엇일까요?"라는 제목의 그림은 이 그림을 보는 사람들에게 이 "정말로 기묘한 생물"이 "인간의 하위 부류"인지 아니면 "원숭이의 상위 부류"인지를 맞혀 보라는 주문을 한다. 기형인간은 관객으로 하여금 진실을 규명하는 데 자신들의 전문지식을 사용해 볼 기회를 주기 위하여 종종 잡종으로서 무대 위에 세워졌다. (촬영: 켄 버리스, 출처: 버몬트 주 셸번에 있는 셸번 박물관 소장)

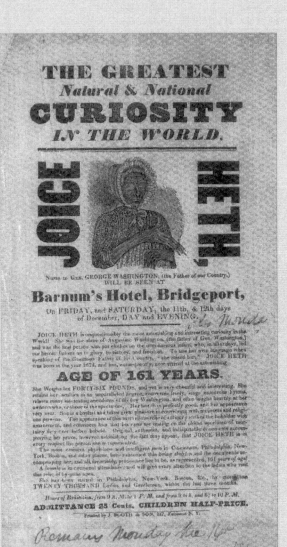

그림 7 바넘이 처음 전시한 기형인간은 조지 워싱턴의 유모였고 당시 161세로 추정된 조이스 헤스(Joyce Heth)였다. 흑인이고, 늙고, 이가 다 빠지고, 눈이 멀었으며, 다리를 저는 노예 여성 헤스는 이상적인 미국적 자아가 아닌 형상이 길들여지고 하찮게 보이도록 만들어진, 따라서 그녀를 보러 온 관객에게 그들의 정체성을 확인해 주는 모습이었다. (출처: 뉴욕주 서머스, 서머스 역사 학회)

그림 8 서커스 사이드쇼의 선정적인 현수막, 표지판, 전시대에 올라서 있는 쇼맨, 음악, 노점상과 무대로 구성된 텍스트적·공간적·구어적 담론은 기형 인물들을 보통이 아닌 자들로 표현하고 그들의 이상함을 과장해 제시하였다. (출처: 위스콘신주 배러부 서커스월드 박물관)

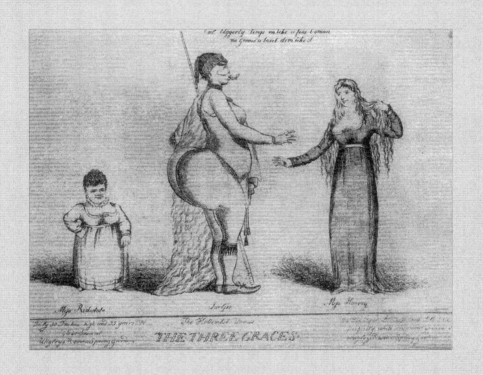

그림 9 위의 그림에서 "호텐토트의 비너스"라 불린 세라 사르지에 바트먼(Sarah Sartjie Baartman)은 왜소한 사람과 선천적 색소 결핍증에 걸려 피부색이 하얀 여성 사이에 서 있다. 이러한 대조를 통해 사적인 장소에 머문 이상적인 유럽계 미국 여성의 윤곽을 형성하기 위해 공적인 장소에 보통이 아닌 몸을 가진 여성들을 전시함으로써 여성 기형인간이 만들어졌다. (출처: 필라델피아 의사 협회 도서관)

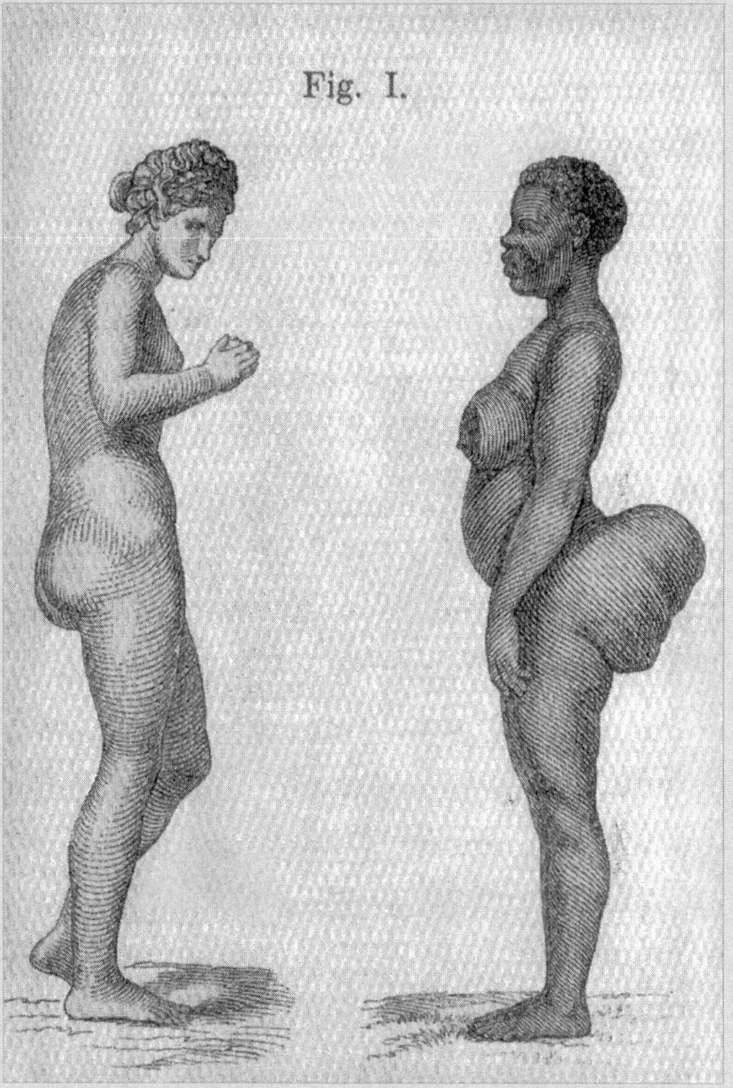

그림 10 '백인' 여성과 그녀를 정의해 주는 대응 여성 '호텐토트'를 비교하는 이 같은 과학적 삽화는 문화적 다름을 생물학적으로 설명하려고 애쓰고, 체화의 확실한 서열 체계를 만들려고 애를 쓰며 19세기 서구인들의 마음속에 인간성의 양극을 새겨 놓았다. 유럽인들의 우월함을 확인해 주는 열등함을 몸으로 나타내 보여 주기 위해 과학자들은 세라 사르지에 바트먼 같은 호텐토트인들을 모집하였다. (출처: 영국 국립 도서관)

그림 11 쇼에서 기념품으로 살 수 있었던 인생 이야기들은 의학적 담론과 오락적 담론을 혼합하였다. 이 소책자들은 기형인간들의 삶을 과장되게 설명할 뿐만 아니라 보통이 아닌 몸을 상세하게 묘사하고 과학적인 인증을 제공함으로써 시각적 전시의 효과를 증대시켰다. (출처: 필라델피아 의사 협회 도서관)

그림 12 기형인간 쇼 무대는 구경 온 사람들의 몸이 상대적으로 보통이고 평범하게 보이도록 신체적 다름을 보여 주는 잡다한 사람들의 집단을 만들기 위하여 거대함, 아주 작음, 이국적임, 과대함, 부족함, 많음, 미확정인 상태, 또는 이방인을 나타내는 몸을 가진 사람들을 모아 놓았다. (출처: 위스콘신주 배러부 서커스 월드 박물관)

그림 13 싸구려 박물관과 사이드쇼는 전시되는 인물들이 구경하는 사람들과 다르고 거리가 있다는 환상을 최대한으로 만들어 낼 수 있도록 과장된 효과를 고안, 준비해 그 속에 각각의 기형 인물을 전시하였다. (출처: 위스콘신주 배러부 서커스 월드 박물관)

그림 14 선천적인 장애를 지닌 사람들로 구성된 기형인간들은 보통 구경꾼에게 놀라움을 안겨 주도록 연출된 일상적인 일을 해보였다. 이 사진에는 "팔 없는 경이"라 불리는 찰스 트립(Charles Tripp)이 전시의 일부로 발가락을 이용해 나무를 깎고 있다. 그는 찻잔, 필기 도구와 절단 도구 같은 소품에 둘러싸여 있는데, 이것들도 발가락을 이용하여 사용하였다. (출처: 위스콘신주 배러부 서커스 월드 박물관)

그림 15 기형인간 전시는 아주 큰 사람과 아주 작은 사람을 병치함으로써 이제는 현대 의술 덕분에 "치료되어" 사라진 형상들인 경이로울 정도의 거인과 왜소인을 만들어 냈다. (출처: 위스콘신주 배러부 서커스 월드 박물관)

2부 | 장애 형상 구성하기: 문화와 문학 현장

3장

미국의 기형인간쇼라는 문화 사업,
1835~1940년

구경거리로서의 보통이 아닌 몸

1822년에 토노 마리아Tono Maria라 불린 브라질 원주민 여성은 런던의 본드가에서 "남미의 비너스"라는 이름으로 전시되었다. 그녀의 몸에는 거의 100개의 상처가 있었는데, 각 상처는 간통 행위를 표시하는 것이라고 알려졌다. 그녀를 선전하는 사람의 말에 따르면, 그녀가 속한 문화의 규칙은 그 같은 상처를 104개까지 허용하고, 105번째 성적 범죄는 사형으로 처벌하였다. 따라서 이 여성의 성생활은 심지어 그녀가 속한 야만적이라는 사회의 기준에 비추어 보아도 심한 것이었다. 그녀가 입술을 늘이는 커다란 기구를 하고 있고, 이가 없어 먹는 데 불편함에도 불구하고 많이 먹는 행위를 보여 주는 공연은 이 "비너스/절세 미인"의 의미를 나타내는 상처의 전시를 보충하였다. 당시 한 기자는 그녀의 쾌락적인 업적의 "구역질 나는 광경"을 자세히 묘사하면서, 그녀를 "게으르다"와 "추잡하다"라는 말로 요약하였다. 이 기자는 혐오스러움을 느끼면서도 토노 마리아 쇼로부터 한 가지 유용한 교훈을 얻었다. 즉 그가 과거에는 영국 여성의 진가를 충분히 알아보지 못했지만, 이후로는 영원히 "그처럼 대단한 대조에 의해 가치가 향상된, 가장 사랑스러운 피조물이 마땅히 받아야 하는 경의"를 표할 것이라는 교훈을 얻은 것이다.[1]

토노 마리아의 몸은 그녀가 속했던 문화의 맥락으로부터 유리된 채 그리고 영국인 기자와 그 기자가 속한 사회의 선정적인 해석의 틀에 갇혀 그녀를 보러 온 자들 스스로가 부정하는 문화적 특징들이 투사된 가변적인 이미지가 되었다. 이 의례화된 구경거리는 보통이 아닌 몸을 전시하고 해석하는──인류 역사의 시작으로 거슬러 올라가는──관습을 따르면서, 이상적인 영국 여성과 그녀의 신체적, 문화적 반대 사이의 차이를 극명하게 하기 위하여 여성적 특징들을 합치고 과장하였다. 토노 마리아의 공연은 오로지 서구 문명 내에서만 누그러뜨려질 수 있는 여성의 내재된 성적 일탈, 게으름, 육체적 욕망, 그리고 식욕을 진술하였다. 문화적 그리고 성적 일탈을 상징하는 토노 마리아는 육체를 잘 다스려야 한다는 영국인들의 인식을 확인해 주었을 뿐만 아니라 사회적 제재에 의해 관리되지 않은, 여성의 자연적인 식욕에 대한 경고성 이야기를 제공한 것이다.

미국에서 자유기업체제와 민주화되고 유동적인 중산층의 대두는 1840년경부터 1940년 사이에 번창하다 사라진 제도화된 쇼에서 행해졌던 토노 마리아 같은 전시의 확산을 도왔다.[2] 당대 박물관과 서커스의 주요 부분을 이룬, 오늘날 나쁜 취향이나 다름없다고 할 수 있는 현상이었던 미국의 기형인간쇼는 보통이 아닌 몸 읽기 전통──최초의 인간 재현으로까지 거슬러 올라갈 수 있는──으로부터 유래된 것이다. 석기 시대 동굴화는 그리스인들과 옛 과학자들이 나중에 '괴물'로 부르고, [19세기 미국에서 쇼와 서커스를 운영한] 바넘P. T. Barnum 문화가 '기형인간'이라고 부르는, 그리고 우리가 현재 '선천적인 신체적 장애인'이라 부르는 신비롭고 놀라운 몸의 탄생을 기록하였다. 보통이 아닌 것, 특히 우리의 몸에 나타난 보통이 아닌 것에 우리가 끊임없이 매료된다는 사실은 7세기 62명의 선천적 장애인들과 그들의 종교적 의미를 묘사한 (고대 아시리아의 수도) 니네베의 설형 문자판에서 시작해 『미국 의학 유전학 저널』The American Journal of Medical Genetics 1993년판에 수록된 「정체 불명의 인간, 훌리아 파스트라나: 잇몸 과형성증과 함께 나타난 선천적, 일반적 말단 다모증의 예」Julia Pastrana, the Nondescript: An Example of Congenital, Generalized Hypertrichosis Terminalis with Gingival Hyperplasia와 같은 학술 논문에서 절정에 이른 해설들이 명백하게 보여 준다.

세밀하게 묘사되고, 해석되고, 전시된 심한 선천적 장애인들의 몸은 언제나 사람들이 자신들의 불안, 확신, 환상을 배출하는 아이콘 기능을 해왔다. 사실 '괴물'monster을 의미하는 라틴어 monstra는 원래 '표시'를 의미하였으며, '보여 주다'를 의미하는 영어 단어 demonstrate의 어원을 형성하고 있다.[3] 신체적으로 예외적인 존재들을 해명하려는 인간의 강렬하고 집요한 충동은 괴물 같은 아이의 출생을 점술과 연계한 키케로Marcus Tullius Cicero로부터 시작해 오늘날 자신의 아내를 자신의 모자와 혼동하는 남자들에 대해 감탄한 올리버 색스Oliver Sacks에서 절정에 이르는, 자연 세계에 눈을 돌린 거의 모든 작가에게서 그 모습을 드러내었다. 역사상 모든 시대들이 경이로운 괴물 형상 또는 자연의 변덕인 기형 인물 형상을 재해석하였다. 플리니우스는 자연의 경이로운 풍요로움의 증거로서 일련의 신체적 변칙을 제시하였고, 아우구스티누스는 그의 기독교 신의 자비로운 목적과 우주에의 끊임없는 중재의 표시로서 신기하고 설명하기 어려운 몸에서 기쁨을 찾았다. 가정된 '자연 법칙'을 거스르는 몸에 의해 발생한 외경심과 경이감에 대한 근대 이전의 내러티브와는 매우 대조적으로 『니코마코스 윤리학』*Nicomachean Ethics*에서 아리스토텔레스는 오늘날 찾아볼 수 있는 평가 절하를 개시하면서 중용에 의존하는 규범은 덕과 우수성을 나타내는 반면에, 이 기준의 초과나 이 기준으로부터의 이탈은 악이라고 주장하였다.[4] 중세 시대에 괴물은 놀라운 존재, "신의 뜻의 전시 ……자연 질서의 교란, 나쁜 징조로서 (그리고 기독교에서) 괴물은 자연을 다스리는 하나님의 힘 그리고 교훈적인 목적을 위한 그 힘의 사용의 표시였다"고 존 블록 프리드먼John Block Friedman은 주장하였다. 13세기에 이르러서는 monstra의 의미가 징조에서 경이로 변하면서 프리드먼이 말한 "오락을 목적으로 한 문학의 상투적인 이국주의의 일부"를 지칭하게 되었다.[5] 이 보통이 아닌 몸에 대한 놀라운 내러티브들은 16세기와 17세기에 프랑스 삼류 신문, 영국 싸구려 소책자, 실화를 소개하는 아동용 책, 그리고 종종 길거리에서 기형인간 전시와 함께 상연되는 사랑 이야기 등을 담은 노래 위주의 공연을 통하여 대중에게 전파되었다. 자본주의의 선도자인 상업과 과학의 선도자인 호기심이 놀라운 몸을 세속적인 삶 속으로 들여와 순전히 종교적인 해석을 풍요롭게 하였다. 18세기에 이르러 괴물에 대한 공포, 경외감, 감탄과 점술을 불러일으키는 힘은 보통이 아닌 몸을 숭배하는 대신 분류해 정복하려 한 과학에 의해 침식당했다. 과학자 그리고 철학자들의 호기심 보관함은 의학인들의 해부대로 변하였다. 한때 인간 운명을 보여 주는 지도로 간주되며 경이의 대상이 되었던 몸이 이제는 정상적인 것과 병적인 것 사이의 경계를 나타내는 일탈적인 몸으로 간주되기 시작한 것이다.

몸이 붙은 쌍둥이, 심각한 기형을 가진 사람, 털이 많이 난 사람, 뿔이 난 사람, 거인, 비늘이 달린 사람과 같이 놀라운 존재가 될 자격을 갖춘 신체적 장애를 지닌 몸은 언제나 성직자, 탐욕스러운 또는 돈이 필요한 부모, 대리인, 철학자, 과학자, 쇼 사업가나 의사에 의해 제시되었다. 그 결과 이 중개인들의 관심과 직업이 이 특이한 사람들에 관한 내러티브와 이들의 운명을 결정하였다. 사실 보통이 아닌 몸은 인류 역사를 통하여 몸 그 자체로서 너무도 흥미롭고, 너무도 가치가 있어 그 몸이 살아 있는가 죽었는가는 별로 중요치 않았다. 살아 있는 사람들의 전시가 생기와 공연으로 그 질을 향상시켰다면, 구경거리로 방부 처리되거나, 표본으로 보존 용액에 담겨져 있거나, 또는 해부에 의거해 그린 해부학적 그림으로 텍스트화된, 죽은 놀라운 존재도 그 못지않게 이익을 냈고, 때로는 더 쉽고 재미있게 읽을 수 있고 쉽게 조작할 수 있었다. 기형인간과 놀라운 인간들은 사회가 이들보다 더 평범한 사람들에게 수여하는 인간성을 결여한 오로지 몸뿐인 존재였다. 그러한 몸은 이익 창출의 근원이었고, 뿐만 아니라 괴물 같은 몸으로부터 파생된 병적인 현상의 내러티브는 영국왕립학회나 프랑스 연구 기관 아카데미 데 시앙스Academie des Sciences에서 명성을 쌓을 수 있게 해주었다. 예를 들면, "세상에서 가장 못생긴 여성"으로 알려진 훌리아 파스트라나는 1860년에 사망했는데, 이후 100년 이상 그녀의 방부 처리된 몸이 순회 기형인간쇼에 전시되었다. 이 같은 일은 세계에서 가장 키가 큰 사람이며, 생존 시 데이비드 헤베이가 말한 "기형인간 만들어 내는 과정"에 저항한 로버트 워들로Robert Wadlow가 1940년 죽기 직전 자신의 뼈를 전시하려고 하는 묘지 도굴범들을 막기 위해 콘크리트 판으로 단단하게 만든 무덤에 묻어 달라는 요청을 하게 만들었다.[6]

미국 기형인간쇼의 100년에 걸친 전성기는 보통이 아닌 몸을 공공연히 전시하고 읽는 전통의 극적인 부활이었다. 기업가 정신, 커다란 사회 불안정, 그리고 점증하는 사회적 유동성에 의해 번창한 이 순회 전시는 잭슨 대통령 시대부터 진보 시대 사이의 당시 관심사에 맞도록 이전 형태와 관습을 제도화하였다. 일종의 18세기 과학자들의 호기심 보관함의 민주주의적 형태로서 기형인간쇼가 급성장하였지만, 르네상스 시대부터 그런 형태를 만들어 온 바로 그 과학의 비난을 받게 되었다. 20세기 중반에 보통이 아닌 몸은, 여전히 신탁oracle이었지만, 대중의 시선으로부터 전문가의 격리된 정밀 조사로 이전되었다. 이와 같이 고대의 경이로운 괴물이 19세기에 흥미로운 기형인간이 되고, 20세기 후반에 이르러서는 장애인으로 변한 것이다.[7] 보통이 아닌 몸이 징조에서 병적인 현상으로 옮겨 간 것이다. 오늘날 돈벌이와 대중적 오락을 위해 장애인의 몸을 전시하는 기형인간쇼라는 생각은 역겨울 뿐만 아니라 시대 착오적인 것, 거부되었지만 그럼에도 불구하고 기억 속에 아직도 새롭고 흥미진진한 것이 되었다.

미국 기업가 정신의 극치라 할 수 있는 바넘은 19세기에 미국인들의 화려함, 지식, 전문성에 대한 갈망 그리고 이와 함께 한 자득의 추구를 이용하여 기형인간쇼를 절정에 이르게 하였다. 닐 해리스Neil Harris가 지적한 것처럼, 바넘의 기형인간쇼는 지식에 대한 대중적인 시험, 명명하고 측정함으로써 물리적 세상을 정복하는 엘리트적 그리고 지배적 방법으로, 당시 막 시작된 과학적 수량화와 유사하며 교차하는 그런 시험이었다. 19세기는 정보 특히 수적 추산을 애호하는 것뿐만 아니라 보여 주기의 시대였다. '진리'는 객관적으로 보여지고 이해되어야만 했다. 즉 과학은 측정하고 계산했고, 소스타인 베블런이 말한 "과시적 소비"

는 사회적 지위를 보여 주었고, 사진은 '사실'을 포착해 보여 주었으며, 기형인간쇼는 '비정상'을 정의하고 전시하였다.[8] 바넘의 전시 쇼는 온갖 인간의 표면적인 변칙을 강조해 구경 온 사람들에게 그들이 본 것을 분류하고 설명해 볼 것을 주문하였을 뿐만 아니라 쇼의 퍼포먼스를 자신들에게, 그리고 미국의 개인적 그리고 집단적 정체성에 결부시켜 볼 것도 주문하였다. 예를 들어, 턱수염이 난 젊은 여성들을 보여 줌으로써 바넘과 그의 추종자들은 미국 관객에게 그들의 문화가 부과한 엄격한 남자와 여자 범주에 대한 이 모욕을 해결해 보라고 요구하였던 것이다. 기형인간쇼는 그 유명한 '샴'쌍둥이 엥과 창Eng and Chang을 제시하며 이 개체가 한 사람인가 아니면 두 사람인가를 물음으로써 개인의 경계선에 이의를 제기하였다. 쇼 운영자들은 관객에게 왜소한 사람과 팔 다리가 없는 '경이'를 보여 주어 인간의 온전함의 정확한 범위와 자유 행위 주체성의 한계를 결정해 보라고 주문하였다. 기형인간쇼는 진리를 인식하고 그에 따라 행동하는 인간의 능력에 대한 무한한 자신감을 보인 시대에 번창하였다. 이 집단적인 문화적 의례 행사는 구경 온 사람들이 미국의 야심찬 자아 만들기 프로젝트에서 세상과 자신을 길들이는 데 필요한 기술들을 연마할 수 있는 분류와 정의의 딜레마를 제공하였다. 나아가 대중에게 있어서 기형인간쇼는 당시 막 등장한 엘리트에게 있어서 과학과 같은 것이었고, 자아를 (엘리트) 자신이 아닌 것을 통해 구성할 수 있는 기회를 의미하였다.

바넘이 처음 전시한 기형인간은 조이스 헤스였는데, 그녀는 1835년에 조지 워싱턴 대통령의 161세된 유모 그리고 "세계 최고의 자연적, 국가적 진기물"로서 전시되었다. 바넘은 그녀를 전시할 권리금으로 1,000달러를 지불하였는데, 그 중 500달러는 빌린 것이었다. 바넘은 그의 첫 소유물 헤스를 통해 오랫동안 많은 이득을 안겨 준 첫 직업을 갖게 되었다.[9] 조이스 헤스는 대중에 의해 날조라고 묵살당했고, 후에 바넘 스스로 유감을 표하고 자존심을 세우며 포기했다. 그럼에도 불구하고 그녀는 미국 기형인간의 전형이 되었다. 흑인이고, 늙고, 이가 다 빠지고, 눈이 멀고, 다리를 저는 노예 여성이었던 그녀는 이상적인 미국적 자아상이 거부하는 특징들의 조합이었다. 따라서 조이스 헤스는 미국의 합성된 신체적 타자, 즉 미국의 자아상이 전도된 그리고 길들여지고 비하된 존재였다. 우스꽝스럽고 일상적으로 보인 이 늙은 여성의 몸은 보통이 아닌 몸이 아니라 보통인 몸에 구현된 괴물로서의 기능을 하였다. 헤스는 그녀의 몸의 독특함 때문이 아니라 사회적 평가 절하를 가져오는 육체적 흔적들을 보여 줌으로써 기형인간이 된 것이다. 사실 조이스 헤스는 막 형성되기 시작한 미국적 '정상인'이라는 개념이 토대로 삼았던 온전한 몸을 가진, 백인이고, 남성인 형상의 정반대되는 모습이었다. 기형적인 오락으로 상품화된 이 흑인 장애여성은 공적 장소에서 집단으로서의 미국이 '아닌 것'으로 생각하는 것을 의례적으로 보여 줌으로써 미국의 지배적인, 규범적인 정체성을 비준해야 할 필요성을 입증한 것이다.

미국의 기형인간쇼의 황금기의 시작을 알리는 전시로서 조이스 헤스는 기형인간을 만들어 내는 과정의 가장 중요한 원칙, 즉 몸이 기형인간의 인간성을 감싸 지워 버린다는 원칙의 예가 되었다. 몸이 순전히 텍스트가 될 때 신체적 장애를 가진 인간으로부터 기형인간이 생산되는 것이다. 이 같은 세세한 신체적 사항들의 누적과 과장이 기형과, 무표된 눈에 띄지 않는 보통의 몸——무명성으로 보편적이고 규범적임을 주장하는——을 구분하는 것이다.[10] 바넘의 자서전 『투쟁과 승리』*Struggles* *and Triumphs*에서 헤스에 대한 묘사는 기형인간 내러티브를 생산해 낸 신체적 세부 사항이 누적된 예를 보여 주고 있다.

조이스 헤스는 정말로 대단히 진기한 존재였다. 그녀는 알려진 나이보다 훨씬 더 늙어 보였다. 그녀는 분명히 신체적, 정신적으로 건강했지만, 나이 탓인지, 질병 탓인지, 아니면 둘 다 때문인지 움직이질 못했다. 그녀는 팔 하나는 움직일 수 있었지만, 다리는 똑바로 펼 수 없었다. 그녀의 왼쪽 팔은 가슴에 얹혀 있었는데 움직일 수가 없었다. 왼쪽 손의 손가락들은 오그라들어 굳어 버렸다. 이 손가락들의 손톱은 거의 4인치 길이로 자라 손목 위까지 올라가 있었다. 굵직한 발가락들의 발톱은 1/4인치 두께로 자랐고, 머리는 흰 곱슬머리로 덮였다. 이가 다 빠져 하나도 없었으며, 완전히 눈이 멀고, 눈이 있는 부분이 움푹 들어가 거의 없는 것처럼 보였다.[11]

조이스 헤스의 이야기는 재현을 통해 오로지 몸으로 축소되는 과정을 또 다른 방식으로 보여 준다. 의학이 간절히 권위를 세우고 싶어 했기 때문에 그리고 바넘은 선전뿐만 아니라 논란을 원했기 때문에, 존경받던 뉴욕의 의사 데이비드 로저스David L. Rogers에게 헤스가 죽은 후 해부를 해도 좋다는 약속을 하였다. 헤스는 1836년 사망 후 50센트를 내고 보러 온 의사, 의대생, 성직자, 언론인들로 이루어진 커다란 집단 앞에서 널리 광고되었고, 논란거리가 된 부검이 이루어지기도 했다. 부검을 구경하는 데 입장료를 받는 것은 당시에 흔한 일이었는데, 로저스가 헤스의 나이가 80세도 채 되지 않았을 것이라고 선언하자 부검을 보러 온 사람들은 크게 실망하였다. 헤스의 부검을 준비한 사람들은 부검으로만 700달러를 벌어들였고, 그 일 전체를 통하여 10,000에서 12,000달러를 벌어들였으며, 이는 각 신문에 자세히 소개되었다. 이런 설명이 확실하게 보여 주고 있듯이, 특정 몸이 중개인들과 관객들의 이념적인 그리고 실용적인 목적을 위한 원료로서 사용될 때 기형인간이 탄생하는 것이다.

기형인간쇼는 지금 우리가 '인종', '민족', '장애'라고 부르는 몸의 다름을, 인간의 신체적 다양성의 원료로부터 문화적 타자성을 만들어 내는 사회적 과정을 보여 주는 의식 속에서 연출해 제시하였다.[12] 기형인간쇼는 구경거리, 상징적 관습을 만드는 데 있어 시각적 이해를 우선시하고 구경거리와 그것을 구경하는 사람들 사이의 관계를 제도화하는 문화적 공연이었던 것이다.[13] 기형인간쇼에서 전시된 몸은 구경하는 사람들의 필요와 욕망에 따라 해석되도록 굵은 글씨체로 쓰여진 텍스트가 되었다. 기형인간쇼의 전시 관습은 보통이 아닌 몸을 공간에 그리고 내러티브에 위치시켰다. 예를 들면, 높이 올려 만든 기형인간 전시대는——때로는, 특히 서커스에서는, 평지보다 아래로 내려가도록 만든 전시 무대였다——전시하는 몸을 전경화하는 것뿐 아니라, 보통이 아닌 것으로 제시된 전시된 사람의 신체적 특징들이 그 사람 전체를 지배하도록 몸을 제시함으로써 보는 이들의 시선을 자석처럼 끌어당겼다.

기형인간쇼 무대에서 단 하나만의 특징이 강조되게끔 하는 것은 왜소인, 거인, 턱수염 난 여성, 팔이나 다리가 없는 경이로운 사람, 그리고 뚱뚱한 여자와 같은 형상들의 내재적인 인간적 복잡성을 피해 가거나 축소시켰다. 쇼 업자들은 "야생의" 또는 "경이로운" 같은 수식어와 전시하는 몸의 보통이 아닌 특성을 강조하는 "왕", "여왕", 또는 그 유명한 "엄지손가락 톰 장군"으로 불린 찰스 스트래턴Charles Stratton의 경우에서처럼 "장군"같이 꾸며낸 신분을 나타내는 시대착오적이고 비꼬는 듯한 호칭들을 외쳐 댔다. 광고 포스터나 전단지는 기형인간의 몸의 특이함을 거창하게 선전하면서, 평범한 구경꾼과 경이로운 몸 사이의 다름을 강조하는 "이것이 무엇이야?" 같은 조롱으로 구경꾼들의 호기심을 자극하였다. "살아 있는 것 중 가장 신기한 인간"과 같은 과장된 주장은 큰 기대를 갖게 하였고, 광고지의 조악한 삽화는 온갖 상상력을 동원하여 기형인간의 몸을 그로테스크한 캐리커처로 왜곡 표현하였다. 실제 전시에서는 거의 항상 삽화가 들어 있는 인쇄된 내러티브 소책자가 배부되었는데 '실제 삶의' 이야기를 담고 의학적 증언으로 기형인간이 진짜임을 증명하였다. 이 소책자는 광고도 하고 기념품 역할도 하면서 쇼 진행자의 유창한 말을 더욱 효과적인 것이 되도록 해주었다. "아프리카 아마존 여자 거인 아보마Abomah의 역사와 설명"이나 "머리가 둘 달린 천사 밀리와 크리스틴의 전기, 의학적 설명과 노래"라는 표현이 잘 보여 주듯이 이처럼 기념품과 같은 역할을 하는 내러티브는 기형인간의 이국적인 역사를 꾸며 내고, 전시의 진실성을 보증하면서, 기형인간의 몸 상태를 과학이나 의학적 관점에서 묘사하였다. 내러티브는 분장해 무대에 세우는 것에 추가하여 예컨대 일상적인 상황에서는 그저 평범한 "기형의 깜둥이" 정도가 되었을 인물을 "보르네오의 야수"로 만들었다.[14] 무대에 세우는 것, 중개하는 쇼 진행자의 유창한 말솜씨, 과학적 증언, 그리고 글로 표현된 내러티브가 모두 함께 무언의 기형인간을 관객들이 자신들의 정체성에 대한 불안과 불확실성을 옮겨 놓을 수 있는 타자성의 형상으로 만든 것이다. 이처럼 정교한 관습들로 꾸며져 쇼에 등장한 기형인간은 구경꾼 자신의 보통인 몸에 의해 형성된 일반적이고 익숙한 기대를 크게 초월하도록 만들어졌다.[15]

새로운 사진 기술은 보통이 아닌 몸이 기형인간으로 전시될 수 있도록 도왔고, 사진 기술의 발달은 기형인간쇼의 진화와 밀접하게 연관되었다. 빅토리아 시대에 대단히 인기가 있었던 기형인간의 인물 사진은 기형인간들이 전시된 바넘의 '강연실'과 비슷한 양식으로 보통이 아닌 몸을 표현하였다. 이러한 두 관습 모두 시각적 이미지와 세심하게 계획된 맥락을 통하여 의미를 생성해 내면서 진짜임을 증명할 수 있음을 주장하였다. 존 태그John Tagg는 19세기에 죄수, 거지와 정신병자와 같은 "사례들"의 "진실"을 기록하고 확인하기 위해 사용된 사진 영상의 특징을 묘사하였는데, 이는 놀라울 만큼 기형인간쇼의 제시 양식을 떠올리게 했다. "[이 사진들에서] 다음과 같은 반복되는 양식을 발견할 수 있다. 고립된 몸, 좁은 공간, 되돌려 보낼 수 없는 시선에의 굴복, 몸짓과 표정과 이목구비의 면밀한 검토, 밝은 조명과 선명한 초점."[16] 몸의 일탈을 목격하게 해주는, 읽을 수 있는 몸을 생산해 내는 이중적인 문화적 방법으로서의 사진과 기형인간쇼 둘 다——이 둘은 자주 기형인간 사진에서 합쳐졌다——조작된 그러나 자연스럽게 보이도록 만들어진 객관적 사실의 맥락 속에 설정된 타자성의 아이콘을 만들어 냈다. 예를 들면, 매슈 브래디Matthew Brady와 찰스 아이젠먼Charles Eisenmann이 그들의 바워리 스튜디오Bowery studio에서 많이 촬영한 것과 같은, 빅토리아 시대의 스튜디오에서 촬영한 관습적인 개인 사진이나 가족 사진은 정중한 사회 예절이나 평범한 가족 생활과 기형인간의 몸을 대비시켜 보여 줌으로써 기형인간의 몸의 부조화를 강조하였다.[17] 특히 사진과 기형인간쇼의 흥미로운 결합은 1860년대와 1880년대 사이에 매우 인기가 있었고 많은 사람들이 수집한 명함판 사진에서 이루어졌다. 유명한 기형인간들의 인기 있는 명함판 사진들은 무한히 복사될 수 있는 인쇄와는 반대되는 기형인간의 특이하고도 충격적인 몸을 반복적으로 대량 생산된 이미지로 퍼뜨리면서, 형태와 내용이 너무도 아이러니하게 충돌하였다.

결과적으로 기형인간쇼는 표면적인 다름을 과장하고 구경하는 사람과 무대에 올려진 전시품 사이의 인지된 간격을 과장함으로써, 가시적인 신체적 장애를 지닌 사람 또는 다른 형태의 이례적인 몸을 가진 사람을 '기형인간' 또는 '인간 진기품'으로 만든 것이다. 관객과 기형인간 사이의 공간적 배열은 자아와 문화적 타자 사이의 관계를 의식화하였다. 인종과 젠더를 바탕으로 한 지배와 종속의 사회적 관계에서처럼 여기서도 이 차별화하는 징표는 확대되고 강화되어 그야말로 무대 한가운데를 차지한 반면에, 권력과 행위 주체성과 목소리의 무표된 위치는 장막에 가려져 있었다. 기형인간은 구경하는 사람의 신체적, 이념적 '정상' 상태를 입증해 주었고 동시에 구경하는 사람이 구경거리에 강요된 일탈을 부여하는 무언의 합의를 목격하였다. 이 관찰자와 피관찰자 사이를 규정하는 관계는 기형인간에게 대상화의 특징인 침묵, 무명과 수동성을 부과했기 때문에 서로를 정의하는 것이면서도 상호 호혜적인 것은 아니었다. 구경하는 사람이 "자연이 만든 기형인간"일 것으로 생각했던 존재가 실은 수전 스튜어트Susan Stewart가 관찰한 것처럼 구경하는 사람의 사회적 지위와 정체성을 확정하기 위해 그 몸이 징집되어 낙인찍힌 대가로 돈을 받는 "문화가 만든 기형인간"이었던 것이다.[18]

기형인간쇼의 가장 놀라운 효과는 어쩌면 아주 다양한 몸들 사이의 구분을 완전히 없애 버려 타자로서의 기형인간이라는 단 하나의 기호 아래 융합시켜 버린 것이라 생각된다. 기형인간들은 무엇보다도 인식의 산물이다. 그들은 사회 담론과 재현의 수단을 통제하는 자들이 중

앙을 차지하고 타자들을 주변으로 몰아내기 위해 몸에 관한 외면상 사실인 듯 보이는 것을 모집하는 비교 관계의 결과물이다. 기형인간으로 제시된 두 주요 유형의 사람들이 '정상적인' 비서구인들과 '비정상적인' 서구인이었다는 사실은 이것을 가장 잘 설명해 준다. 이국적인 인종을 괴물 같다고 상상한 고대와 중세의 전통에서처럼, 다르거나 지배 질서에 위협적이라고 간주된 모든 신체적 특징들은 기형인간쇼 무대 위에서 신체적인 다름을 보여 주는 일종의 잡다한 사람들로 구성된 합창이었다. 실제 서커스계의 말로 "깜둥이 쇼"nig show라고도 불린 기형인간쇼는 문화적 그리고 신체적 타자성을 무분별하게 거래하였다.[19] 그래서 "피지의 식인"으로 광고된 장애인이 아닌 유색인은 "다리가 없는 경이"라고 불린 신체적 장애가 있는 유럽계 미국인과 동등한 것이었다. 거인, 왜소인, 두드러진 신체적 장애를 지닌 사람, 비서구 지역의 부족인, 곡예사, 뚱보, 야윈 사람, 남녀 양성인 사람, 몸이 붙은 쌍둥이, 정신 장애인과 털이 많이 난 사람, 이들 모두가 동일하게 "인간적 기이함"으로서 무대에 함께 등장하여 관객을 위해 일탈한 타자 역할을 하였다. 그러나 가장 성공한 기형인간은 신체적 다름과 문화적 다름을 합친 기형인간이었다. 예를 들면, "중국 거인 창Chang" 또는 "힌두의 불가사의"라고 선전된 몸이 붙은 쌍둥이 피라말과 사미의 신체적 특이함은 이국성에 의해 더욱 강화되었다. 원조 샴쌍둥이 격인 중국인 엥과 창이 아마도 가장 유명한 기형인간이었을 텐데, 이들은 보통이 아닌 몸과 신비스러운 이국성이 합해져 유명해졌던 것이다. 이와 비슷하게 비정상적으로 작은 머리를 가진 두 중앙아메리카 원주민이 "최후의 고대 아즈텍 사람"으로 분장하여 무대에 제시되었는데, 이들의 기이한 신체적 모습과 비서구적 용모가 합해져 미국의 이상적인 자아상의 반대를 만들어 냈고, 그들의 뇌의 능력과 영혼의 상태에 대한 논쟁을 불러일으켰다.[20] 19세기 기형인간쇼는 사회 변혁과 경제 재편의 시대에 있어서 '정상적인' 미국인의 체화와 완벽한 대조를 이루는 것으로 연출할 수 있으며 신체적 진실로 증명할 수 있는 신체적 징표를 강조함으로써 그 시대의 신체적 그리고 사회적 서열 체계를 극화한 문화적 의식 행사였던 것이다.

평균인 구성하기

문화적으로 구성된 기형인간은 1842년에 벨기에 통계학자 아돌프 케틀레Adolphe Quetelet가 만들어 낸 개념인 "평균인"average man의 범위를 정하는 경계에 위치한 놀랍고 혼란스러운 공간을 차지한다. 반박되지 않은 것은 아니지만 그래도 미국에서 열렬히 채택된 '평균인 체격'이라는 개념과 이보다 더 얽히고설킨 문제인 '평균인 정신'은 잭슨 민주주의[21]의 보통 사람을 수학적으로 공식화하고, 오늘날 우리의 일탈 개념을 정의하는 과학적 규범에 대한 이론적 토대를 세웠다.[22] 자유와 평등을 토대로 하는 사회 내에서 어느 정도까지 개인적 차이를 허용해야 하는가라는 문화적 딜레마는 에머슨이 주창한 "대표인"Representative Man의 일반형이라 할 수 있는 평균인을 폐위된 특별인, 귀족이나 왕이 이전에 차지하고 있던 자리에 놓음으로써 해결되었다. 민주주의 사상에 의해 필요하게 된 추상적인 구성으로서 다양하게 측정된 평균인은 특수성을 통제하는 인간의 규칙성과 안정성을 구현하였다. 따라서 1840년경 이후 기형인간쇼가 널리 퍼진 것은 능력 있고, 합리적이고, 규범적인 미국적 자아 형태를 굳히는 일에 기여한 것으로 볼 수 있지만, 이것은 민주주의적 평등 개념이 토대로 삼고 있는 존재론적 동일성을 위해 노력하는 것이었다. 평범한 것을 부인했다는 점에서 기상천외했던 전시된 기형인간은 구경하는 사람들의 특성들을 평탄화하여 익숙한 것에 맞도록 조정하였던 것이다.

기형인간쇼는 미국의 사회적 무질서에 수반하는 다양한 불안을 진정시켰다. 미국 민주주의에서의 대실험은 유럽의 가부장제의 정체된 계급화로부터 자유로운 사회 제도를 상정하였고, 평등주의적 개인주의와 외견상 무한한 지리적, 경제적 기회와 일치하는 새로운 사회 조직의 토대를 필요로 하였다. 이 같은 사회계급 구분의 이념적 평탄화는 능력——예를 들면 제퍼슨Thomas Jefferson의 타고난 지도력에 관한 생각에 표현된 것과 같은——을 토대로 하는 새로운 사회적 서열 체계를 위한 장을 마련하였고, 몸에 특권이 주어진 독특한 정치 체제aristocracy of body를 생산하였다. 이 서열 체계의 꼭대기에 있는 미국의 이상적인 자아는 자주적인 생산자, 스스로를 다스리고 스스로의 힘으로 이루어 내는, 자신의 완벽해진 자아를 창조해 낼 수 있는 포괄적인 개인이었다.

자신 또는 이웃에 내포된 추상적인 이념적 구성을 인식하는 것은 물리적인 표시물 없이는 불가능하였다. 이론적으로 평등하고 급변하는 근대의 사회질서에서 사회적 지위를 확인하고 주장하는 일은 어쩌면 가장 불안한 것이기에 권력의 경계가 확실해야만 했다. 몸의 물리적 권위가 지배적인 권력 관계를 세울 수 있는 외견상 확실해 보이는 토대를 제공하였다. 그 결과 기형 인물의 형상은 성적으로 애매하지 않은 비장애 중산층 백인 남성이라는 '정상인'의 지위를 요구하는, 소유욕 강하고 능력 있는 미국인에게 필요한 문화적 보완물이 되었던 것이다. 내가 2장에서 주장하였듯이, 이 배타적이고 이상화된 자아는 확대되는 시장 경제 속에서 개인적 기술 그리고 기술적 도구와 함께 자신의 유순한, 표준적인 몸을 능숙하게 조종함으로써 자신의 운명과 사회질서를 형성할 책임을 지닌 스스로를 통제할 줄 아는 개인으로서 발달하였다. 기형인간쇼는 이국적인 존재로 만들어진 장애인과 유색인들이, 에머슨의 「자립」에 나오는 지성인, 『월든』*Walden*이 그려 내는 독립적인 소로, 그리고 민중의 영웅 데이비 크로켓Davy Crockett같이 문화적 재현 속에 명시적 또는 암시적으로 묘사되어 있는 이상화된 미국인의 물리적 반대로서의 기능을 하는 관계를 실제 공연으로 보여 준 것이다.

기형인간은 쇼의 형태와 관례에 의해 안전하게 길들여지고 갇혀 구경꾼들의 반대로 등장함으로써 그들의 자기 회의를 완화시킨다. 미국인은 생산하고 행동하는 반면에 무대 위의 기형인간은 빈둥거리고 있고 수동적이다. 미국인은 바라보고 있고 명명하는 반면에 기형인간은 바라봄을 당하고 명명된다. 미국인은 유동적이고 마음대로 쇼를 보러 왔다 나가며 사회 체제에서 자유롭게 움직이는 반면에, 기형인간은 고정되고 무대의 물리적 구조와 관례에 갇혀 있고 일탈한 몸으로 인해 사회적으로 움직일 수 없게 되어 있다. 미국인은 이성적이고 통제된 반면에 기형인간은 육체적이고 우발적이다. 이런 환상 속에서 기형인간의 몸이 그의 자아의 상태를 결정하는 것과 똑같이 미국인의 자아가 그의 몸의 상태를 결정하였다. 이 체화의 법칙이 미국인을 정상화하고 기형인간을 비정상화하였던 것이다. 기형인간쇼에서 문화적 자아와 문화적 타자는 자신들의 무언의 공생을 어렴풋이나마 인지하면서 역사적으로 잠시 동안 얼굴을 맞대고 서성이고 있었다.

잭슨 시대와 진보 시대 사이에 이 기형인간쇼가 엄청난 인기를 누렸다는 사실은 이민, 노예 해방과 여성 참정권 때문에 남성다움과 서구 유럽형 이목구비와 같은 전에 믿을 만했던 지위와 특권의 신체적 지표들이 혼란에 빠졌을 시기에 쇼를 구경 온 사람들이 '그들'과 '우리들' 사이의 다름을 지속적으로 재확인할 필요가 있었다는 것을 보여 준다. 유권자들의 신체적 특징들이 다양해질수록 평등 사회에서는 권력의 표시가 더욱 덜 명확해진다. 언제나 품위가 떨어졌고, 종종 헨리 워드 비처Henry Ward Beecher가 그의 『젊은이들을 위한 강의』*Lectures for Young Men*에서 한 것과 같이 현상을 유지시키는 우상들에 의해 맹렬한 비난을 받은 기형인간쇼는 사회적 지위가 가장 미약한 사람들, 즉 이민자, 도시 노동자, 가난한 지방 사람과 같은 사람들이 자주 드나들었다.[23] 기형인간의 얼굴에 드러난 과대한 그리고 반박하기 어려운 타자성이 완전한 투표권이 주어진 그리고 의심할 여지없이 미국적인 이상형에 일치하지 않는 몸과 의상을 하고 있는 사람들을 안심시켰던 것이다.

이 시기에 기형인간쇼가 인기 있었던 것은 여러 가지 특정 역사적 상황들에 대한 반응이었다는 추측도 해볼 수 있다. 남북전쟁과 기계로 인해 산업재해가 증가하면서 노동자 계급 사이에 많은 장애인들이 생겨났다. 실제 장애인이 되었거나 장애인이 될 수도 있는 것에 대한 이 노동자 집단의 고조된 불안감 때문에 이들은 (기형인간과 같은) 신체적 타자를 그들과는 거리가 멀고 길들여진 것으로 대하거나 또는 낙인찍힌 몸과 동정적인 일체감을 느꼈다. 뿐만 아니라 노예제도와 원주민 강제 이주, 멕시코 전쟁 같은 팽창주의적 행동들은 백인 우월주의 이념의 전파를 필요로 하였고, 이 백인 우월주의를 기형인간쇼가 문화적 타자들의 전시를 통해 공연으로 보여 주었다. 이 시기에 한정된 자원을 놓고 이민자들과 유색인들과 경쟁해야 했던 백인 노동자 계급 역시 기형인간쇼가 구경 온 사람들에게 제공한 자아상인 온전함 몸과 인종적 정상상태의 덕을 보았다.[24]

기형인간쇼는 최근 민주화된 관객들에게 다른 방식으로도 도움을 주었다. 기형인간은 걷잡을 수 없는 혼란 속으로 빠져드는 개인화의 위협, 미국의 열렬한 평등주의적 민주주의의 낙관적인 표면 아래 도사리고 있는 도덕률 폐기론적 논리에 대한 두려움을 구체화하였다. 기형인간의 몸은 잘 정돈된 민주주의적 사회가 무정부 상태를 피하고 국가적 통일을 창출해 내기 위하여 필요로 하는 경계와 유사성을 조롱하였다. 기형인간쇼는 신체적 이단자의 몸을 이국적인 것으로 만들고 비하함으로써 정치상의 다름이 무정부주의로 분출될 수도 있는 잠재적인 위협을 억제하였다. 전시 양식에 의해 고조된 기형인간쇼의 과대함은 독특성과 획일성, 특수성과 일반성, 임의성과 예측 가능성, 예외와 원칙에서 후자를 방해할 정도로 전자를 확대함으로써 이들 사이에 긴장을 불러왔다. 관객은 기형인간의 몸에 의해 촉발된 무한한 가능성에 놀란 동시에 그의 보통 상태가 확인되고 다름의 위험이 억제되는 것을 보며 진정되기도 하였다. 이처럼 오락과 이익을 위하여 기형인간을 길들이는 것은 이 세상이 실제로 다루기 힘들고, 혼란스러우며, 불투명한 것일지도 모른다는 의심을 없애는 한 가지 방법이 된 것이다.[25] 식민화된 기형인간은 설명할 수 없고 예측할 수 없는 모든 것이 진압된 징표로서, 개성이 가지고 있는 무정부적 가능성이 방지되고 굴복된 것을 나타냄으로써 민주주의를 이 세계에 안전한 것으로 만들었다.

동일시 그리고 차별화에 대한 갈망

미국의 이념은 시민들에게 평균인이 되도록 격려하였지만, 쇼를 보러 모여든 그리고 사진을 산 사람들에게는 보통이 아닌 사람으로서의 기형인간이 대단한 매력을 지니고 있었음이 분명하다. 기형인간들은 구경거리였을 뿐만 아니라 유명 인사이기도 하였는데, 그들이 인기 있었다는 사실은 관객들이 그들과의 동질감과 혐오감을 동시에 느꼈음을 암시한다.[26] 보통 사람 되는 것이 이제는 배척된 유럽식 귀족제에서 권력과 특권을 상징했던 표시들을 지워 버렸다. 따라서 보통이 아닌 사람을 나타내는 아이콘으로서 기형인간은 19세기 민주주의에 있어서 시대에 역행하는 사람이었다. 2장에서 본 것처럼, 서구 사회가 봉건 체제에서 근대적 체제로 변화한 계몽주의 시대 무렵에 개성의 중요성에 있어서 문화적 역전이 일어났다.[27] 근대 이전의 시대에 개성화의 표시들은 개인적 권력을 높이는 동시에 나타내 주었다. 예복, 족보, 심지어 기독교 성인들의 성흔까지도 예외적인 지위를 증명해 주었다. 예를 들면, 귀족들은 왕관, 가발, 또는 이와 비슷한 차별화 징표와 같은 의식과 장식으로 두드러지게 표시되었다. 일상적으로 범죄자, 이단자와 마녀는 강제로 모든 개인적 특성과 지위 표시들을 상징적으로 없애 버린 참회의 평범한 셔츠를 입은 채 사람들 앞에 세워졌다.[28] 고도로 계급화되고 안정된 사회 조직 형태로부터 홀로 선 개인과 유동적인 사회 관계를 특징으로 하는 근대 사회 체제로 서서히 이동하면서, 독특성은 일탈로 읽혀지게 된 반면에, 보통의 것은 정상적인 것의 기초가 되었다. 19세기 서구 문화가 인간의 다름을 측정하고 수량화하는 데 집착한 사실은 이 문화적 역전에 의해 촉발된 불안의 일부를 설명해 준다. 이 같은 보통의 것에 대한 검증은 남성의 평등을 지향한 민주주의의 등장과 정치적이고 종교적인 서열적 가부장제의 종말과도 일치하였다. 예를 들면 스스로를 근대 평등주의적 충동의 절정이라고 생각한 잭슨주의의 미국은 그들이 권력을 갖기를 바랐던, 차별화되지 않은 대중을 부패한 유럽의 귀

족으로부터 분리시키는 의식, 휘장, 혈통에 맹렬히 반대하였다.[29]

　예외적인 사람에 대한 불신이 있는 한편, 바넘 같은 사람들을 부자로 만들어 준 예외적인 사람에 대한 엄청난 흥미도 함께하였다. 예를 들면 빅토리아 시대에 미국이 별난 것, 그로테스크 한 것과 이례적인 것에 대해 집착했다는 것은 잘 입증되어 있다.[30] 그런 집착에 영합한 기형인간쇼는 사물의 질서를 입증하고 동시에 이의를 제기하는 사업적이고 공동체적인 의식 행사를 만들어 내는, 계몽주의 시대 이전의 유럽 문화의 흔적이었다. 보통이 아닌 몸의 전시는 보통인 시민과 보통이 아닌 시민 사이의 관계에서 비교적 최근에 일어난 특권과 권력의 역전을 공식화하였다. 기형인간쇼는 자신이 미국의 보통 사람이라고 말하는 사람들에게 옛 체제를 비하하는 풍자를 제공하였을 뿐만 아니라, 근대의 표준화를 향한 압력에 직면해 옛날을 그리워하며 한숨 돌릴 여유도 제공하였다. 기형인간의 지울 수 없는 신체적 표시들은 미국이 저항하고 있다고 생각한 고정된 사회적 서열 체계 내에서 보통인 사람과 보통이 아닌 사람을 구분한 휘장과 관례들, 소위 성흔이라는 것들을 조롱하였다. '왕', '여왕', '왕자', '공주'와 같은 익명의 호칭들과 무대에서 귀족처럼 불리는 이름, 그리고 엘리트 계급이 시를 쓰고 여러 나라 말을 하는 것을 흉내 내는 행위는 기형인간이 유명인 또는 빗나간 귀족임을 말해 주기 위해 의도된 것이었다.[31] 아이러니한 유명인으로서 기형인간은 미국이 문화적 오이디푸스 단계Oedipal phase를 지나는 동안에 수사적으로 폄하한 귀족제를 희화화하고, 더럽히고, 재생산하고, 그에 머리를 조아리는 것 같았다. 이처럼 기형인간쇼는 신체적 특수성 때문에 낙인찍히고, 쇼 진행자가 부여한 내러티브에 의해 침묵당하고, 쇼 기획자에 의해 관리된 사람을 의식 행사처럼 전시함으로써, 귀족의 화려함과 권력을 과시한 옛 의식 행사의 대단한 광경을 뒤집어 놓은 저속하고 풍자적인 화려한 오락 행사 속에서 왕과 광대를 합해 놓았던 것이다.

이러한 문화적 의식 행사는 따라서 단순히 행사 후원자의 자기 회의를 쫓아 버리는 것보다 더 복잡하고 강렬한 목적을 달성하는 데 기여하였다. 2장에서 논의된 장애 형상처럼 기형인간 역시 평등주의적 민주주의의 핵심에 있는 근본적인 역설을 연구해 볼 수 있는 장소를 제공하였다. 자유의 이념이 개인적 다름을 권장하는 반면에, 평등의 이념은 민주주의적 시민 사이의 상황과 표현의 동일성을 장려한다. 따라서 에머슨의 대표적 목소리가 개인을 독립적인 존재로 정의하고 미국민들에게 순응하는 일에 저항하라고 촉구하고 있었을 때조차도, 토크빌의 관찰에 의하면 미국적 방식은 눈에 띄게 순응적이었다. 우리의 국가적 자아상에 기본적으로 전제된 개인주의의 수사에도 불구하고, 존 메이어 John W. Meyer가 관찰한 것처럼, 개인은 "사회의 다른 모든 사람들과 동형 즉 형태상으로 비슷하게 되는 조건하에서만 자유와 권력을 얻을 수 있다".[32] 자유와 평등 사이의 모순에 부딪혀 미국인들은 자유롭게, 숨막힐 정도로 비슷해졌다. 전통을 상실하고 권위를 경멸하는 미국인들은 서로 외에는 본보기로 삼을 수 있는 것이 없었다. 국가적 정체성을 형성하는 일이 미국인으로 하여금 자신이 독립적이고 스스로 결정하는 개인으로 생각하도록 만든 반면, 문화 자체는 보편 교육, 대량 생산, 교체 가능한 구성원, 이미지의 기계적 재생, 광고, 대량 인쇄 문화와 같이 다양한 제도를 통하여 개인을 표준화하였다.

따라서 길들여진 기형인간의 무질서한 몸은 관객에게 그들의 공통성에 관하여 안심시켜 주었지만 그와 동시에 그의 보통이 아닌 몸은 표준화를 향한 문화적 압력에 의해 개인의 자유가 부정될 수 있다는 가능성을 상징하게 되었다. 19세기 기형인간쇼의 대단한 인기 요인 중 하나로 기형인간쇼가 평범한 민주주의자들에게 관음증적으로 비순응과 일체감을 느낄 수 있는 안전하고도 의식화된 기회를 제공했다는 점을 들 수 있다. 전쟁이나 사고에 의해 장애인이 되거나 민족 때문에 배제된 많은 관람자들은 분명 기형인간의 보통이 아님과의 동일시를 통하여 이런 전시에 끌렸다. 일부 관람자들은 인간의 다양성의 한계를 탐구하는 목적으로 이 쇼를 이용하기도 했는데, 이 쇼는 분명히 동정심과 연대감에 더해 자부심과 차별도 함께 불러왔을 것이다. 19세기가 미국인에게 정체성 위기의 시기였다면, 일부 이유는 경제적으로 차별화하고 그 차별을 표시해야만 한다는 점점 더 강해진 자본주의적 명령이 이상화된 보통 사람 또는 자작농을 닮아야 한다는 평등주의적, 반귀족적 사회의 명령과 충돌하였기 때문이라고 할 수 있다.[33] 그러나 소로와 기타 다른 사람들이 집요하게 제시한 비순응의 수사가 시사하고 있듯이, 이웃과 경제적으로 다르게 되려는 간절한 노력에도 불구하고 의미 있는 차별화를 성취하는 것은 어려웠을 것이다. 기형인간의 거창하게 다른 몸이 시사한 권위 부정, 전통 거부와 혈통 부인은 자신들의 평등주의적 보통이 개인 자유의 개념에 내재되어 있는 구분의 약속을 저버린 것 같다고 생각하는 관람객을 매혹시켰을 것이다. 관람객은 기형인간쇼에 싼 입장료 10센트를 열렬히 투자하고서 자신의 우월성을 확인하였을 뿐만 아니라 달성하기 어렵고 위협적인 자유의 약속 즉 다른 사람들과 비슷하게 되지 않을 것이라는 약속을 구현한 기형인간들에게 동일시적인 열망을 쏟아부었던 것이다.

제퍼슨, 크레브쾨르Crevecoeur, 휘트먼Whitman이 그렇게나 믿었던 독립적인 보통 사람의 이미지가 대중문화와 기계적 재생산에 의해 초래된 표준화에 의해 위협받았을 뿐만 아니라 그 보통 사람의 자주라고 추정되는 것도 새로운 중산층의 전문가와 숙련자에게 권위를 양도한 노동 분업에 의해 약화되었다. 기형적인 몸은 최하층과 이민자들이 저렴한 입장료 10센트나 25센트에 그 보통이 아닌 현상의 독해자로서의 권위를 행사할 수 있는 일종의 평등주의의 성지로서의 기능을 하였다. 보통이 아닌 몸에 대한 미국인들의 집착은 비범한 존재 ─ 수세기 동안 사람들이 그들의 관점을 확인해 준 의미와 설명을 발견한 애매한 몸 ─ 라는 개념을 다시 찾게 하였다.[34] 기형인간 무대는 인간의 신체적 그리고 문화적 타자성의 경계를 표시하였고, 존재론적 범주들이 뒤섞인 경계적 공간을 형성하였다. 기형인간의 몸은 집단의 문화적 인식을 체계화하는 분류 체계가 틀렸음을 입증하면서, "개구리 인간"과 "낙타 소녀" 같은 잡종 전시를 낳았다.[35] 비정상적인 피부 색소를 지닌 남자아이는 "레퍼드 아이"가 되었고, 털이 많이 난 러시아인은 "개 얼굴 소년 조조"가 되었다. 이 같은 예명들은 해석의 틀이 기형인간들을 인간과 동물이라는, 구분하지 않으면 안 된다는 초조함으로 고정된 사회적 범주들과 연계하여 위치시키는 방식을 설명해 주고 있다. "반반의 인간" 바비 커크와 같이 자웅동체인 사람은 남성과 여성이라는 엄격한 문화적 경계를 위반하였기 때문에 관심을 이끌어 냈다. 여러 신체적 또는 정신적 장애를 가진 흑인 남성들은 기형인간의 모호한 인간성을 표현하면서 관객들로 하여금 전시된 몸과 그들의 기대 사이의 불일치를 해결해 볼 것을 요구하는 "이것이 무엇일까요?"라는 표제를 달고 전시되었다. 바넘의 광고 포스터는 "이것은 인간의 하위 부류일까요, 아니면 원숭이의 상위 부류일까요? 아무도 알 수 없습니다. 어쩌면 둘을 합한 것일 수도 있죠"라고 선전하여 구경꾼들에게 이를 구분해 보라고 요구하였다.

진화 과정상의 "잃어버린 고리"라고 홍보된 "이것이 무엇일까요?"에 해당하는 인물들은 19세기 중반 이후 인간과 고릴라의 다윈식 차별화에 대한 커져 가는 관심을 보충하였다. 예를 들면, 바넘은 1860년에 머리가 병적으로 작은 흑인 윌리엄 헨리 존슨을 "이것이 무엇일까요?"형 기형 인간으로 소개하면서, 그를 "가장 특이한 사람", 인간도 아니고 짐승도 아닌, 어쩌면 "그 둘의 혼합, 인간과 짐승 사이의 연결 고리"로 묘사하였다.[36] 애매함에 그 가치가 있는 기형을 지닌 인간들의 이 같은 전시는 관객에게 유도된 의미의 다채로운 아이콘을 제공하였다. 아마도 더 자극적인 것은 몸이 붙은 쌍둥이였을 것이다. 엥과 창은 두 완전한 몸이 가슴에서 서로 붙었던 반면에, 현재 의학계가 "주요 이상 형태"라고 부르는 기형의 보다 더 심한 예들은 보통의 인간 몸의 경계를 혼란스럽게 만들었다. 예를 들면, 토시 형제는 허리 아래는 한 몸인데 허리 위는 두 사람인 샴쌍둥이었고, 'B' 여사는 허리 아래는 두 몸인데 허리 위는 한 사람인 샴쌍둥이었다. 유명했던 동인도 출신 '랄루' 그리고 중세 시대 이후로 기록된 몇몇 다른 괴물들은 다른 쌍둥이의 몸만 복부에 매달려 있었다.

이 같은 존재들은 무심결에 불규칙한 것을 과시하고 안정된 것을 일축하면서, 신체적·문화적 무질서의 상징이 되었고, 그 시대의 불안과 야심을 끌어당기는 자석 같은 존재가 되었다. 빅터 터너Victor Turner의 주장에 의하면 사회질서를 변화시키고 혼란스럽게 만드는 경계선이 부여된 보통이 아닌 몸은 놀란 관객들이 투사한 일련의 의미를 지니게 된 것이다.[37] 1840년 이후 기형인간쇼는 아마도 일반 시민이 자연 세계를 해석하는 권한, 달리 표현하자면 16세기 유럽의 종교 개혁에 의해 수여되었으나 사회계급별 분업 또는 바버라 에런라이크Barbara Ehrenreich

와 디어드리 잉글리시Deirdre English가 말한 "전문가의 등장"으로 인해 점차 빼앗긴 권리를 누릴 수 있었던 마지막 남은 현장 중의 하나였을 것이다.[38] 전통적인 생활 양식의 불안정화는 비전문가의 감각이 갖는 권위에 대한 믿음을 약화시키면서, 보통 사람들은 과학자와 의사의 전문적 통제에 대해 더욱 수용적이 되게 하였다. 실제로 의학적 권위의 강화는 기형인간쇼가 인기를 누리던 시대에 일어났다.[39] 기형인간들이 에머슨의 "나는 아닌" 것의 결정적인 예로서 존재하는 상황은 그들의 모습이 관객들의 추측에 의해 쉽게 변형될 수 있도록 하였다. 기형인간쇼는 비전문적 보통의 상황에서 구할 수 있는 인식론적 추측을 위한 마지막 기회였다. 1940년에 이르러 놀라운 몸은 의학 담론에 완전히 흡수되었고, 기형인간쇼는 거의 사라졌다.

기형인간에서 표본으로: "호텐토트의 비너스"와 "세상에서 가장 못생긴 여자"

19세기에 걸쳐 발전하고 20세기 중반에 이르러 거의 소멸된 기형인간쇼의 역사를 두 기형 인물——그들의 충격적인 문화적 이미지와 개인적 역사가 기형인간 만들기 과정의 전형적인 예가 되면서 잘 설명해 주는——에 초점을 맞추고서 추적해 볼 수 있다. 현재 비교적 잘 알려진 사르지에 바트먼과 잘 알려지지 않은 훌리아 파스트라나의 기형인간으로서의 구성은 젠더와 인종의 문화적 생산과 밀접한 관계가 있었다. 미국의 이상적 자아는 정의상 무엇보다도 남성적이라 할 수 있는데, 이러한 미국의 이상적 자아의 정반대 배역을 맡게 된 기형인간은 여성처럼 재현되었다. 기형인간과 여성 둘 다 남성에 의해 관리되고, 침묵되고, 중개되고, 이상적인 남성적 몸으로부터 일탈한 존재로서 사회적으로 정의되고, 경제적 생산 영역에서 주변화되어 있고, 구경거리로 전시하기 위해 선택되고, 몸에 의해 종속된 것으로 간주되었다. "호텐토트의 비너스"라고 선전된 사르지에 바트먼과 "세상에서 가장 못생긴 여자"로 선전된 훌리아 파스트라나의 전시는 전도된, 풍자적인 미인대회 기능을 하였다. 전시는 이 여성들의 몸을 서구적 여성성의 형태를 확인시켜 주는, 일탈한 여성성을 담지한 그로테스크한 아이콘으로 제시하였다. "세상에서 가장 못생긴 여자"의 전시는 그녀를 구경한 사람들에게 이 세상에서 가장 예쁜 여자는 어떻게 생겨야 하는 것인지를 암시하였고, "호텐토트의 비너스"의 가두 행진은 그녀를 바라본 사람들에게 적절한 여성의 섹슈얼리티[40]는 어떤 것이어야만 하는지를 가르쳐 주었다. 승인된 여성성이 그 반대되는 구경거리를 통하여 가려지는 동시에 자세히 표현되었던 것이다.[41]

이 여성들에게 붙여진 호칭은 우리가 '아름다움'이라고 부르는 성적 매력이 부과된 신체적 기준이 여성을 정의하는 데 있어서 얼마만큼 중요한 역할을 차지하는지 증명해 주고 있다. 두 호칭 모두에서 한 용어는 다른 용어를 왜곡한다. 서구인의 마음에 야만성과 구제 불능의 생리적 열등함을 표시하는 '호텐토트'는 서구에 있어서 여성성의 절정이라 여겨지는 '비너스'와 짝을 이루고 있고, '가장 못생긴'이라는 표현은 주체인 '여성'의 결정적인 본질이라 여겨지는 아름다움을 상쇄해 버린다. 일반적으로 인정되는 여성의 그로테스크한 형태로서 바트먼과 파스트라나를 제시하는 것은 이 같은 역설을 증폭시켜 여성다움의 표준적인 개념을 승인하면서도 동시에 여성이란 범주 자체를 불안정하게 만들었다. 이들의 전시는 도취된 관객들에게 이 전시된 사람들이 어떻게 그들에게 익숙한 여성다움과 그것의 불안하고 위협적인 반대를 동시에 가리킬 수 있는지를 설명해 보도록 만들었다. 이 같은 질문을 던지는 것은 전시를 보기 위해 모여든 구경꾼들에게 답을 추측해 제시할 권위를 부여하였다.

사르지에 바트먼과 훌리아 파스트라나의 공적인 삶과 죽음 그리고 그들의 공적인 몸은 문화적 아이콘 구성에 있어 젠더, 섹슈얼리티, 식민지화, 인종과 병리학이 서로 관련되는 방식을 보여 준다. 바트먼은 남아프리카 원주민으로서 1810년에 계약 노동자 신분으로 끌려와 처음에는 영국에서 그리고 이후에는 프랑스에서 1815년 천연두와 알코올 중독으로 인하여 사망할 때까지 영리 목적으로 전시되었다.[42] 그녀는 산San족이었음에도 불구하고 호텐토트족으로 선전되었는데, 이 호텐토트라는 호칭은 영국인이 자신은 아니라고 생각하는 모든 것을 나타내는 것이었다.[43] 당시 막 시작된 과학 담론은 호텐토트족을 가장 원시적인 인간, 과학이 다시 만들고 있던 그리고 뒤에 다윈의 이론으로 모습을 드러낸 존재의 사슬에 있어서 '잃어버린 고리'로 취급하였다. 과학의 측정과 분류에의 집착은 백인 우월주의에 기여하여 식민지 착취를 정당화하였고, 그 강력한 평가 렌즈를 통하여 호텐토트족은 인간성의 최변방에 위치하는, 인간이면서 동시에 짐승인 존재가 되었다.[44] 유럽인의 생각에 바트먼은 인간 같은 원숭이 또는 원숭이 같은 인간인 호텐토트족이었을 뿐만 아니라, 정의상 일탈한 여성의 몸, 특히 '둔부 지방 과도 축적'이라는 병적인 상태로 간주된 그녀의 여성으로서의 외모 때문에 더욱 일탈한 것으로 보인 그런 여성의 몸이었다. 사르지에의 결정적인 특징 즉 기형인간임을 나타내는 표시는 유럽 여성의 엉덩이와는 다르게 생기고 훨씬 큰 그녀의 엉덩이였다. 다른 기형인간들처럼 바트먼도 일련의 백인 남성들에 의해 관리되고, 이들은 그녀의 공연으로 돈을 벌었다.

그 중 한 사람은, 동시대 언론기사에 의하면, 그녀가 "맹수처럼 무대에 나와, 앞으로 가 또는 뒤로 가라는 명령에 따라 움직이고, 인간이라기보다는 쇠사슬에 묶인 곰처럼 우리를 들어갔다 나왔다 하는" 공연을 하는 동안 '사육사'로 행세하였다.[45] 이 사육사는 기형인간쇼 진행자처럼 침묵당한 구경거리와 입장료를 내고 들어온 관람객 사이를 중개하면서, 추가 요금을 낸 관람객들에게 그녀를 직접 만져 보도록 하였다. 벌거벗은 것처럼 보이도록 마련된 몸에 딱 붙는 살색의 옷에 의해 바트먼의 엉덩이가 두드러지게 보이도록 전시되었지만, 그녀의 비밀이며 가장 심하게 비정상적인 모습을 하고 있다는 소문이 떠돈 그녀의 성기는 숨겨져 관음증적인 관객들의 만족이 보류되었다. 여성을 훼손된 남성으로 파악한 아리스토텔레스의 이론의 전통에서, 그리고 이후에 프로이트를 산출한 서구 문화에 있어서 여성 성기는 여성의 결여를 정의하는 상상적인 부재absence를 표시하는 징표였다. 바트먼의 그 유명한 엉덩이와 성기는 위험할 정도로 지나치고 그로테스크한 여성의 섹슈얼리티를 나타내는 아이콘이 되어, 길들여졌다고 가정된 유럽 여성의 섹슈얼리티의 반대를 구현하면서 동시에 유럽 여성의 섹슈얼리티가 엄격하게 관리되지 않으면 일어날 수도 있는 상황에 대해 경고하였다. 그녀가 공연 중 드나든 우리cage는 여성성 억제의 시급성과 그 실상을 동시에 극화하였던 것이다.

대중들이 바트먼의 "지나치게 발달한" 성기를 검열할 수 있도록 그녀를 가둔 것은 미국 문화의 지독한 자기 민족 중심주의의 한 형태를 재연해 보인 것이다. 기형인간쇼의 재현 양식은 문화적 타자성의 아이콘이 신체적 타자성의 아이콘과 호환 가능하다는 것을 보여 주었다. 이 같은 쇼에서 소속 집단의 전형적인 몸의 모습을 한 이 아프리카 여성, 그리고 '정상인'과 '비정상인'을 구분하는 문화적으로 좁게 구성된 경계선 밖으로 밀려난 몸이 붙은 쌍둥이, 선천적으로 팔다리가 없는 사람, 또는 왜소한 사람 간의 구분은 전혀 존재하지 않았다. 바트먼을 기형인간으로 전시했다는 사실은 모든 신체적 기준이 상대적이라는 것을 인정하지 않을 수 없게 하며, '비정상' 또는 '신체적 장애' 같은 겉으로 보기에 자명한 듯한 범주들이 사실은 인간의 다양한 변형들을 그 목적에 맞도록 해석하는, 역사적으로 변화하는 사회정치적 맥락으로부터 발생한다는 것을 인정하지 않을 수 없게 한다.

바트먼의 미국판이라 할 수 있는 훌리아 파스트라나도 서구 관객에게 문화적, 신체적, 그리고 성적 타자성을 동시에 재현하였다. 전시 소개 책자에 "곰과 오랑우탕의 용모와 흡사한" 용모를 한 "반쪽 인간"으로 홍보된 멕시코 원주민 파스트라나는 20세 정도 되었을 때인 1854년 뉴욕에서 처음 전시되었다.[46] 바트먼처럼 파스트라나도 기형인간으로서 짧지만 충격적인 경력을 쌓고, 1860년 러시아 공연에서 출산 도중 사망하였다. 분명히 파스트라나와 바트먼이 비서구적 민족이라는 점이 그들의 기형인간화 과정에서 중요한 역할을 하였고, 이는 타 민족 집단을 괴물로 그려 낸 중세적 관습이 19세기까지 이어지고 있었음을 시사한다. 바트먼의 몸이 그로테스크와 과장된 섹슈얼리티를 나타내는 표시로 읽힌 반면, 파스트라나의 몸은 약간 다른 방법으로 기형이 되었다. 파스트라나의 몸은 우리가 가장 신성시하는 문화적 구성 중의 두 가지인 남성/여성, 인간/동물이라는 이분법을 위반한 것이다. 그녀의 독특한 신체적 모습은 과하게 털이 많이 났고, 코와 입이 원숭이를 떠올리게 하는 모양이었다. 영국 의학지 『랜서트』Lancet 1857년 판에 실린 글에서 존 Z. 로런스John Z. Laurence박사는 파스트라나를 묘사함에 있어, 바넘이 조이스 헤스를 묘사할 때 한 것과 동일하게 몸의 세세한 부분까지 자세하게 설명하고, 파스트라나의 몸에 투사된 경계선을 언급하였다.

> [그녀의] 주요 특이함은 그녀의 몸 거의 대부분이 털로 덮여 있다는 것, 특히 보통 남성인 경우에 털이 나는 부분이 털로 덮여 있다는 것이다.……그녀는 약 140cm 정도 되는 키에, 몸집이 좋고, 몸통과 팔다리의 길이가 잘 균형 잡힌 모습이었는데, 주요 특이함은 그녀의 얼굴에 있다. 턱에 긴 수염이 수북이 자라고, 즉 턱수염이 있으면서 윗입술과 볼 부분까지 짧은 털이 나 있고, 콧수염과 구레나룻이 있다. 눈썹은 짙고 풍성하며, 머리에는 놀라우리만큼 털이 많다.……얼굴의 나머지 부분은 짧은 털로 덮여 있다. 사실 손바닥과 발바닥을 제외한 몸 전체가 털로 덮여 있다. 이런 면에서 그녀는 과장된 정도로 흔히 남성에게서 관찰할 수 있는 것과 일치한다.……다른 면에서는 여성과 일치한다. 그녀의 가슴은 놀라우리만큼 풍만하다. 그리고 규칙적으로 생리를 한다.[47]

이 같은 묘사의 첫 부분에서 로런스는 파스트라나의 몸이 남성과 여성을 합해 놓은 것, 즉 "턱수염"과 "콧수염과 구레나룻" 그리고 "놀라우리만큼 풍만한" 가슴과 생리가 동시에 있다는 데 그녀의 일탈이 있음을 밝혔다. 이 같은 중간 상태로의 해석은 구경꾼들의 상상력과 인식을 자극하도록 의도된 "곰 여자", "원숭이 여자", "정체 불명", "개코 원숭이 여자", "잡종 원주민"과 같이 동물과 인간 모두를 사용한 전시 제목에 의해서 부추겨졌다.

이 담론의 인류학적이고 의학적인 문체는 로런스의 시선에 의해 고정된 몸을 텍스트화하였다.

그녀의 얼굴은 특이하다. 코가 무척이나 납작하고 퍼졌으며, 연골이 없는 것처럼 무척이나 부드럽다. 입은 크고, 윗입술은 앞위턱의 지나치게 두꺼운 잇몸에 의해, 아랫입술은 잇몸에서 자라난 사마귀 같고 단단한 것에 의해 뒤집어져 있다. 아랫니는 온전하지만, 위의 앞니는 거의 없고 어금니만 제대로 자랐다. 귀는 대단히 길다. 얼굴 모습은 흑인의 얼굴 모습이 아니다. 안면각이 비교적 작다. 피부는 황갈색이다. 목소리는 여성 목소리인데, 특히 노래할 때 고음에서 여성 목소리를 낸다.[48]

"지나치게", "온전한", "없는", "대단히" 같은 단어들이 사용된 파스트라나의 몸에 대한 이 같은 아주 자세한 설명은 사실 묘사라기보다는 비교라고 할 수 있다. 이 설명은 규범적인 유럽 여성의 모습, 비교 시 파스트라나를 흉측하고 인간에 채 미치지 못하는 존재로 만드는 신플라톤주의적인, 이념적으로 굴절된 기준에 사로잡혀 있다. 유럽인들의 시선에 그녀의 신체는 외계인처럼 보였음에도 불구하고, 그녀에 대해 기록을 남긴 사람들이 반복적으로 언급한 그녀의 "놀라우리만큼 풍만한" 가슴과 그녀의 아름다운 음성은 기대된, 이상적인 모습의 흔적이다. 따라서 기형인간으로서 파스트라나의 역할과 관람객이 느끼는 그녀의 매력은 그녀의 절대적 타자성에 의존한 것이 아니고, 매우 다른 것과 낯익은 특성이 갈등을 일으키며 공존하고 있는 데 의존한 것이다.

모든 기형인간 전시가 그러했던 것처럼 파스트라나를 관리한 자들은 실제로 알아볼 수 있는 것과 정체를 알 수 없는 것의 공존을 확대 제시하였다. 바트먼이 우리를 들락거리고 보통이 아닌 몸을 두드러지게 하는 옷을 입었던 것처럼, 파스트라나도 스페인어와 영어로 된 노래를 부르고, 몸을 격렬하게 움직이는 춤과 페피타스Pepitas 춤을 추는 등 정성 들여 마련한 쇼를 펼쳤다. 그녀는 보통의 여성적인 몸을 강조하도록, 그래서 대조적으로 1888년에 동식물 연구가 프랜시스 버클랜드Francis Buckland가 "그저 흉측할 뿐"이라고 묘사한 그녀의 보통이 아닌 얼굴을 부각시킬 수 있도록 제작된 정교한 수를 놓은 드레스를 입었다. 로런스와 같은 맥락에서 버클랜드도 그같이 흉측한 얼굴이 그녀의 "달콤한 음성", "대단히 멋있고 우아한 몸매, 조그만 발과 매끈한 발목, 그 자체로 완벽한 잘 맞는 신발"과 함께하고 있다는 사실에 경탄하였다.[49] 파스트 라나와 바트먼의 전시가 말해 주고 있듯이, 기형인간들의 매력은 겉으로 보기에 서구 합리주의를 뒷받침하고 있는 범주들 위에 걸터 앉아 있는 것처럼 보이는 것에 있었다. 이성에 대한 대단한 모욕인 기형인간들은 억제되어야만 하는 위험하고 매혹적인 형상들이었다. 경이의 담론은 신의 헤아릴 수 없는 뜻을 가운데 위치시킨 계몽주의 시대 이전의 세계관을 수용하였지만, 그런 식으로 보통이 아닌 몸을 읽는 것은 근대인이 자신의 운명이라고 본 자연 세계에 대한 지배를 표현할 수 없었다. 따라서 19세기가 진행되면서 항상 골칫거리였던 기형인간은 점점 덜 경이로운 것으로서 표현되고, 점점 더 떠오르고 있는 병리학의 과학적 담론으로 제시되었다.[50]

기형인간은 19세기 서구 사회의 서커스와 오락적 내러티브에 의해 정의되었지만, 이 대중적이고 일시적인 매체는 막 등장한 의학적 모형에 따라 기형인간을 묘사한 권위 있고 오래 가는 과학 담론을 당해 낼 수 없었다. 1940년대에 이르러 과학자들이 기형인간을 의학적 표본으로 변환시킨 것이 부분적인 이유가 되어 미국에서 쇼는 사라졌다. 기형인간쇼의 관례들은 공개 처형이나, 호손이 『주홍 글자』 창작 시 이용한 처형대 장면과 낙인 표시 같은 공동체 내에서의 사회적 모욕의 전시와 같은 의례화된 구경거리를 통하여 개인적인 일탈을 바로잡은 이전의 문화적 실천에서 유래한 것이었다. 고대인의 사고방식은 보통이 아닌 몸의 혼종과 과잉을 사이클롭스, 사티로스, 켄타우로스, 미노타우로스와 히드라 같은 초자연적인, 때로는 신성한 신들로 변환했다. 그러나 근대인의 사고방식은 이시도르 조프루아 생틸레르Isidore Geoffroy Saint-Hilair가 괴물 연구를 뜻하는 단어 '기형학'teratology을 만들어 낸 해인 1822년에 공식적으로 그 같은 특성들을 과학으로 재해석하였다. 과거처럼 두려움이나 경이로움으로 반응하는 대신에, 근대 의료인은 신과 경쟁하면서, 20세기에 들어서 '선천적 결함'으로 알려지게 된 것의 병적 원인을 알아내기 위하여 실험적으로 괴물 같은 물고기와 포유 동물을 만들어 내었다. 과학은 서서히 경이와 미신을 합리적인 설명으로 바꾸면서 인간의 변형을 분류하고 돼지에게 구개파열이 발생하도록 하는 것과 같은 과제에 몰두하였다.[51]

　의학적 표본으로서의 보통이 아닌 몸의 담론은 결국 20세기 중반에 이르러 전통적 기형인간쇼 구경거리가 빛을 잃게 하였다. 기형인간쇼 시대에는 과학 담론과 사이드쇼sideshow[52] 담론이 얽혀 있었지만, 시간이 지나면서 이 둘은 특권과 권위의 스펙트럼에서 정반대 양끝을 향해 갈라졌다. 기형인간쇼는 항상 대중 또는 저급 문화의 일부였던 반면에 의학은 근대에 이르러 점점 더 엘리트화되고 강력해졌다. 예를 들면 19세기 미국의 교회는 기형인간쇼가 기형인간을 착취하기 때문이란 이유가 아니라 비도덕적이고 천박한 것을 부추기기 때문이란 이유로 이를 비난하고 개혁법을 요구하였다.[53] 20세기 중반에 이르러서는 대중과 기업가들보다는 의사와 과학자들이 기형인간 생산을 지배하였다. 이러한 과도기에 과학자들은 관찰을 하고 표본을 얻기 위해 기형인간쇼에

침입하여 사이드쇼 토론의 심판을 보는 한편, 기형인간쇼는 전시가 진짜임을 증명하기 위해 과학적인 설명을 이용하였다. 예를 들어 훌리아 파스트라나를 "잘못된 이름의 곰 여자"로 선전하면서 1855년 보스턴에 있는 원예의 전당Horticultural Hall에서의 그녀의 전시를 알린 소책자는 그녀의 신체 검사에서 나온, 공인된 것처럼 들리는 의학적 설명을 포함하고 있었다. 앨릭스 모트Alex Mott 박사는 파스트라나가 "잡종"이라고 선언하였고, "표본의 머리카락"을 검사한 브레이너드Brainerd 교수는 "흑인 피의 흔적이 없다"고 주장하였고, 보스턴 자연사 학회의 해부학자 새뮤얼 닐랜드Samuel Kneeland는 그녀가 실제로 인간이라고 증언하였다.[54] 의학자들의 엘리트 담론이 과학적 진보의 실증주의적 이념과 인도주의적 관심의 영향을 받은 반면에, 기형인간쇼 업자의 대중적 담론은 평등주의적 기업가 정신 개념과 보통 사람의 권능화에 호소하였다. 그러나 의학자와 쇼 업자 모두 그들의 경력과 부가 달려 있는 보통이 아닌 몸을 통제하기 위해 다투었다.

앞에서 많은 돈을 벌어들인 조이스 헤스의 공개 해부 사건에서 본 것처럼 기형인간은 살아 있으나 죽으나 동일하게 가치가 있었다. 이 같은 인간 몸의 극단적인 텍스트화는 어떻게 재현이 사람을 사물로 전환하려 하는지를 보여 준다.[55] 한 가지 주제의 변주곡이면서 각각이 나름대로의 기이한 우여곡절이 있었던 사르지에 바트먼과 훌리아 파스트라나의 놀라운 운명은 보통이 아닌 몸을 통제하기 위한 쇼 업자와 과학자 사이의 경쟁을 불러왔을 뿐만 아니라 그 몸이 경이로운 구경거리에서 의학적 표본으로 변환되는 것을 초래하였다.

1815년 바트먼이 사망하자 프랑스의 유명한 동물학자 조르주 퀴비에Georges Cuvier는 그녀의 몸을 해부하였고, 그리하여 실제로 그리고 담론적으로 그녀를 의학적 표본으로 만듦으로써 그녀를 기형인간으로 만드는 과정이 계속되게 하였다. 퀴비에는 해부하기 전에 바트먼의 알몸으로 석고 모형을 제작하고 그림을 그리도록 허락하였다. 그런 다음 그는 그녀의 실제 성기를 도려내어 "적절하게 처리해" 병에 담은 후 보고서와 함께 학계에 제출하였고, 그 병은 오늘도 파리의 인류학 박물관 선반에 놓여 있다.[56] 그녀의 보존 처리된 뼈대와 석고 모형도 여전히 이 박물관의 소장품 가운데 있다. 바트먼의 몸이 주어진 대본을 연기한 이후로 오랫동안 호텐토트의 비너스식 사고가 문화적 의식을 형성하였다.[57] 샌더 길먼Sander Gilman은 바트먼의 역사가 19세기 동안 호텐토트족 여성들의 과학적 묘사에 영향을 주어, 유럽인보다는 동물에 가까운 분리된 인종을 생물학적으로 차별화하기 위한 노력의 일환으로 호텐토트족 여성의 성기 묘사에 집중하였다고 주장하였다. 1877년에 이르러 여성 의학 편람은 호텐토트족의 성기를 두고 여성 동성애로 이어지는 과도한 성욕을 불러일으키는 음핵의 "기형화"를 포함하고 있는 "선천적 오류"로 묘사하였다.[58] 이와 같이 1810년부터 1877년 사이에 사르지에 바트먼에 대한 신체적 해석이 매혹적인 기형인간에서 임상학적 '비정상인'으로 변하면서, 문화적으로 보통이 아닌 사람과 신체적으로 보통이 아닌 사람이 근대 병리학의 담론에서 단단히 합쳐졌다.

바트먼과 조이스 헤스의 몸같이 훌리아 파스트라나의 몸도 텍스트와 자산으로 변신하였다. 파스트라나는 그녀가 매우 큰 수입을 벌어들이게 된 후 아마도 그녀의 전시에 대한 통제를 확실히 하기 위한 의도를 가지고 그녀와 결혼한 남자에 의해 관리되었다. 1860년 순회 공연 도중 호기심 많은 사람들이 보는 앞에서 그녀를 많이 닮은 사내 아이를 사산한 후 며칠 뒤 파스트라나가 죽자 관리인 겸 남편은 그녀와 사산한 아이를 모스코바 대학교 해부 연구소 소콜로프J. Sokolov 교수에게 팔아 넘겼고, 소콜로프는 새로운 기술을 이용하여 두 몸을 방부 처리하였다. 소콜로프가 대단히 성공적으로 방부 처리하자 파스트라나의 관리인 겸 남편은 시체를 팔 때 받은 돈보다 300파운드를 더 주고 파스트라나와 아들의 방부 처리된 몸을 사들인 다음 1884년 그가 죽을 때까지 파스트라나와 아들의 몸을 전시하거나 박물관에 대여해 주었다. 이들의 몸은 주인이 바뀌고, 대중의 눈에서 사라졌다 다시 나타나고, 도둑맞았다 되찾으면서 유럽 전역을 돌아다녔다. 이들의 몸은 1972년까지도 미국에서 서커스를 따라 여행하였다. 세월에 의해 훼손된 파스트라나의 몸은 소유주인 노르웨이 정부에게 골칫거리가 되었는데 현재 오슬로의 법의학 연구소 지하에 보관되어 있다. 파스트라나의 몸을 텍스트화하는 데 있어서 쇼 업자의 사업 목적이 승리한 것 같아 보이지만 사실은 병리학 담론이 최종 결정권을 가졌다. 지금도 파스트라나의 '상태'가 '선천적인 일반적 말단모 다모증'인지 아니면 '선천적인 일반적 태모 다모증'인지 그리고 그녀의 치열 상태가 '정상'인지 아니면 '비정상'인지를 결정하기 위해 그녀의 해골을 X선 촬영 검사하고, 그녀의 머리 샘플을 현미경 촬영할 것을 요구하는 학술적 토론이 이어지고 있다. 이 모든 것이 『미국 의학 유전학 저널』American Journal of Medical Genetics의 1993년호에 기록되어 있다. 바트먼의 경우처럼, 기형인간을 만드는 사회적 과정은 파스트라나의 몸에 약간의 인간 흔적만 남기고, 그녀를 병적인 현상의 아이콘으로 만들어 버린 것이다.

문화적 그리고 신체적 타자들을 병적인 현상으로 만드는 것은 다루기 힘든 우주를 예측하고 조절하는 수단으로서의 합리성에 대한 계몽주의적 믿음에서 시작되었다. 그러한 실증주의의 성공은 절대적인 범주를 세우고 우연성, 불확정성, 애매성, 그리고 불순물의 골치 아픈 역설을 격파하는 데 달려 있다. 많은 사람들이 주장하였듯이 과학이 지배적인 권력 관계를 정당화한다면, 그 과학은 또한 문화적 권력의 표시이며 동시에 그 권력으로 들어갈 수 있는 입장권인 우세한 몸을 정당화한다.[59] 19세기 과학자들은 집요하게 서열적인 신체 분류 체계를 만들어 결국 신이 만든 존재의 거대한 고리를 다윈의 고리로 재구성하고 푸코가 "근대 사회의 새로운 법"이라 부른 규범이란 개념을 만들어 냈다.[60] 스티븐 제이 굴드Stephen Jay Gould는 몸이 분류 체계에 저항하면 할수록 더욱더 과학 사업을 위협하여 과학자로 하여금 가장 역설적인 몸에 집중하도록 했다고 주장하였다. 따라서 몸이 붙은 쌍둥이(한 사람인가 두 사람인가?) 또는 정신적 장애가 있는 아프리카인(인간인가 원숭이인가?) 또는 자웅동체인(남자인가 여자인가?) 같은 가장 경이로운 기형인간들이 가장 복잡하게 얽히고설킨 과학적 딜레마를 제시하였던 것이다.[61] 19세기가 끝나갈 무렵에는 기형인간적 지위보다는 의료화가 백인 우월주의 같은 개념과 식민주의, 우생학적 입법, 강제 수용 또는 강제 불임 같은 정치적 실천을 정당화하였다. 보통이 아닌 몸은 이전의 이상하고 끔찍하고 충격적인 구경거리로서의 가시적이고 공적인 위치에서 이후 병들고 숨기고 창피한 것으로서의 사적인 위치로 변하여, 결국 1940년 이후 무대 전시대에서 의대 부속 병원의 계단식 교실, 의학 교재, 또는 특수 연구 기관으로 옮겨진 완전히 의료화된 기형인간이 등장하였다. 바로 이것이 오늘날의 장애인권 활동가들이 벗겨 버리려고 노력하고 있는 역할이다.[62] 사르지에 바트먼과 훌리아 파스트라나의 몸이 삶과 죽음 사이에서 그린 궤적은 19세기에 강화되고 있던 서구 과학과 의학의 권위가 어떻게 사이드쇼의 기형인간들을 병적 현상을 보여 주는 사례로 변화시켰는지를 보여 준다. 우리에 갇혔던 바트먼과 무대 위에 세워졌던 파스트라나가 과학 교재의 도판과 현미경 사진으로 변하여 제시되고, 교정수술과 성형수술에 있어서의 도전으로 변하면서, 지금 모든 보통이 아닌 몸을 의학적 관점에서 파악하는 현재의 보편화하는 담론을 암시하였다. 퀴비에가 바트먼의 성기를 제시하고 솔로코프가 파스트라나 몸을 방부 처리하는 것은 이 여성들에 대해 샌더 길먼이 말한 "병리학적 요약"pathological summary을 만들어 낸다. 뿐만 아니라, 이 글자 그대로의 제유법synecdoche은 문화적 타자성의 인종적, 젠더적, 사회계급적 축들을 융합한다.[63] 호기심 어린 시선 아래 130년도 넘게 유통된 이 풍만한 가슴을 하고 털이 많이 난 몸과 박물관 선반 위에 놓인 병 안의 살점은 복잡한 문화, 역사, 정치 체계 전체를 환기시켜 준다.

놀라운 몸의 결말

기형인간쇼 시대는 보통이 아닌 몸을 둘러싼 문화적 구성이 놀라운 것에서 병적인 것으로 변화하는 과정을 보여 준다. 1830년 이후 급격한 사회 변화는 괴물 같은 몸을 읽는 옛 행위가 활성화된 미국의 기형인간쇼 형태로 번창하게 하였다. 일단의 문화적 상황들이 맞물려 기형인간쇼가 번창할 수 있는 환경을 만들어 냈다. 이민, 사회계급 조정, 그리고 심화된 사회계급화가 불안정한 정치 체제로 하여금 그 다름이 미국인들의 사회적 지위에 대한 불안감을 완화해 준 신체적 타자를 만들어 내도록 하였다. 산업재해, 전쟁 부상, 그리고 외모에 대한 커진 관심이 보통이 아닌 몸과의 불안스러운 동일시를 고조시킨 것 같으며, 표준화, 대량 생산과 대중문화가 민주주의의 지배 주체로서의 무표된, 규범적인 몸이란 개념을 낳았다. 철도, 대중 교육, 사진, 대중 출판과 열띤 사회적 유동성은 기형인간들의 노출을 증가시켰고 새로운 것을 찾게 만들었다. 이념적 개념으로서의 과학은 이유 설명을 권하였고, 호기심을 자극하였다. 전문가에게의 권위 부여와 임금 노동은 보통 시민의 자기 통제와 자율감을 위협하였다. 당시 막 등장한 기업가들은 이 모든 것을 활용하였다. 그런데 바로 이런 상황들이 결국 쇼 업자를 무대에서 몰아냈고, 기형인간들을 보호시설, 병원 그리고 의학 교재 속으로 몰아넣은 것이다. 1940년에 이르러 기형인간이 대중 앞에 나타나는 것은 적절치 않은 것이 되었고, 사적인 '사례'가 되어 의사, 상담사, 재활 전문가로 이루어진 전문가 조직에 둘러싸여 정의되었다.

구경거리 내러티브와 표본 내러티브 둘 다 보통이 아닌 몸을 대상화하여 궁극적으로 중개인들의 이익에 기여하였다. 쇼 업자와 과학자의 사회적, 경제적 성공은 그들의 문화적/신체적 타자가 얼마만큼 기형으로 보이는가에 달려 있었다. 그렇지만 이 둘 모두 표본/기형인간에게 일부 혜택을 주기도 했다. 쇼 업자는 문화적 정상 상태를 희생시키는 대가로 경제적 자립을 제공하였고, 의료인은 종종 신체적 무단 침해와 고통스러운 복원을 받아들여야만 하는 정상화 과정을 제공하였다. 쇼 업자가 주는 혜택을 받기 위해 보통이 아닌 몸을 지닌 사람은 기형인간 역할을 철저하게 해내겠다는 동의를 해야 했다. 그러나 의사가 제공하는 정상화는 개인의 몸의 일면을 부정해야 했고 더불어 '패싱'의 위험과 정신적 타협을 감당해야만 했다.

오늘날 장애의 해석을 지배하고 있는 의학적 모형은 이상화된 규범에 미치지 못하는 신체적 특성에 대해 바로잡거나 제거되어야 한다고 상정한다. 실제로 재건 수술, '결함 있는' 태아 낙태, 그리고 다른 형태의 정상화 과정이 말해 주고 있듯이, 우리의 가장 강력한 문화적 금기 사항 중의 하나는 보통이 아닌 몸을 금하는 것이다. 보통이 아닌 몸은 독특한, 우리가 수용할 수 있는, 우리의 삶을 풍요롭게 해주는 개인적 단면이 아니라 표준화되어야만 하는 일탈로 간주된다.[64] 아이러니하게도 의학적 모형의 기술은 장애인들을 병적인 존재로 만드는 동시에 실제로 많은 장애인들의 생존을 돕기도 한다. 척추 이분증이나 하지 마비를 갖고 있는 사람들같이 30년 전만 해도 죽었을 많은 사람들이 지금은 살아남아 때로는 '교정'되기를 기다리고 있다.[65] 의술을 통하여 더 많은 장애인들이 생존하고 정상화되고 있지만 동시에 제거할 목적으로 장애를 지닌 태아를 발견해 내는 과정을 발전시키는 것이 의학에서 높은 우선순위를 차지하고 있다.[66] 따라서 문화적 인식상의 근본적인 변화는 확실한 진보나 퇴보가 일어난 것이 아닌, 그저 경이롭고 불길한 계몽주의 시대 이전의 괴물을 서커스 무대 위의 매혹적인 기형인간으로, 궁극적으로는 병원, 의학 교재와 표본 선반으로 사라진 의학적 사례로 전환시킨 것이었다.

19세기와 20세기 초 미국에서 기형인간쇼는 사회정치적 현상 유지와 민주주의의 이상적인 주체인 무표된 '정상인'을 확인시켜 주는 신체적, 문화적 타자성을 나타내는 보편화된 아이콘을 만들어 냈다. 기형인간쇼는 미국 시민에게 위대한 민주주의 실험에 대한 그리고 그 실험과 시민의 관계에 대한 두려움을 조사해 볼 수 있는 의례화된 문화적 토론의 장을 제공하였다. 기형인간과의 막연한 동일시가 일어나고 자신들의 무정부적, 화려한 개성화를 다시 보고 싶은 욕망이 일어났을 수 있음에도 불구하고, 기형인간쇼에서 자신들의 자아상을 확인받고 떠날 수 있었던 사람들에게 입장료는 좋은 투자였다. 그러나 이 같은 사회정치

적 연극 속에서 보통이 아닌 인간의 아이콘은 그러한 의례 행사가 예외
적이지 않은 몸을 지닌 관객들에게 주는 문화적 인증을 받지 못하였다.
그 대신 문화적 필요성에 의해 기형인간의 보통이 아닌 몸은——매료당
한 구경꾼들에게는 경이로운 동시에 병적인 상태로 보인——부담스러
운 역할로 변하였다.

4장

스토, 데이비스, 펠프스의
자선적 모성주의와 장애여성들

모성적인 여성 자선가와 그녀의 장애인 자매들

3장에서 논의한 기형인간쇼는 오락과 감탄을 목적으로 보통이 아닌 몸
을 전시했는데, 감상주의sentimentalism[1] 역시 동정심을 자아내기 위하
여 장애 형상을 기형인간쇼의 구경거리와 유사하게 사용하였다. 기형
인간쇼가 기형 형상을 선정적으로 다룬 반면에 감상주의 소설은 기형
형상을 인정하였지만, 사실 이 두 재현 양식 모두 개인주의 이념에 도움
이 되도록 장애 형상을 전용하였다. 두 관습 모두 장애 인물을 개인적
체화의 한계와 불확실성의 멍에를 지고 있는 존재로 구성함으로써 그
멍에를 자유주의적 개인으로부터 멀리 있는, 눈에 보이는 신체적 다름
으로 유표된 타자에게로 옮겨 놓았다. 달리 말하자면 기형인간쇼, 감상
주의, 2장에서 논의한 '장님'이나 '절름발이'나 '병약자' 같은 에머슨의
대립 형상들 이 모두가 추상적인, 탈체화disembodied된 자아를 문화적
이상으로 만든 19세기 거대한 사업의 요소들이었다.

놀랍게도 에머슨이 자유주의적 자아로부터 제외해 버린 바로 그 형

상들을 변호하는 것을 목적으로 선언한 텍스트에서 실제로 자유주의 이념과 뒤엉킨 장애 형상을 발견할 수 있다. 해리엇 비처 스토의『톰 아저씨의 오두막』, 리베카 하딩 데이비스의『제철소에서의 삶』그리고 엘리자베스 스튜어트 펠프스의『침묵의 동반자』, 이 세 소설은 감상주의 전통에 따라 인도주의적 사회 개혁을 주장함에 있어 장애여성 형상을 핵심적인 수사적 요소로 사용하였다.[2] 여기서 나는 이 작품들이 보여 주는 자유주의적 개인주의와 내가 '자선적 모성주의'라고 부르는, 자유주의를 수정하고 동시에 복제하는 프로그램 사이의 복잡한 상호 연관에 대해 조사한다. 나아가 이 소설들이 장애 형상을 제시하는 방법에 있어서의 변화를 추적함으로써 나는 자선적 모성주의가 자유주의적 개인주의를 다시 쓸 뿐만 아니라 장애 형상과의 동정적인 동일시에서 장애 인물과 거리를 두는 배격으로 이동함으로써 궁극적으로 개인주의의 가장 성가신 내적 모순을 극화하고 있다고 주장하려 한다.

『톰 아저씨의 오두막』,『제철소에서의 삶』과『침묵의 동반자』이 세 소설 모두는 이상화된 모성적 백인 여성 자선가와 스스로의 노력을 통해 정신적, 물질적 구원을 받을 필요가 있는 주변화된 여성 형상 사이의 관계를 조명하였다. 이 같은 종속적인 그러나 서로를 정의해 주는 형상들 각각을 구분하는 것은 오늘날 우리가 눈에 보이는 신체적 장애라고 하는 것이다. 이 신체적 장애 표시는 순수, 고통, 이주, 무력함을 나타내는 배지로서 작동하면서 장애여성을 내러티브 내에서 구조를 요청하는 호감 가고 걱정스러운 취약한 형상으로 만든다. 스토가 노예 제도의 비인간적인 가족 해체를 개탄했을 때, 데이비스가 제철소에서의 노동자들의 냉혹한 희생을 폭로했을 때, 그리고 펠프스가 섬유 산업의 공장 소녀 노동자 학대를 비판했을 때, 각 작가는 어려움을 극복하고 승리하는 비장애 여주인공이나 화자를 부각시켰다. 그러나 이들의 장애인 자매들은 내러티브의 주변에 머물며 제도에 의해 비하되고 궁극적으로 이 소설들이 공격하는 사회 문제에 희생되었다. 스토의 노예 어머니들 중에서 혹독한 노예 제도에 의해 '불구'가 되어 무력해진 프루Prue와 헤이거Hagar는 맞아 죽거나 팔려 간다. '꼽추'인 몸이 제철소 노동자로서 착취당하고 있는 그녀의 비참한 운명을 상징하고 있는 데이비스의 데브 울프Deb Wolfe는 은퇴하고 남들의 보살핌을 받는다. 그리고 펠프스의 눈멀고, 귀먹고, 떠돌이 생활을 하는 캐티 가스Catty Garth는 세상의 종말이라도 온 듯한 소설의 마지막 부분에서 물에 휩쓸려 떠내려간다. 다양한 어머니 같은 여성 자선가들이 초월적인 미덕, 주체성과 힘을 발산하는 동안에 장애여성들은 점점 종속되고, 절망하고, 무력해진 것이다.

자본주의의 자유방임적 도덕에 의해 짓밟힌 프루, 헤이거, 데브와 캐티는 독자를 안일함에서 신념으로 몰고 가도록 의도된 동정과 스캔들의 수사학을 생성해 내는 데 도움을 주는 취약성의 아이콘들이다. 실제 내러티브에서 맡고 있는 조연 또는 단역의 역할에도 불구하고 이 장애여성들은 자선적 모성주의를 작동시키는 동정적 분개를 일으킴으로써 주요 수사학적 역할을 수행한다. 이 충동은 중산층 백인 여성들이 자유주의적 자아의 일부 요소들을 담고 있는 명망 있는, 좀더 영향력 있는 공적 역할로 뛰어들 수 있는 발판이었다. 각 소설은 사회적 정의와 인간관계를 희생시키고 시장을 지지하는 착취적인 제도들을 폭로하고 날카롭게 비판하면서, 장애여성들을 위한 사회적, 인종적 경계를 넘는 동정과 수용과 동일시의 다리를 놓았다. 그러나 그와 동시에 이 세 소설은 그들의 호소의 대상이 되고 있는 바로 그 형상들을 그들이 그려 내고 있는 여성적인 자유주의적 자아의 배타적인 프로그램 밖에 위치시킴으로써 비하하였다. 세 소설이 비난하고 있는 엄청난 불의를 체화한 이 장애 형상들은 이들 내러티브에서 인도주의적 개혁을 통해 도덕적, 사회적, 정신적 권능화 프로그램에 대한 점점 커지는 요구를——스토에서는 미묘하고, 데이비스에서는 애처로우며, 펠프스에서는 거칠어진 요구를——구성하였다.[3] 이 인물들은 폴 롱모어Paul Longmore가 말하는 "카리스마를 지닌 일탈자"의 기능, 즉 존재하는 것만으로도 복잡한 문제와 강력한 감정을 환기시키는 기능을 한 것이다.[4]

그러나 어머니 같은 여성 자선가와 그녀의 너그러운 노력의 수혜자인 장애인 사이의 이처럼 복잡하고도 반대 감정이 병존하는 관계가 스토와 데이비스 그리고 펠프스를 거치며 발전하는 동안, 여성 권능화 계획은 열심히 인도주의적인 형상들을 이상화하면서 점점 그들의 자선적 행위의 대상을 부정하게 되었다. 20년 그리고 두 세대 넘게 장애여성의 묘사는 변해 가는 사회질서 속의 중산층 백인 여성의 자리에 관한 점점 커지는 갈등을 기록하였다. 소설에서 장애여성은 점점 더 두드러지게 되고 혐오스러워졌다. 이 같은 진행 과정 속에서 스토는 장애여성을 이상화된 어머니 같은 여성 자선가로부터 분리시키는 일을 시작하였고, 이 같은 분리는 데이비스의 데브, 특히 펠프스의 캐티에 의해 심화되었다. 이 분리는 진화하는 사회경제 영역, 억압적인 과학적 여성 구성의 대두, 그리고 점차 여성의 개인적 정체성이나 사회 개혁을 위한 지속 가능한 체계를 공급하지 못하는 가정성domesticity 담론의 유효성에 대한 관심 속에서 여성의 몸의 자리에 대한 걱정을 해소하려는 시도로 읽을 수 있다. 결과적으로 이 세 소설은 점차적으로 그리고 역설적으로 자신들이 시작한 여성 권능화 문제에 집중하는 일을 중단했다. 이런 진행 과정은 펠프스가 자선적인 여성을 불굴의, 의기양양한, 그녀의 탈체화되고 초월적인 아름다움 속에서 안전하게 지내는 존재로 찬양하기 위해 자선적인, 이상적인 여성 자아와 위험할 정도로 신체적인 여성 타자의 관계를 끊어 버리면서 그 절정에 달했다.

이처럼 에머슨은 병약자를 묵살해 버린 반면에 스토, 데이비스와 펠프스는 그들이 그려 낸 병약자들을 동정하였지만, 이들은 모두 다르다고 표시된 즉 '장애'로 표시된 몸을 결정적인 타자성을 나타내는 상징으로 사용하였다. 에머슨은 자유주의적 개인의 경계를 세우기 위하여 장님이나 절름발이, 병약자 같은 형상을 사용한 반면에, 역설적으로 스토, 데이비스와 펠프스는 저항과 권능화 담론에서 그들이 도우려고 한 일부 인물들을 낙인찍었다. 독자들은 이 희생자들에게 동정심을 느끼는 동시에 냉혹한 착취에 공포감을 느껴야 하기 때문에, 이 같은 내러티브 전략은 비윤리적인 일들을 그 결과와 융합해 버리고, 장애인이 되는 두려움을 장애인에게 투사하며, 희생자와 범죄를 혼동하는 경향이 있다. 그 결과 등장인물들의 몸은 사회적 병의 기호학적 현상이 되어 공감과 혐오감이 뒤엉킨 감정을 느끼게 한다.[5] 이 같은 몸과 상황 사이의 내러티브적 어긋남은 장애가 삶에 있어서 최대의 불행이며 끊임없는 고통의 근원이라는, 많은 비장애인들이 대체로 의심 없이 받아들인 믿음으로부터 나오고 또 그 믿음을 이용한다. 따라서 소설에서의 장애는 다양한 인간의 고통과 타락을 나타내는 간결한 비유가 되는 것이다.[6] 악과 비애는 형상들을 뒤덮어 약화시켜 독자들이 동일시할 수 있는 인물보다는 인간의 비참함을 보여 주는 몸짓으로 만드는 경향이 있는데, 인물로부터 분리된 장애는 바로 그런 악과 비애를 나타내는 제멋대로 움직이는 기표가 되는 것이다.

정의에 대한 요구로서의 장애 형상 :『톰 아저씨의 오두막』

자선적 모성주의와 장애 형상 사이의 복잡한 관계를 충분히 조사하기 위해서는 스토, 데이비스와 펠프스가 착수한 자유주의적 개인주의에 대한 비판을 검토해 보아야만 한다. 이 세 소설은 경제적 생산성보다는 인간이 필요로 하는 것과 인간관계가 사회적 가치를 결정하는 보다 더 정의로운 사회를 요구하고 있다. 이를 달성하기 위해 몸의 침해와 한계를 시각적으로 표시해 내보이는 형상들에게 집중되는 고통과 희생을 그린 장면에서 배제와 불의가 그 모습을 분명하게 드러낸다.[7] 프루의 흉터, 헤이거의 불구, 데브의 꼽추, 그리고 캐티의 말 못하고 눈먼 상태는 신체적 무능 그리고 분명한 다름을 상징하며, 동정적으로 볼 때 인간인데 그 인간임을 제대로 보여 줄 수 없는 인물들을 생산한다. 이 형상들은 인간의 가치를 재는 척도로서 생산성과 부의 축적이 최고라는 믿음에 도전한다. 장애로 인해 다른 이들과 구별 지어지는 이 여성들은 자유주의적 개인주의의 몸이 필요로 하는 것과 책임의 부정을 노출시킴으로써 몸의 권리와 책임 사이의 갈등을, 노동을 토대로 한 경제 분배 제도와 필요를 토대로 한 경제적 분배 제도 사이의 갈등을 불러 오는, 취약성의 아이콘이다.[8]

이 세 소설은 그 장애 형상들을 자유주의 내에서 상충하는 신념인 자유방임적 개인주의와 민주주의적 평등 사이의 틈에 위치시켰다. 이 여성들이 처해 있는 곤경은 인간의 필요에 따라 자원과 특권을 공평하게 배정하는 (여성적인 것으로 묘사되는) 가치 체계와, 개인의 장점과 노력에 근거하여 혜택을 주는 (소설에서 남성적인 것과 연계되는) 시장 체제 사이의 물질적, 이념적 분리를 보여 준다. 이 장애여성들은 보호와 지원의 필요가 사회적으로 가치 있는 일을 할 수 있는 능력을 초과하는 사람들의 예를 보여 주기 위하여 모은 것이다. 스토, 데이비스와 펠프스는 자율적이고, 자신의 이익을 위하고, 온전한 몸을 지닌, 그리고 신체적 한계로부터 자유롭고, 다른 사람들의 보호를 받지 않는 개인을 제시하는 자유주의적 개인주의 모형의 도덕적 파산을 폭로하려 했다. 자유주의의 역설을 가리키며 이 세 소설은 장애여성을 억압하는 제도, 동시에 그들이 선언한 그리고 여성적이라 부른 제도, 즉 신체적 모습이나 능력에 관계없이 모든 인간은 동등한 가치를 지닌다는 자유주의의 주장을 공격하였다.

『톰 아저씨의 오두막』의 한 장면은 이 세 소설이 자유주의적 개인주의의 몸에 대한 시각을 비판하기 위하여 장애여성 인물을 사용한 방식의 예를 보여 준다. 이 장면에서 스토의 두 악랄한 노예 상인 헤일리 Haley와 막스Marks는 그들 생각에 노예 여성들의 비논리적이고 다루기 힘든 성격을 직접적으로 보여 준다는 이야기를 주고받는다. 막스는 예전에 그가 샀던 "야무지고 괜찮은 년", "꽤 똑똑했던" 그리고 그녀의 "어린애가 병약하고 꼽추였던" 노예의 예를 든다. 그가 이 아이에 대한 책임에서 벗어나게 해줄 사람에게 아이를 보내자 놀랍게도 이 여성은 비참할 정도로 고통스러워했다(『톰 아저씨의 오두막』, p. 124). 이 여성이 아이가 "병약하고 불행하기 때문에 아이를 더 소중히 했다"는 것에 그가 놀라는 것은, 스토가 보기에, 이 노예 여성을 인간적으로 만드는 모성애에 대해 노예 상인이 이해하지 못함을 말한다. 헤일리도 그가 "위스키 한 병을 받고 줘 버린" 눈이 완전히 먼 아이의 어머니였던 노예에 대하여 비슷한 이야기를 한다. 놀랍게도 이 노예 어머니는 "마치 호랑이처럼" 아이를 보호하려 하다, 결국 "애를 몽땅 머리부터 강으로 집어던졌다"(『톰 아저씨의 오두막』, p. 125).

이 두 아이를 통해 스토는 데이비스와 펠프스가 뒤따른 비평 전략 즉 장애 형상을 이용하여 모든 사람들의 동일한 가치에 대한 평등주의적 관심과 기업가의 자유방임적 개인주의 사이의 충돌을 묘사하는 전략을 개시하였다. 노예 제도가 토대로 하고 있는 방해받지 않는 경제적 자유의 논리는 인간의 가치를 잠재적 생산성과 동일시하며, 장애아동들을 쓸모없고 결함이 있다고, 그들의 몸은 노동 집약적 경제에서 자산이 아니라 부담liability[9]이라고 평가하는 것이다. 막스와 헤일리에 의해 제시되고 과장된, 자유주의적 이상의 시장에서 자유 경쟁하는 자율적이고 자기 이익을 위하는 개인에 따르면, 이 신체적인 장애를 지니고 있는 아이들은 완전한 인간이 아닌 것이다. 이러한 가정은 스토의 사회개혁 소설을 뒷받침하고 있는, 인간의 타고난 평등성에 대한 믿음을 위반하는 것이다.

그들의 더 성숙한 모습이라 할 수 있는 장애여성들처럼 이 장애를 가진 아이들은 소설에 신체적 다름의 딜레마를 도입한다. 이들은 자유롭게 부와 지위와 권력을 추구하는 자수성가하는 사람의 역할을 몸 때문에 하지 못하는 자들의 입장을 변호하고 있다. 사실 스토, 데이비스와 펠프스는 체화를 통하여 모든 사람들이 직면하게 되는 외부 세력에의 종속을 나타내기 위하여 지속적으로 장애를 지닌 몸을 이용하였다. 비인격적인 제도 또는 다른 자들의 자기 결정은 각 장애여성의 운명을 제한하고 몸을 통제한다. 노예 제도가 프루와 헤이거를 아이들로부터 떨어지게 하고, 제철소의 상관들이 휴Hugh를 위해 돈을 벌 기회를 잡으려는 데브의 가련한 노력을 비웃으며, 캐티의 생과 사가 섬유 공장의 비인간적인, 기계화된 노동 환경에 의해 좌우된다. 이 세 소설이 비난하고 있는 제도들은 실로 이 여성들의 몸을 형성해, 주인의 매질이 프루의 건강 쇠약을 불러오고, 목화 잔류물이 캐티의 눈을 멀게 한다. 강요된 또는 선천적인 열등함의 상징인 이 여성들의 몸은 그들의 억압의 산물일 뿐만 아니라 그들의 비참한 운명의 매개체이기도 하다. 그들의 종속된 몸은 자율과 자기 결정이라는 자유주의적 이상이 몸은 개인의 의지를 실현하는 유순한 도구라는 신화를 만들어 내기 위하여 신체적 다름과 한계를 부정한다는 사실을 인정할 것을 요구하고 있다.

스토가 그려 낸 노예 상인들과 노예 어머니들 사이에 벌어지는 장면이 자유주의의 골치 아픈 모순의 전형적인 연출이라면, 『톰 아저씨의 오두막』은 그에 대한 해결책 즉 개인적 권능화의 수단으로서의 모성적인 헌신을 그 해결책으로 제시하고 있다. 스토의 노예 어머니들은 그들의 흠 있고 무력한 아이들을 무시하는 것을 거부하여 소설 속에서 노예 제도를 비판하는 것을 뒷받침하고 있는 모든 인간의 보편적, 무조건적 수용의 원칙을 강조한다. 어머니는 예수처럼 아이들의 물질적, 신체적 상황에 상관없이 그 아이들을 똑같이 소중한 것으로 간주한다. 그 어느 속세의 사회적 서열 체계도 존중하지 않는 모성애는 능력이 아니라 필요에 따라 자원을 배분한다. 경시되고 무력한 유형인 이 장애아동들은 수용과 사랑을 불러일으킬 수 있는 능력을 훨씬 초월하는 크기의 수용과 사랑을 필요로 한다. 스토 작품의 장면들에서 어머니-사랑은 내적인 가치가 아니라 신체적 적합성의 개념에 의거해 사람들을 평가하는 사회의 관행을 보완해 준다. 이렇게, 비록 잠시 동안이고 원칙상으로만일지라도, 지배적인, 남성적 시장 도덕에 반대하여 여성화된 이상적 평등의 영역이 모습을 드러낸다. 자유주의적 개인주의의 자율성과 생산성의 정신에 의해 무시된 이 장애아동들과 그들의 헌신적인 어머니들은 이 세 소설이 인간 가치에 대한 대안적인 시각으로 제시하고 있는 배려의 사다리에서 최상층을 차지한다. 이처럼 장애를 지닌 몸은 시장 경제에서는 무가치를 나타내는 징표이고, 도덕경제에서는 궁극적 가치를 나타내는 징표가 된다.[10] 스토의 이름 없는 유아들과 그들과 대응되는 다른 장애 인물들은 좀더 평등한 사회경제적 질서와 인간 중심적인 가치 체계를 요구하고, 신체적 필요를 좀더 충분히 인정해 줄 것을 요구하는 야심 찬 주장에서 감탄 부호 역할을 하는 것이다. 그와 같은 모성적 주체성은 필립 피셔Philip Fisher가 말하는 "대상에 대한 로맨스" the romance of the object, 즉 이전에 인간성을 거부당했던 형상에게 완전한 인간성을 부여하기 위한 내러티브 수단이다.[11] 스토는 이 '로맨스' 로 취약하고 무시당하는 자들을 위한 모성적 헌신이 여성적 자아——스토 본인이 그 지나침을 맹렬히 비난했던 자유주의적 개인을 연상시키는——를 만들어 낸다는 주장을 그녀의 항의의 수사학에 추가하였다. 판단을 잘못하여 장애를 지닌 아기를 위스키와 바꾸려 한 헤일리의 시도는 노예 어머니로부터 맹렬한 공격적 반응을 이끌어 내는데, 이 노예 어머니는 "고양이처럼 목화 더미 위로 올라가 갑판원 중 한 사람으로부터 칼을 빼앗아 들고……잠시 동안 모두를 도망치도록 만들지만", 곧 저항이 소용없다는 것을 깨닫고 아이와 함께 물에 빠져 죽어, 헤일리가 그녀에게 투자한 것을 잃게 한다(『톰 아저씨의 오두막』, p. 125). 일라이자Eliza가 오하이오 강을 건너 해리Harry를 구하고, 그녀를 잡으려는 자들을 피해 달아나서 한 것처럼, 그리고 캐시Cassy가 에멀린Emmeline이 도착한 후 레그리Legree로부터 도망감으로써 한 것처럼, 이 내러티브의 "잠시 동안"에 유순하리라 생각되던 노예는 의지를 굳히고, 그녀를 억압하는 자를 공격하고, 무장하여, 과감하게 자신의 운명을 결정한다. 이 어머니는 노예 상인의 수동적인 노리개에서 독립적인 의지로 충만한 적극적인 형상으로 변하면서, 그녀의 운명을 스스로 정하려는 시도 속에서 잠시나마 외부 세력에 저항한다. 여기서 스토가 암시하는 어머니의 권능화는 우리가 에머슨과 관련짓는 이상화된 자유주의적 자아, 즉 자립적이고, 의지적이고, 신체적 한계의 방해를 받지 않는 자아를 닮은 형상을 만들어 내고 있다. 그러나 이 여성적 자아는 거리 두기 또는 자기 이익을 주장하지 않고 그 대신 그 자아 실현을 위해서 그에 의존하는 대상이 필요하다는 것을 인정한다는 점에서 개인주의적 자아와 다르다.[12] 사실 스토가 노예에게 이 같은 인도적이고 여성화된 형태의 자유주의적 자아를 부여하였다는 것은 그녀의 노예 폐지 주장을 강화해 주고 있다. 노예들이 그런 감정을 가질 수 있기 때문에 사실 완전한 인간이고 따라서 해방될 만한 가치가 있다는 것이다.

스토의 노예 폐지 운동은 그녀가 등장시킨 노예 어머니들에게 인간으로서의 품위와 주체성을 부여하였고 동시에 백인 여성들을 위해서도 그에 필적하는 각본을 마련하였다. 모성적 여성 자선가로서의 백인 여성들과 무시되고 희생된 여성들의 관계는 노예 어머니들과 그들의 위협받는 아이들과의 관계와 같다. 소설에서 스토는 이 같은 패턴을 다양하게 반복 제시하고 있다. 셸비 부인Mrs. Shelby은 톰Tom과 해리Harry를 옹호하고, 버드 부인Mrs. Bird은 쫓기는 일라이자를 보호하고, 레이철 할리데이Rachel Halliday는 일라이자를 돌본다. 그러나 이 같은 방식으로 개인적 권위를 얻는 주요 백인 여성 인물은 천사 같은 에바Eva와 스토의 열정적인 화자이다. 이들의 존재는 이목을 집중시키고 지배하여 소설 전체를 가득 채우고 있다. 노예 여성들은 어머니로서 행하는, 누군가를 인간답게 만드는 역할을 통해 소중하게 여겨지는 자유주의적 개인주의의 특성들을 보여 주는 반면에, 백인 여성들은 폄하된 집단의 구성원들을 향해 모성적인 행동을 보임으로써 품위와 주체성과 자기 결정을 얻게 된다. 스토의 화자와 에바는 위기에 처한 많은 사람들을 위해 일하지만, 나는 에바와 프루 사이의 관계, 그리고 스토의 화자와 헤이거 사이의 관계에 초점을 맞추려 한다. 그 이유는 여기에서 스토가 권능화된 모성적인 여성 자선가와 그런 여성의 대응적 존재인 장애여성 사이의 관계 모형을 제시하였고, 이후에 데이비스와 펠프스가 이 모형을 받아들였기 때문이다. 그러나 우선 이 세 소설에서 모성적 여성 자선가 형상이 어떻게 작동하는지를 살펴보는 것이 중요하다.

모성적인 여성 자선가의 권능화

이 세 소설이 공공연하게 요구하는 사회 개혁의 뒤에는 여주인공들과 화자들과 독자들을 위한 반공공의semi-public, 사회적·도덕적으로 권능화된 역할을 만들어 내는 무언의 과제가 자리 잡고 있다. 자선적이며 모성적인 백인 개혁가라는 지위는 19세기에 사적 영역과 공적 영역이 점점 분리되면서 경제적 생산과 지위에서 배제된 중산층 여성들을 위한 새로운 사회적 지위였다.[13] 젠더 때문에 자유주의적 개인의 지위에서 배제된 중산층 여성들은 점점 가정 공간을 주변화하는 세상에 그들의 일이 가정성을 부과하는 데에서 발생하는 긴장을 성공적으로 처리하면서 공적인 생활로 진입하기 위해 이 사회 개혁가의 역할을 발전시켰다.[14] 여성의 전통적인 양육과 정서적 의무로부터 나오고 기독교적 윤리를 전용하는 자선적 모성주의는 타자들의 필요와 고통에 초점을 맞추고 공공연하게 그들을 옹호함으로써 덕목과 적법성을 획득하였다. 세 소설의 화자들은 전통적인 노블레스 오블리주, 모성애, 자매 간의 유대, 천년왕국설적인 낙관주의,[15] 복음 전파의 열정, 가부장제도에 대한 저항과 개인적 구원을 혼합해 놓은 여성적인 자유주의적 정체성에 대해 말하고, 중산층 백인 여주인공들은 그것을 행동으로 옮긴다. 경제적·정치적 영역으로부터 소외된 이 가정적인 여성 작가들은 낸시 코트Nancy Cott가 말한 "여성의 가정적인 일의 수사학적 확대"를 굳게 하고 전파하였다.[16] 중산층 여성들은 공공 세계와 그 안에서의 자신들의 이미지를 개조하려는 노력을 하면서, 그들의 영향력을 가정으로부터 인도주의적 사업의 세속적 영역으로 확장시키려 하였던 것이다.

인종과 사회계급에 의해 수혜자와 분리된 모성적인 여성 자선사업가의 역할은 19세기 중산층 여성들을 위하여 여전히 가정성 이념의 주요 신조에 순응하면서 동시에 자유주의적 개인의 특성을 다수 지닌 여성적 자아를 만들어 낼 수 있었다. 모성적인 자선은 여성 정체성이 자기부정을 토대로 하여야 한다는 가정성의 명령을 충족시킨다. 자신들을 위한 사회적 지위나 권력을 추구할 수 없었던 중산층 여성들은 오로지 다른 사람들과 동일시하고, 다른 사람들을 양육하고, 다른 사람들을 위해 일함으로써 일종의 자유주의적 자아 형태를 주장할 수 있을 뿐이었다. 여성에게 자기를 포기할 것을 요구하는 가정성에 순응하는 것이 모성적 자선이라면, 그것은 또한 스스로 결정하고, 자기 향상을 꾀하는 기업적 형상에 근접하는 자아의 개념에 기대는 것이기도 하다.[17] 그런 전략은 모성적 여성 자선가가 자신이 타인들의 문제에 책임을 지고 그 문제들을 완화시킬 수 있고, 시공간적으로 다양한 개인적 상상력과 의지를 이용하여 세상을 조각하고 정복할 수 있는 것처럼 상상할 수 있도록 해준다. 그러나 자본주의가 노동 및 자원과 관련하여 개인 사이의 계약적 관계를 토대로 한 시장경제를 상정하고 있는 반면에, 자선은 기독교에 내재된 인간적 동정심의 담보를 토대로 하는, 계약적 의무라는 도덕적 경제를 상정한다. 따라서 모성적 자선은 자신이, 신과 동료 인간과 한 자신의 약속이, 그리고 혁신적 행동을 할 수 있는 자신의 능력이 일상적인 필요와 친족 관계를 초월하고 있다고 보는 여성이 맺은 사회적 계약에 해당한다. 이처럼 자선사업을 하는 부인은 진정한 여성성에 필수적인 감정적 연결과 자기 희생의 겉모습을 유지할 수 있는 자유주의적 여성 자아를 확보한 것이다.

소설의 장애여성들은 그들을 구해 주는 사람들을 행동하게 만들 뿐만 아니라 자선하는 여성이 한정적인 가정으로부터 공적 영역으로 진출할 수 있도록 힘을 실어 준다. 진정한 여성성은 구원하는 기독교적 사랑을 발산하는 도덕적 본보기가 될 가능성을 여성들에게 부여하였고, 동시에 그들이 치료법을 갖고 있는 바로 그 타락으로부터 그들을 보호해 주는 오두막집에 그들을 들여 놓았다. 세 소설은 각 장애여성을 19세기 장애인들이 주로 머물던 가정에 위치시키지 않고 이 세 소설이 비판한 남성적 제도 내의 위험에 직면하도록 한다.[18] 스토는 헤이거를 경매대에 올려놓고 프루가 잔인한 주인의 채찍질을 당하도록 하였고, 데이비스는 가난하고 순진하며 어머니를 잃은 데브를 제철소에 홀로 남도록 하였으며, 펠프스는 어머니를 잃은 캐티가 섬유 공장 마을의 거리를 헤매게 하였다. 이런 인물들을 위기에 처한 아이들과 할머니로 제시하는 것은 공적인 영역에서의 중재가 필요하도록 하며, 여성 독자들로 하여금 어머니나 성인이 된 딸로서 이 위험에 처한 여성들에게 반응하도록 한다. 이처럼 장애 형상들은 중산층 여성들이 어머니로서의 역할 내에 머물면서 동시에 한적한 가정으로부터 나오는 것을 정당화하였다.

모성적 자선의 도덕적-사회적 계약은 도움을 주는 사람에 의존하는 수혜자를 필요로 하는데, 노동과 사회에 맞지 않는 것으로 간주된 장애 형상이 바로 이 각본에 정확히 들어맞는 것이다. 이 장애 인물들은 독자의 동정심을 불러일으키고 그 독자로 하여금 고통받는, 취약한 남을 위해 "호랑이처럼" 싸울 것을, 사회 변화를 위해 일하고 가정적 역할 속에서 자유주의적 자아를 확보할 것을 주문한다. 아이와 어머니 사이의 평등하지 않은 권력 관계를 되풀이하고 있는 장애여성과 그들을 위해 일하는 모성적 여성 자선가들 사이의 연결 관계는 함께하고 있는 젠더에 의해 공고해지지만, 인종과 사회계급 차이로 인해 균형이 깨진다. 스토의 에바, 데이비스의 퀘이커교 여성, 그리고 펠프스의 펄리Perley 같은 자선적이고 모성적인 백인 형상들은 장애, 검은 피부색, 하층 계급으로 인해 의존하게 된 타자와의 관계를 통하여 자유, 독립과 자기 결정을 성취하게 된다. 즉 에바에게는 프루가 있고, 펄리에게는 캐티가 있으며, 퀘이커교 여성에게는 데브가 있고, 소설의 화자들에게는 헤이거, 프루와 데브가 있다. 그리고 독자에게는 이들 모두가 있는 것이다.[19]

이 여성적인 자유주의적 자아가 힘을 얻는 것은 남성과의 관계에서 여성이 전통적으로 차지해 온 위치를 이 공민권을 박탈당한, 취약한 장애 형상들이 차지하도록 강요받고 있기 때문이다. 물론 차이도 있다. 여성적인 자유주의적 자아는 다른 사람에게 의존하는 것을 수용하고, 그것을 동정과 동일시라는 이름으로 부르는 반면에, 남성적인 자유주의적 자아는 자율을 주장하고, 여성의 도움을 거절하고, 남성성을 제공하는 경계를 분명하게 규정할 것을 요구한다. 그럼에도 불구하고 동정적이고, 주변화된 장애 형상들의 존재는 남성적 자유주의적 자아, 모성적 백인 여성 자선가, 그리고 흑인 또는 하층 장애여성 사이에 삼각관계를 만든다. 이 세 소설에 매우 중요한 젠더 대립이라는 구도에서 제3 용어로서 존재하는 장애 형상은 모성적 여성 자선가에게 더 권능화되고 명망 있는 자아를 형성할 수 있는 또 다른 사회 관계를 제공하여 그녀가 백인 남성에 종속된 지위에서 일부 벗어날 수 있도록 한다.[20] 이러한 담론적 관계는 따라서 가부장적 이념과 산업 자본주의가 여성에게 주기를 거부했던 자유주의적 개인의 지위를 백인 여성이 일부 얻을 수 있는 방법을 확보해 주었다. 에머슨의 '이상적인 남성'과 마찬가지로 열등한 사람의 존재에 의해 정당화된 여성 자선가는 장애여성의 수동성, 주변화와 취약성에 의해 확보된 주체성, 지위와 무적의 느낌을 얻었다.

몸으로부터 도피하는 자선적 모성주의 : 『톰 아저씨의 오두막』

비하되었건 이상화되었건 여성의 몸은 이 권능화와 주체성에 관한 소설의 배경이 되고 있다. 스토의 모성적인 백인 여성 자선가들이 장애여성들과의 관계에서 얻는 미덕은 노예 어머니에 의해서는 완전히 성취된 적이 없는 이상화된, 천상의 아름다움과 초월적 권위를 통해 그 모습을 드러내고 있다. 어머니 같은 헌신을 통한 자기 희생처럼 보이는 것은 스토의 모성적 여주인공 모두를 그들의 정의로움 속에서 아름답게 보이도록 하지만, 에바보다 더 눈부시게 빛나는 자선적 형상은 없다.[21] "완벽한 어린아이 같은 아름다움"을 지닌 에바의 죽어 가고 있는 몸은 이상하게 무형의 몸으로, 사실 천사로 묘사되고 있다. "귀여운 아가씨"의 본보기인 그녀는 "구름 같은 걸음걸이", "자신만만한 모습", 그리고 "환상적인 금발머리"를 하고 있어, 이것들이 "아름다운 에바"를 "죄인을 잡기 위해 몸을 굽힌 빛나는 천사의 그림"으로 만들고 있다(『톰 아저씨의 오두막』, pp. 230~232, 263, 410). 에바는 "항상 하얀 옷을 입고 있을" 뿐만 아니라, 그녀의 영향력이 다른 사람들에게 확장되어 가고 그녀가 죽어 천사 같은 이상화된 인물로 변해 가면서, 그녀를 자선의 특권적이고 아름다운 백색의 순수함과 연결시키는 일은 더욱더 강화된다. 에바는 그 누구보다도 좋은 어머니이며 모성적 헌신의 절정을 이루고, 실로 프루와 톰의 육체적 고통을 덜어 주고 탑시Topsy가 이교異敎로부터 전환할 수 있도록 자신을 희생하며, 그 과정에서 환희를 느끼고 몸으로부터 해방된다. 톰과 탑시가 에바의 구원적 사랑을 불러일으키는 반면에, 프루의 육체적 고통과 취약성에 대한 끔찍한 이야기는 에바의 얼굴을 "창백하게 만들며, 짙은, 진심 어린 그림자가 그녀의 눈을 스쳐 가며", 그녀의 "천사 같은 모습 아래" 인상적인, 하얀 천으로 감긴 임종의 모습에서 완성되는 황홀한 백색을 강조한다(『톰 아저씨의 오두막』, pp. 325, 429).

에바의 점차 이상화되어 가는, 천상의 아름다움의 정반대는 프루의 피할 수 없는 끔찍한 육체이다. "투덜대고", "얼굴을 찡그리고", "퉁명스러운" 태도가 "난 못생겼소, 난 사악해요"라는 스스로의 믿음을 확인해 주는 프루는 "가난하고 늙고 소란 피우는 생물로", 보는 이의 가슴을 아프게 할 만큼 아이의 죽음을 슬퍼하는, 자주 학대당한, 자살 성향이 있는 주정뱅이이다(『톰 아저씨의 오두막』, pp. 319~323). 프루의 몸은 그녀가 도망칠 수 없는 골칫거리이다. 그녀의 몸은 그녀가 희생되도록 하는 매개체로서, 그녀가 보호할 수 없는 아이를 생산하고, 술주정의 도구가 되며, 일을 제대로 못하게 하며, 결국 주인으로 하여금 그녀를 때려죽이도록 만든다. 일라이자, 캐시, 그리고 헤일리와 막스의 이름 없는 노예들처럼 장애인이 아닌 노예 어머니들은 인간적인 모습으로 그려지고, 어머니의 역할을 통해 자기 결정을 얻게 되지만, 프루와 헤이거의 끔찍한 운명은 가부장적인 노예 제도하에서 어머니가 되는 것이 장애여성들을 얼마나 취약하게 만드는지를 보여 준다.

스토가 그려 내고 있는 자선적 모성주의의 탈체화된 화자는 헤이거를 남성에 의한 정복에 직면한 여성의 무력함의 비극적 축소판으로 독자에게 제시하고 있다. "시력을 일부 상실하고, 류머티즘으로 다리를 약간 저는" 헤이거는 사람들의 명령에 "손을 떨고", "대단히 두려워하고", "흐느끼면서" 응한다(『톰 아저씨의 오두막』, pp. 194~195, 197). 더 이상 일을 할 수 없게 되자 다 자란 아들과 분리되어 경매대에 선 헤이거는 "불쌍한 희생자", "절망하는 늙은 어미, 그녀의 고통은 보기에도 딱한" 인물이며, 그녀의 장애는 그녀의 무능력과 패배를 요약해 보여 준다(『톰 아저씨의 오두막』, p. 197). 프루와 헤이거 둘 다 자신들의 신체적 상태로 인해 희생물이 되며, 이들이 보내는 불편한 경고는 이들이 소개된 후 불과 몇 쪽 뒤에 스토에 의해 불안한 듯 철회되어 버린다.

『톰 아저씨의 오두막』에서 장애를 가진 노예 어머니들의 짧은 그러나 수사적으로 중요한 등장은 가정과 어머니 역할이 세속적이고 경제적인 추구에 의해 타락해 버린 세상을 구제할 수 있다는 스토의 선언을 약화시키는 대항 내러티브를 형성한다. 어머니가 되는 것은 프루와 헤이거를 인간답게 만들어 주는 과정에서 그들을 자유롭게 하지 않고 오히려 그 애착과 감정의 포로가 되게 한다. 이 인물들의 장애는 정확하게 모성적인 여주인공들이 간신히 탈출할 수 있었던 것, 즉 자기 결정 뒤에 있는 의지를 약화시키는 신체적 취약성을 나타낸다. 일라이자는 기적적으로 얼어붙은 오하이오 강을 건너지만, 헤이거의 손떨림, 울음과 애원은 아무 쓸모가 없다. 그리고 변명의 여지는 있지만 프루의 음주는 그녀를 망가뜨릴 뿐이다. 스토는 독자들이 헤이거와 프루의 운명에 잠시

상심하고 경계하도록 만들지만, 곧바로 이들의 무력한 상태를 넘어 일라이자와 캐시의 고무적인 영웅적 행동으로 옮겨 간다. 이 불굴의 모성적 백인 여성 자선가들과 장애인이 아닌 노예 어머니들은 그들 운명의 주인이 되었지만, 장애 형상들은 몸의 취약성을 통제하고 중화시킬 수 있는 주체성을 갖고 있지 않다. 통제할 수 없는 세력에 둘러싸인 헤이거와 프루는, 모성적 자선에 필수적인 자유주의적 자아의 두 특징인, 저항하려는 의지와 현재가 미래에 대해 갖는 영향을 예견하는 능력이 결여되어 있다. 장애여성들의 무능하고 무기력한 몸은 자주적인 의지를 행하는 중립적인 도구가 아니라 남성적으로 간주되는 냉혹한 운명 또는 거역할 수 없는 세력의 지배를 받는 장애물로 작동한다. 프루와 헤이거, 그리고 뒤에 데브와 캐티가 자신을 위하여 행동하게 한다면, 내러티브가 제시하는 강력한 모성적 자선과 남성적 시장경제적 관례들 사이의 힘 겨룸의 틀이 무너질 것이다. 그들의 물질적·심리적 빈곤을 정당화하는 동시에 강화하는 그들의 취약성은 이 세 소설이 독자에게 불어넣으려 한 자선적 모성주의를 수사학적으로 작동시키고 있는 것이다.

부담으로서의 여성의 몸

에바와 프루의 극단적인 대조가 암시하고 있듯이, 여성의 몸은 이 세 소설에서 많은 불안을 불러일으킨다. 스토의 동정심을 자아내는 그러나 곧 지워지는 장애를 가진 노예 어머니들을 제시하는 것으로부터, 혐오스럽기는 하지만 감정을 자극하는 데브와 짐승 같고 한심한 캐티를 제시하는 것으로 이동하는 것은 여성의 몸과 자선적 모성주의의 각본에 대한 점점 커져 가는 불안감을 시사한다. 어떤 의미에서 여성의 몸은 항상 부담으로 표현되어 왔지만, 이런 상황은 19세기 중반에 이르러 새로운 역할을 받아들이도록 요구받고, 거다 러너Gerda Lerner가 말하는 중산층의 "숙녀 숭배"를 창조해 낸 제도들에 의해 문화적으로 제약을 받은 중산층 여성과 관련하여 특히 그러했다.[22] 산업 자본주의의 대두, 중산층의 출현, 사적 영역과 공적 영역을 구분하는 생각, 일의 전문화, 점증하는 과학-의학적 시각의 주도권 장악, 그리고 소비주의의 확대가 어우러져 중산층 백인 여성의 몸은 한가롭고, 연약하고, 아름다워야 한다고 요구하는 여성성의 이념을 생산해 냈다.[23] 이 각각의 문화적 발전은 최근에 새롭게 모습이 형성된 중산층 여성의 몸에서 그 이념적인 현장을 찾았다. 예를 들면, 공장, 저임금 작업장, 그리고 도급일의 선대 제도가 주요 생산 현장이었던 독립적인 가정을 대신하게 되면서, 이처럼 변형된 시장경제에서 배제된 중산층 여성들은 장식품과 소비자, 그들의 남편과 아버지가 땀 흘려 성취하려고 하는 지위의 표시물이 되었다. 일터로부터의 추방, 소비하라는 명령과 외모에의 집착이 결국 연약하고 한가로운 아름다움이란 기준을 만들어 냈다. 이 기준은 여성성 자체를 병적인 현상으로 다루었다. 뿐만 아니라, 출산 이외의 교육, 일, 창의성 같은 것들이 육체적으로 위험하고 여성다움을 파괴한다고 선언함으로써 중산층의 가정성에 대한 제약을 강화하기도 한 권위 있는 과학-의학 담론에 의해 감시되었다. 이와 같은 사회경제적 요구와 권력 관계가 실로 중산층 여성들의 몸에 새겨지면서, 여성들은 이상적인 여성의 몸이 따뜻한 어머니, 일하는 사람으로부터, 섬세하고 비싸고 나태한, 출산에나 겨우 어울리는 장식품으로 변해 감에 따라 자신들의 취약성에 대해 커지는 불안감과 싸워야만 했을 것이다.[24]

물론 많은 여성들이 반발하였다. 이 문제를 정확하게 여성의 몸에 위치시킨 스토는 이상화된 그러나 사라진 가정적 생산성의 형상, 그리고 쓸모 있는 육체적 노동에 맞지 않는 현재의 폄하된 후계자 사이의 분명한 대조를 그려 보임으로써 반응하였다. 1864년에 쓴 에세이에서 스토는 "연약한, 쉽게 피곤해하는, 힘없는 현대 소녀들"을 한탄하면서, "빨래하고, 다림질하고, 국 끓이고, 빵 굽고, 말에 마구를 채워 타고 다닐" 뿐만 아니라, "볏짚을 꼬고, 수놓고, 그림 그리고, 수없이 많은 책을 읽었던", "옛날의 강하고, 단단하며, 명랑한 소녀들"을 향수에 젖어 회상하였다.[25] 스토와 여성의 일에 근거한 가정성을 옹호한 그녀의 동료들에게 있어서, 중산층 여성을 생산적인 행동으로부터 추방시키는 것은 여성 체화에 대한 방어적이고 절망적인 비전을 만들어 냈다. 중산층 여성의 몸을 생산적인 도구가 아니라 근본적으로 장식용품으로 만드는 경제적 변화에 대한 불안이 이들 작가들과 많은 동시대인들이 겪은 주기적인 신경 쇠약, 신경계 이상, 만성적인 병치레에 기여하였을 수도 있다.[26] 펠프스의 예는 제한되고 가정적인 역할에 동화된 여성이 야망을 가졌을 때에 만들어질 수도 있는 정신분열증적 반응을 잘 보여 준다. 펠프스는 1886년 잡지 『하퍼스』*Harpers*에 실은 에세이에서 "여성은 남편과 아버지가 전쟁터에 나가 있는 동안, 누군가에 의해 보살펴져야 하고, 누군가에 의존하고, 누군가 그녀를 위해 땀을 흘려야 하고, 장밋빛 인생 가운데 놀도록 만들어졌다는 생각은 극도로 모멸적이다"라고 주장하였다. 그리고 『침묵의 동반자』를 집필한 후 5년간 병을 앓았는데, 그 병은 어쩌면 그녀의 아버지의 반대와 반反여성주의에 대한 반발이었을지도 모르는 것이다.[27]

일과 미덕을 동일시하는 사회에서 생활비를 버는 일로부터 배제당하는 것은 대단히 비참한 일이다. 의미 있는 생산의 밖에 있기 때문에

"누군가에 의해 보살펴져야 하는" "모멸적인" 위치에 있는 "연약한" 여성의 이미지가 바로 이 세 소설에 등장하는 장애 형상들과 중산층 여성들의 이미지이다. 내러티브상으로 세 소설은 다름의 간극 너머로 동정의 손길을 장애 형상들에게 내밀지만, "의존하고" "폄하된" 헤이거, 프루, 데브 그리고 캐티와 이들의 중산층 자매들 사이의 실제적인 구분은 소설의 작가들이나 독자들에게 그리 명확했던 것 같지가 않다. 중산층 여성들은 변화하는 시장에서 쓸모가 없어 쫓겨나고, 의존적이고 연약한 것으로 묘사되고, 그들의 자궁으로 인해 희생자로 간주되고, 제도적 정복에 굴복하기 쉽고, 점점 더 쓸모 없는 것으로 여겨지는 몸을 소유하고 있어 신체적 장애를 지닌 사람들과 비슷한 위치에 놓여 있었다.[28]

이러한 여성성의 문화적 모형은 스토, 데이비스와 펠프스같이 논리 정연하고, 열정적이고, 야심찬 여성들이 타도하려고 애를 쓰던 것이었다. 장애여성과 비슷한 위치에 놓여 있다는 사실은, 강렬한 연민과 강력한 위험을 생산하는데, 이는 모성적 여성 자선가와 그 수혜자인 장애인 사이에 재현상 관계가 단절되는 것에서 절정에 이른, 불편한 양면적 감정을 만들어 낸 것이다. 그 묘사에 있어서 이 두 집단은 점점 더 갈라지는데, 여성적 체화의 내러티브에서 장애여성들은 훈계의 이야기를 제공하는 반면에 장애인이 아닌 여성들은 여성성의 극치를 의미하는 양극을 나타내었다. 19세기 미국에서 여성이 되는 일의 위험과 가능성에 대해 독자들을 가르치기 위하여, 이 세 소설은 여성들을 위한 두 개의 각본——하나는 장애인을 위한 것 그리고 다른 하나는 비장애인을 위한 각본——을 제시하였는데, 이는 스토에서 시작하여 데이비스와 펠프스에서 더욱 깊이 있게 되었다. 모성적인 여성 자선가들이 목소리, 자기 결정과 주체성으로 권능화되는 반면에, 취약한 형상들은 자신들의 몸의 한계에 얽혀 내러티브의 주변에서 고통받았다. 이 세 소설은 육체적 무기력과 희생을 상기시키는 자들을 연민으로 수용하는 동시에 두려움으로 물리쳤다. 이 장애여성들은 소설의 작가들이 감히 완전하게 인정하지 못한 점증하는 여성적 취약감의 담론적 피뢰침이 된 것이다. 그들의 그늘진 끔찍한 운명은 모성적 자선가가 도망친 여성 예속과 신체적 부담에 대한 무언의 대항 내러티브를 형성하였다.

여성 체화를 위한 두 대립되는 각본 : 『제철소에서의 삶』

이러한 개혁의 내러티브가 발전하면서, 장애 형상들은 점진적으로 더욱 두드러지고 더욱 폄하된 반면에 무성적 여성 자선가들은 더욱 이상화되고 탈체화되었다. 데이비스와 펠프스는 자선적 모성주의를 동원하기 위하여 장애 형상에 대한 스토의 수사학적 이용을 확장하고 심화하면서, 데브 울프와 캐티 가스의 이야기 속에서 여성의 취약성에 대한 충고성의 이야기를 심화시켰다. 데브와 캐티의 유표된 몸은 효과를 발휘할 수 없는 의지를 폄하시키는 도구로서의 기능을 하고, 그들을 절망적인 상황으로 몰아넣는 부담으로서의 기능을 한다. 정확하게 자유주의적 개인주의가 인정하기를 거부하는 가능성, 즉 몸이 자아의 발전을 실행하지 않고 오히려 방해할 수 있는 가능성을 장애여성들이 나타내는 것이다. 이와는 대조적으로 모성적 여성 자선가들 즉 데이비스가 그려내는 죄의식에 고통받는 화자와 선녀 같은 퀘이커교 여성, 그리고 펠프스가 그려 내는 이상화된, 아름다운 켈소Kelso는 장애 형상들을 위험에 빠뜨리는 취약성으로부터 자유롭다.

　『제철소에서의 삶』은 동정심이 드는 그러나 초라하고 서툰 꼽추 데브 울프의 취약한 몸을 중심으로 여성성을 재현함으로써 희생자를 강조하기 위해 여주인공에 초점을 맞춘 스토의 방법을 거꾸로 하였다. 데이비스는 스토가 그려 낸 남부 인종 서열 체계를 북부의 사회계급 차별화에 대한 관심으로 바꾸었고, 그녀의 비교적 덜 열렬한 자선적 모성주의의 화자는 도덕적 질서를 부여하기 위하여 가정성의 실패를 폭로한다.[29] 스토의 세계에서는 가정이 구원의 장소로서 지속된 반면에 데이비스는 확실하게 산업 자본주의가 어떻게 노동자 계급 가족을 죽이는 사회계급 제도를 통해 백인들을 나누어 배치하는지, 어떻게 개인적 성취감을 눌러 버리고 가정 생활을 하찮은 것으로 만들었는지를 지적하였다. 스토가 이상화된 가족의 황량한 잔존물로 그려 낸 울프 가족은 무기력한 고통과 비참함의 굴속에서 연명하고 있다. 어머니가 없는 데브는 스토의 작품에 등장하는 장애를 지닌 멸시받는 아이들 중 하나이며, 성장한 이후 헤이거와 프루처럼 내쫓기고, 억압자들 앞에서 방어할 능력을 갖고 있지 않다. 데브는 돌보는 사람으로서 살고 있지만, 스토의 노예들에게 있어 존엄과 동일시와 동정의 전달 매체인 어머니 노릇을 거부당한다. 가정적인 해결을 제시하기보다는 문화적 비판을 수행하는 『제철소에서의 삶』은 제철소와 교도소에 초점을 맞추고 모성적 여성 자선가들이 나오는 중산층 가정과 퀘이커교 공동체를 지워 버린다.

스토가 이상화된 에바에 집중한 반면에 데이비스는 소설에서 유일하게 긍정적인 힘이 부여된 여성 자선가들을 잘 보이지 않게 만들고 있다. 육체적 고통에 대한 생생한 묘사가 넘쳐나는 비참한 제철소 노동자들과 비교할 때 소설의 화자와 퀘이커교 여성 둘 다 확연히 미미하다. 스토의 화자처럼 데이비스의 화자도 확실하게 여성인 것은 아니다. 그러나 두 화자의 어조는 여성인 것처럼 여성의 자선에 맞추어져 있다. 화자는 자극적인 묘사와 선동적인 판단으로 독자들의 반응을 형성하지만, 자신에 대해서는, 특히 자신의 몸의 세부 사항에 대해서는 거의 아무것도 밝히지 않는다. 우리는 그저 화자가 공동체로부터 떨어져 있으면서 노동자들의 "북적거리고, 불쾌하고, 비열한 삶" 위에 있는 창문을 통하여 이야기를 하고 있는 듯 보이지만 어려서부터 그 공동체를 알고 있었다는 것만 알게 된다(『제철소에서의 삶』, p. 13). 한 작가에 대한 이야기 ─ 휴Hugh가 선철 찌꺼기로 만든 여인상이 죄 지은 듯 "커텐 뒤에 숨겨진 채" 그의 서재에 놓여 있는 ─ 로 밝혀진 "가난한 웰시 출신 연철공"에 대한 무시무시한 이야기 속으로 우리를 안내하는 존재는 마지막이 되어서야 드러난다(『제철소에서의 삶』, p. 64). 전체 인물 묘사가 "나는 연다", "나는 감지할 수 있다", "나는 원한다", "나는 택한다", "나는 감히 하려 한다", 그리고 가장 중요한 "나는 글을 쓴다"와 같이 의지적인 행동으로 되어 있는 중산층이고 아마도 백인인 작가와, (이 소설의 작가) 데이비드가 솔직하게 묘사하는 "연무, 진창과 악취"에 빠져 있는 비참하고 타락한 몸을 가지고 있는 제철소 노동자들 사이에는 거대한 수사적인 차이가 있다(『제철소에서의 삶』, pp. 11~14).

데브의 형기가 끝날 무렵, 이름이 주어지지 않은 퀘이커교 여성이 화자만큼이나 효과적이고, 화자보다 더 체화되어 등장한다. 자신과 비극적 상황을 완전히 장악하고 있는, 이 "강한 팔"과 "강한 심장"을 지닌 "회색과 흰색의 허름한 옷을 입고 있는 몸"이 데브를 구하고, 휴의 시체를 숲 속의 적절한 매장지로 옮기기 위해 나타난다(『제철소에서의 삶』, pp. 62~63). 스토의 레이철 할리데이와 너무도 비슷한 이 이상화된 퀘이커교 여성에게는 몸과 의지 사이에 불협화음이 존재하지 않는다. 그녀의 몸은 효율적으로 그리고 능숙하게 기능을 발휘해 도착해서 아무런 방해도 받지 않고 휴의 시체를 씻기고 끌어 가 묻고 나서 데브를 구하는 일을 시작한다(『제철소에서의 삶』, p. 64). 항상 타인에게 봉사하는, 하지만 자신과 자신의 몸과 자신의 행동의 결과에 대해서는 스스로 책임지는 이 여성은 데브의 반대 즉 여성 체화의 부담으로부터 자유로운 자유주의적 여성 자아이다.

대조적으로 데브는 자유 의지를 꺾거나 심지어 왜곡하고 욕망의 성취를 방해하는 몸에 매여 있다. 그녀가 속해 있는 사회계급의 전형적인 유형인 데브는 제철소의 비참한 삶을 육체로 구현한 자이다(『제철소에서의 삶』, p. 21). 예술적 헌신이 그의 신체적 제약을 보완한 휴가 타락한 모습인 데브는 의지를 방해하는 구원받지 못한, 종속된 몸을 상징하고 있다. 휴의 "더 훌륭한 본성"은 그의 "아름답고 순수한 것을 향한 열정" 때문에 더럽히지 않은 반면에, 운명과 사회의 냉대에 의해 망가진 몸으로 축소된 데브는 "축 처진 더러운 걸레처럼⋯⋯비참한 그리고 절망적인 불편함의 장면을 완성하기에 안성맞춤인 인물"이다(『제철소에서의 삶』, pp. 21~23). 잔인한 노예 주인들이 프루와 헤이거를 좌절시키는 반면에 데브의 몸은 그 자체가 그녀의 주요 억압자이고, 그녀를 정의하는 특징이고, 휴와 화자에게 제철소 노동자들의 추하고, 혐오스럽고, 노동자들의 삶을 제한하는 모든 것을 요약해 보여 주는 것이다. "경비견", 충실한 "스패니얼 개"와 같은 묘사는 데브를 주인의 지배를 받아야 하는, 지저분한 본능을 가진, 그리고 적대적인 환경의 처분에 따라야만 하는 동물로 격하시키고 있다(『제철소에서의 삶』, pp. 61, 23).

이야기 전체를 통하여 데브의 유일한 동기는 휴를 사랑하고 그의 사랑을 받는 것이지만, 휴는 "그녀의 기형에 대한 혐오감으로 역겨움을 느끼고", 데브는 나머지 모든 사람들에게 한심한 존재이다(『제철소에서의 삶』, p. 23). 휴의 사랑을 얻으려는 데브의 노력은 거절당하고, 그녀는 불쌍히 여겨지는데, 이는 19세기 여성 자아에 궁극적인 위협을 나타낸다. 그녀는 권력과 지위로 이어 주는 도관인 남성에게 여성이 부착되는 것을 막는 몸인 것이다. 남성의 시선에서 볼 때 역겹게 느껴지는 데브의 사면초가에 몰린 몸은 남성의 선택에 의해 승인되고 실현되는 몸에 가정적 자아가 위태롭게 의존하고 있음을 증명해 보이고 있다. 이보다 더 놀라운 것은 데브가 유일하게 과감히 주체성을 실행하는 순간인 자기 희생이, 즉 휴를 위해 미첼의 돈을 훔치는 전형적으로 여성적인 행동이 아이러니하게 휴를 구하지도 기쁘게 하지도 못하고 오히려 그를 죽음으로 내몬다는 것이다. 따라서 데브는 여성의 몸이 할 수 있는 최악의 배반, 여성의 몸이 모든 욕망과 필요의 실현을 막는다는 것에 대해 경고하고 있는 것이다. 여성의 것으로 여겨지는 모든 취약성, 일탈, 배제와 무력을 나타내는 형상인 데브는 그녀의 "실패한 여성의 형태"에 의해 그리고 그 때문에 희생자가 되며, 동정이 가는 동시에 괴물 같고, 결국은 퀘이커교의 천국에 의해 권능화되는 것이 아니라 그곳에서 억제된다(『제철소에서의 삶』, p. 21). 따라서 이 짧막한 소설은 데브를 통해 스토가 진행했던 과정, 즉 여성의 취약성을 표시하는 장애 형상을, 극복할 수 없는 신체적 다름의 내러티브 공간 속에 넣어 막아 버리고, 여성의 몸이 주체성과 의지에 가하는 제약에 대한 점증하는 경계심으로부터 모성적 여성 자선가를 자유롭게 하는 과정을 계속했던 것이다.[30]

데이비스와 펠프스는 미와 추를 여성의 덕목의 두 반대되는 기표로서 더 강력하게 제시하였다. 스토의 경우 이 이분법은 인종 경계를 따랐지만, 데이비스와 펠프스의 경우에는 신체적 외모의 다름이 사회계급의 차이를 반영하였다. 스토는 프루와 헤이거, 일라이자와 레이철 사이의 생리학적 차이를 고르게 하기 위하여 어머니로서의 경험을 이용한 반면에, 데이비스와 펠프스는 아름다움을 사회적 지위에 연계시킴으로써 어머니 역할을 지워 버리고 그들이 제시한 여성들을 차별화하였다. 스토로부터 데이비스와 펠프스가 분리되는 한 세대 동안 여성들 사이의 사회계급적 구별은 계속 굳어졌고, 산업과 이념으로서의 여성의 아름다움은 더욱 심화되었다.[31] 19세기 중반에 이르러 중산층 여성과 하층 여성들이 동일하게 주변화되고 선거권을 박탈당하였다는 사실을 제외하고는 이 두 집단의 생활 양식은 매우 달랐다.[32] 이 차이가 노동자 계급 여성들보다는 중산층 여성들이 더 쉽게 구할 수 있었던 상품인 아름다움에 의해 제시되었다. 예를 들면, 데이비스의 모성적인 여성 자선가들이 아름답다고 생각하기에는 육체적으로 너무나 모호하지만, 소설은 집요하게 제철소 노동자들의 추함을 강조하고 있다. 노동자 계급의 기괴함의 극치를 보여 주는 '기형인' 데브는 역겨운 주정뱅이 올드 울프 Old Wolfe보다 "훨씬 더 무시무시하고, 입술은 더 시퍼렇고, 눈에는 더 많은 눈물이 그렁거린다"(『제철소에서의 삶』, pp. 16~17). 따라서 헤이거는 단지 "손이 떨릴" 뿐이고 "보기에 딱할" 뿐이지만, "약하고 축 늘어진 불쌍한 자"인 데브의 추함은 신체적 열등함의 표시이고 산물일 뿐만 아니라 사회계급 차이의 표시이고 산물이기도 하다(『톰 아저씨의 오두막』, p. 197; 『제철소에서의 삶』, p. 17).

데이비스가 그려 내는 제이니Janey 또한 신체적 미와 여성의 가치, 미덕과 권력을 동일시하는 이 같은 경제 내에서 중요한 부분을 차지한다.[33] 제이니의 아름다움은 데브를 그렇게나 추하게 만든 제철소 생활에 의해 퇴색되기는 했지만, "진한 파란색 눈과 나긋나긋한 몸매"를 통해 충분히 전해져, 휴는 혐오스러운 데브 대신에 그녀를 사랑하게 된다

(『제철소에서의 삶』, p. 23). 데브는 휴가 제이니의 연약하고 퇴색하는 아름다움을 사랑한다는 것을 인식하는데, 이는 소설의 화자가 독자로 하여금 사회계급적 차이에도 불구하고 데브와 동일시하도록 권하기 위해 이용하는 '질투'를 데브에게 심어 준 것이다. "당신의 집이나 마음보다 내가 당신을 데리고 가는 이곳에서의 고통과 질투가 덜 맹렬한 현실인가?……내 생각에 음은 같은데 한 음계 높든 낮든 간에"라고 자선적인 화자가 퍼붓는다(『제철소에서의 삶』, p. 23). 여성이 성취와 지위를 위해 남성의 인정에 의존하는 것에 대한 이 언급은 '추한' 여성의 몸은 데이비스가 제철소에서 일하는 여성들과 중산층 여성 사이에 세운 벽 뒤로 안전하게 격리시킬 수 없음을 암시한다. 여성의 몸에 부과된 가치 체계로서의 신체적 아름다움과 그것이 사회계급 차이와 갖는 관계의 도입으로 자선적 모성은 더욱 취약해지고, 따라서 장애 형상과 그녀에게 자선을 베푸는 여성 사이의 불안한 대립을 통해 자선적 모성은 반복적으로 강화되어야만 하는 것이다.

아름다운, 탈체화된 여주인공의 승리 : 『침묵의 동반자』

『톰 아저씨의 오두막』이 나온 지 거의 20여 년 뒤인 1871년에 출판된 『침묵의 동반자』는 "아름다운 것이 여성의 일이다"라고 했던 『고디의 레이디스 북』Godey's Lady's Book이라는 여성지의 1852년 주장을 그 전제로 받아들이는 동시에, 아름다움은 미덕이라는 가정적 명제와 여성은 남성이나 결혼과 관계없이 살 수 있다는 여성주의적 명제를 통해 그 주장을 증폭시킨 듯하다.[34] 일종의 스토의 에바와 데이비스의 퀘이커교 여성의 혼합이라 할 수 있는 펠프스의 펄리 켈소Perley Kelso는 그녀의 흠 없는 아름다움과 대단한 능력이 비참한 캐티 가스의 추함과 서투름에 대조되고 있는, 초월적인 자선적 모성주의를 지닌 인물이다. 데이비스의 경우처럼, 아름다움과 추함으로 나타나는 사회계급 구분이 펠프스의 궁극적인 여주인공과 궁극적인 희생자 캐티를 분리한다. 자선이라는 여성적 경제에서 스스로의 힘으로 살아가는 불굴의 여성인 펄리는 결혼하지 않고, 그 대신 물려받은 유산을 가부장제도나 사회계급 구분과 타협하지 않는 것으로 가정된, 자매애를 중심으로 하는 여성만을 위한 가정을 세우는 데 사용한다.[35] 공장 노동자들에게 개방된 펄리의 집은 아름다움과 미덕을 동일시하는 사회계급을 바탕으로 하는 서열 체계가 반복적으로 보여지는 무대 역할을 한다. 자신의 운명을 스스로 결정할 수 있는 능력을 갖춘 펄리는 자신보다 능력이 없고 덜 매력적인, "여성적인, 훌륭한 얼굴"을 하고 있는, "민첩하고, 강하고, 남을 돕는 인물"에게 정성을 쏟는 "뛰어난 여자"로서, 그녀의 미덕과 육체적인 완벽함은 공장 노동자들을 향한 그녀의 관대함에 비례하여 증가한다(『침묵의 동반자』, pp. 163, 217, 302). 펄리는 아름다움과 선함이 그녀를 강하고 쓸모 있게 만드는, 하늘의 천사라기보다는 지상의 천사라 할 수 있는 에바가 성인이 되어 힘이 생긴 모습이라고 할 수 있다. 작품 곳곳에서 활인화는 펄리의 이상화되고 능력 있는 몸을 캐티의 미천하고 서툰 몸과 대조시킨다. "그들은 나란히 서 있기에는 놀랄 만큼 특이한 쌍이다.……펄리의 우아하고 완성된 미소는 이 비참한 인물을 지워 버리는 것 같았고", 이 비참한 인물은 습관적으로 "혐오스러운 얼굴"의 "못생긴 소녀"라고 묘사된다(『침묵의 동반자』, pp. 86~88, 190). 에바와 같이, 펄리는 그녀의 이름이 암시하는 것처럼 계속 흰색과 연결된다. "켈소 양의 흠 없는, 구겨진 곳이 없는 우아한 하얀색의 드레스는 이 불쌍한 인간의 놀란 모습에 넓고도 빛나는 배경이 되었다"(『침묵의 동반자』, p. 230).

그러나 펠프스는 인도주의적인 유산 상속자 펄리, 캐티의 언니이고 공장 노동자이며 비장애인인 십 가스, 그리고 장애여성으로서 그녀의 무력함이 앞의 두 사람의 헌신을 불러오고 그들의 힘을 강조해 주는 캐티로 구성된 삼각관계를 만들어 이 대조를 복잡하게 만들었다. 십은 낮은 사회계급과 그에 따르는 아름다움의 결여로 인해 캐티와 한 부류가 된다. 또 다른 한편 십은 캐티가 굴복하고 마는 몸의 부담을 자기 결정을 통해 극복함으로써 펄리와 한 부류가 된다. 마치 사회적 상승 이동의 한계와 가능성 둘 다를 암시하는 것처럼 십은 아름다움으로 체화된 펄리의 능력과, 장애로 체화된 캐티의 기술 부족의 중간에 위치하고 있다. 이 같은 사회계급의 투과성에 대한 암시에도 불구하고, 사회계급 구분은 대체로 인종 범주와 비슷한 생물학적 차이로 나타나고 있다. 십은 "초췌한 얼굴"을 하고 있는 "약간 거친, 갈색 여자"인 반면에, 귀한 펄리는 하얗게 빛나는, "세련된, 보기 드문 얼굴"이다(『침묵의 동반자』, pp. 294, 85, 302). 그럼에도 불구하고, 고집과 자기통제 덕분에 십은 그들이 만든, 남성의 영향에서 자유로운, 야심찬 기독교적 자선의 세계에서 펄리의 대역을 맡게 된다. 이와는 대조적으로, 캐티는 공장 노동으로 인하여 눈이 멀고 귀가 들리지 않게 되고, 그녀의 몸에 대한 공장의 마지막 파괴적 효과라고 할 수 있는 통나무에 의해 사라진다. 이 같은 삼각관계의 묘사를 통해 펠프스는 장애 인물과 모성적 여성 자선가 사이의 관계에 대한 스토의 모형을 자유주의적 개인주의의 행위적 가치 체계와 상관되고 신체적 특징에 연계되는, 사회계급을 바탕으로 한 서열 체계로 만들었다.

펄리의 아름다움은 그녀의 미덕의 가시적인 표현일 뿐만 아니라 캐티가 결여하고 있는 자기통제의 동의어 기능도 한다. 펄리의 몸이 여성의 도덕적 유용성의 "완성"되고 "흠이 없는" 산물인 것처럼 캐티의 몸은 "통제가 잘 안 될" 뿐만 아니라 "통제할 수가 없다"(『침묵의 동반자』, p.85). 펄리의 금욕주의는 캐티의 악행과 대조된다. 귀가 안 들리고 말을 못하는 캐티는 술을 마시고 길거리에서 날뛰며, 그보다 더 심한 것은 성적으로 문란하다는 것이다(『침묵의 동반자』, p.84). 자제력이 전혀 없고 완전히 육체적인 그녀는 착취와 성적 전유의 위험을 안고 산다. 데이비스의 데브처럼 캐티는 "그녀가 태어난 세계에 걸맞은 유형"인 "비참한 존재"이다(『침묵의 동반자』, pp.277~278). 그녀의 이름이 암시하고 있듯이, 캐티는 또한 짐승 같아 "상처 입은 짐승처럼 낑낑대고" 몸을 웅크리며, "화난 동물처럼 으르렁거린다"(『침묵의 동반자』, pp.188, 150). 사회계급과 장애에 대한 사회진화론적 시각을 시사하는 캐티의 얼굴은 유인원 같아 보인다. "짐승 단계로부터 뇌의 진화"를 거치지 못한 캐티는 "좁은 이마, 두리번거리는 눈, 머리부터 구부정한······[그리고] 입술 아래가 축 처진 여자"이다(『침묵의 동반자』, p.86).[36]

캐티는 자유주의적 개인주의가 육체의 지배를 지향하는 진보 내러티브를 좌절시키고 없애는 몸의 화신이다. 예를 들자면, 캐티의 몸은, 소로를 제약적인 사회질서로부터 해방시킨 순응적 도구의 기능을 하기보다는 부담으로 작용해 그녀를 위태롭게 만들며 그녀의 이름이 암시하고 있는 떠돌이 행위를 하게 한다. 그녀의 방랑과 식욕은 남성적 권리가 없는 여성에게는 자멸적인 전형적인 남성적 행위이다. 캐티는 펄리가 구제해야만 하는 여성이지만 절대 그렇게 되어서는 안 되는 여성이기도 하다. 캐티를 자주적인 개인적 의지를 배제하는 독립적인 몸으로 묘사한 반면에, 펄리를 순응적 몸에 있는 독립적 의지로 묘사함으로써 펠프스는 캐티에 대해서는 모든 신체적 제약과 위험을 가진 몸으로 묘사한 반면, 펄리에 대해서는 여성의 자기 결정을 실천하는 초월적인, 다루기 쉬운 실천 도구에 부착된 순수한 영혼과 목소리로 남게 하였다.[37]

그러나 『침묵의 동반자』가 캐티 묘사의 부정적인 측면에만 집중하는 것은 아니다. 이 "불쌍한" 장애여성에 대한 감정으로 뒤덮인 동정을 반복적으로 장황하게 설명하는 것은 캐티에게 내재된 위협을 흐려 버려, 그녀가 나타내는 육체적 위험을 보기 어렵게 만든다. 펄리에 대한 고상한 묘사가 지니고 있는 방어적이고 거의 광적인 특징도 캐티의 취약한 몸이 펄리의 자선적 여성 자아에게 가하는 끈질긴 위협을 한층 더 약화시킬 뿐만 아니라 사소한 것으로 만들기까지 한다. 여성 인물들을 육욕적인 형상과 영적인 형상으로 나누는 내러티브 전략은 초점이 펄리와 십의 사회계급 간의 단결의 내러티브로부터 캐티의 끔찍함과 펄리에 대한 이상화의 병치 ——지속적으로 '사랑'을 주장하는 것으로 인해 가려진 ——로 옮겨 갈 때에만 분명하게 드러난다. 사실 캐티의 취약성에 대한 집착은 십과 펄리의 유대 관계를 가능하게 하고, 세상의 종말이라도 온 듯한 캐티의 죽음은 십과 펄리를, 그리고 독자들을 자유롭게 하고, 그래서 홀가분하게 자선사업과 그에 동반되는 여성의 자아 만들기를 하도록 고무시킨다.

장애여성들과 그들을 위해 일하는 모성적 여성 자선가들에 대한 묘사를 변화시키는 것을 통해 데이비스와 펠프스는, 처음 스토가 표현한 노동, 젠더 배치, 사회계급 관계, 소비, 선거권 등에서 변화가 일어나고 있던 사회 내에서 여성의 몸의 위치에 대해 느끼는 불안을 보여 주었다. 미국의 진보 내러티브가 중산층 젊은 여성들의 기대를 높였을 수도 있지만, 중산층 가정에 갇힌, 일하는 여성들과 분리된 연약하고 한가한 백인의 아름다움은 이 여성 작가들이 표명한 역설적인 위협을 나타냈다. 공식적으로 1848년에 시작된 여권 운동을 점화한 것과 동일한 중산층 여성들 사이의 좌절과 구속감은 여기서 논의된 그런 묘사 속에 그 여성들이 등장하도록 하였다.[38] 『톰 아저씨의 오두막』이 어머니가 되는 것을 신체적으로 권능화되는 것으로 이상화한 것은 분명히 몇몇 노예 어머니들을 해방시켰다. 그러나 『톰 아저씨의 오두막』은 또한 자선적 모성주의 속에 그려지는 이상화의 조건이 그 프로젝트 자체를 약화시키는 양식을 만들었다. 모성적 여성 자선가들은 『제철소에서의 삶』과 『침묵의 동반자』를 통하여 아름다움을 생물학적으로 설명해 여성의 힘과 특권이 위치하는 육체적 장소로 제시하였으며, 추함을 생물학적으로 설명해 그런 것들을 결여된 것으로 제시하였다. 사회적으로 존중되는 여성 자아의 수사학적 모형을 만들려는 욕구에도 불구하고, 이 세 소설은 당시 접할 수 있었던 지배적인 남성 자유주의적 자아의 각본을 수정해, 그것을 여성의 가정적 역할이 요구하는 타인 지향과 자기 부정을 포함하도록 구부리는 정도밖에는 할 수 없었던 것이다. 박수를 받을 만한 목적에도 불구하고 이 작품들은 자유주의적 개인주의가 신체적 한계와 의존을 부정한다는 한계를 그대로 반영하였다. 이 세 작가는 야심 차게 세상과 자신들을 다시 만드는 과정에서, 중산층 여성의 체화가 점점 더 장애물이 된다는 의구심을 드러냈다. 그 의구심은 우연히도 도우려고 한 바로 그 여성들을 저버리는 내러티브를 시작하게 하였다. 이 세 소설은 여성에 대한 성적 착취, 가정성의 실패, 여성을 병적인 상태로 만들기, 여성의 경제적 의존, 그리고 여성성을 아이와 동일시하는 것과 같은 문제들을 장애 형상들에게로 몰아 주었다. 여성성의 부담을 장애여성에게로 투사함으로써 이 세 소설은 모성적인 여성 자선가가 체화의 한계에 의해 제약받지 않고 도덕적인 사회와 여성적인 자유주의적 자아를 건설할 수 있도록 내러티브상의 안전한 공간을 열었던 것이다.

이 소설들에서 금욕은 동일시를 누르고 승리하는데, 작가들이 백인 중산층 여성들에게 부여한 야심을 약화시킬 만큼 장애를 지닌 몸은 심각한 문제를 나타내고 있기 때문이다. 장애를 지닌 몸은 모습을 다시 만드는 것을 거부하고 재활에 완강하게 저항함으로써, 자유주의적 개인주의의 환상에 지나지 않지만 소중하게 여겨지는 신조들인 자기 개선, 자립, 자기 결정, 나아가 진보 같은 개념에 반발한다. 장애를 지닌 몸은 궁극적으로 자선적 모성주의 프로젝트에 너무도 큰 위협이 되어, 동정적이지만 분명한 형태로 이 세 소설이 여성들을 위하여 추진한 권능화 계획의 밖으로 밀려난다. 신체적 한계를 수용하는 사회 정의의 비전을 제시한 것은 이 세 소설이 성취한 것이라 할 수 있다. 그러나 실망스러운 것은 이러한 비전을 세 소설이 내세우는 여성적 자아의 형상에 적용함에 있어 비판의 지점이 불안정해졌다는 것이다. 자선적 모성주의에 내포되어 있는, 그리고 장애여성들에 의해 제기된 몸의 문제를 직면하는 일은 이 세 소설이 회피한, 이상과 현실 사이의 괴리를 직시할 것을 요구한다. 비록 소설 내에 수용되고 있기는 하지만 모성적 여성 자선가들은 장애 형상처럼 되기를 거부한다. 세 소설은 두 여성 집단 간의 동일시를 주장하는 동시에 거부하고 있기 때문에, 양면적 감정의 타협물로서의 연민을 제공하고 있다.

5장

페트리, 모리슨, 로드의
강한 여성으로서의 장애여성

흑인여성의 주체성 수정하기

4장에서 살펴본 것처럼, 감상주의의 동정 담론은 필연적으로 중산층 여성의 자선이 바로잡아 주는 결여로서 장애를 표현하였다. 자선적 모성주의가 인종, 젠더, 미와 장애에 초점을 맞추는 것은 정체성의 토대로서 몸을 고집하는 반면에, 스토, 데이비스와 펠프스의 소설은 궁극적으로 여성성의 통제와 자유주의적 개인이라는 추상적 개념에 순응하는 인물을 만들기 위해 몸의 강조로부터 도망친 것처럼 보인다. 19세기 자선적 모성주의의 문화적 작업은 몸을 정치화된 문학 담론으로 도입하였고, 이 작업은 여러 명의 20세기 미국 흑인여성 작가들에 의해 계속되었다. 이 흑인여성 작가들도 자선적 모성주의가 제시한 긍정적인 여성성을 재구성하는 권능화 전략에서 장애 형상을 이용하였다.

어쩌면 미국 흑인여성 글쓰기의 근본적인 목표는 인종 차별과 성차별을 합친 미국의 역사에 의해 생성된 부정적인 문화적 이미지를 몰아낼 흑인여성 주체를 구성하는 것이라고 할 수 있다. 이 같은 집단적인 문화적 수정 작업은 미국 흑인여성 작가들로 하여금 흑인여성 억압 역사의 진실성을 보여 주고 이 역사의 한계를 초월하는 모형을 제시하는 자아의 내러티브를 생산하도록 한다. 다른 말로 하자면, 미국 흑인여성 작가는 미국에서 흑인으로 살아가는 역사적 경험을 저버리지 않으면서 지배적인 흑인여성성 재현을 수정해야만 하는 것이다. 따라서 그녀가 해야 할 일은 억압을 다시 새겨 넣지 않으면서 그 억압을 표현하는 것, 희생과 동화 사이의 좁은 공간에 흑인여성 자아의 형상을 창조하여 그녀의 역사를 부정하지도, 그녀를 배제한 관습적인 여성성의 각본을 수용하지도 않도록 하는 것이다.

오드리 로드의 『자미: 내 이름의 새로운 철자』가 보여 주는 명백하게 수정주의적인 내러티브에서 화자인 오드리/자미는 이 문제를 제기하는 동시에 해결책을 시사한다.

나의 어머니는 대단히 강한 여성이었다. 일반 미국 백인의 입으로는 여성과 강한이라는 두 단어를 연결한 상태로 내뱉을 수 없었던 ——'눈이 먼', '꼽추인', '미친', 또는 '흑인인'과 같은 일탈을 설명하는 형용사와 함께 쓰이는 경우를 제외하고는(즉 함께 쓰이지 않는 한) ——때 그러했다. 따라서 내가 자라날 때, 강한 여성은 보통의 여자와는 상당히 다른 것, 단순하게 '여성'인 것과는 다른 그 무엇이었다. 반면에 그것은 분명히 '남성'과 동일하지는 않았다. 그렇다면 무엇이었을까? 그 제3의 호칭은 무엇이었을까?

지배적인 '여성'에 대한 정의가 힘을 배제하고 있다는 사실을 인식한 로드는 여기서 모순 어법 같은 "강한 여성"의 경험을 표현할 수 있는 언어를 찾고 있다.[1] 로드는 '남성'과 '여성' 둘 다 거부하고 이 인습을 타파하는 흑인여성이 우리가 선택할 수 있는 유일한 두 개의 규범적 호칭과는 다른 "제3의 호칭"을 차지한다고 상상한다. 이 흑인여성은 따라서 표준 범주 밖에 있으며, 필연적으로 '정상'으로 간주되는 것의 밖에 있는 것을 부르는 '설명적 형용사들'에 의해 굴절되는 경우에만 알아볼 수 있게 되는 "일탈적인 것"의 영역에 속하게 된다. 로드에게 있어서 "눈이 먼", "꼽추인", "미친", "흑인인" 같은 호칭들은 보통이 아닌 사람이 안전한 존재론적 공간──그의 대안적인 존재 방식이 표현될 수 있고 승인받을 수 있는 공간으로 들어가는──이고, 유일하게 이용 가능한 의미론적 수단이 된다. 로드는 이러한 형용사들을 사용하여 몸의 형태를 주체적 정체성과 동일시한다. 사실 로드는 특권이 부여된 규범과는 다른 상태나 감정을 재현하기 위하여 인종이나 장애와 연결된 폄하된 몸의 특징들을 사용한다. 항상 보통이 아닌 사람으로 존재하는 물질적 경험, 규범적인 여성성이나 남성성의 조건과 절대 일치하지 않는 물질적 경험은 로드가 그녀의 '전기적 신화'에서 그려 내고 있는 정체성의 모습을 결정하는 존재의 현실이다. 몸은 로드의 신화적 자아, 그녀의 '제3의 호칭'이 나오는 자유와 저주의 원천이다.

이 인용된 문장에서 그리고 로드의 '전기적 신화' 전체를 통하여 분명한 것은 같음이 아니라 다름이 그녀의 정체성의 원칙이라는 것이다. 보통의 것 밖에 존재하는 것은 그녀가 자기를 정의하는 데 있어서 필수적인 동시에 해방적이다. 즉 로드는 동성애자이며 "뚱뚱하고, 흑인이며, 눈이 거의 멀고, 양손잡이인데", 이 한 묶음의 속성들은 그녀를 배제하는 동시에 긍정한다(『자미』, p. 240). 로드는 자신의 보통이 아닌 몸을 정체성의 토대로 삼음으로써 '여성'과 '남성'의 규범을 거부한다. 그녀에게 있어서 이 규범으로의 동화는 그녀를 일탈한 위선자로 만드는 자아 소멸이나 다름없는 것이다. 로드는 자신을 동화될 수 없는 인물로, 몸과 출생과 역사와 행위에 있어서 너무나 독특해 차이distinction가 그녀의 정체성의 원칙이며 그녀의 힘인 인물로 제시한다.

로드의 '제3의 호칭'은 미국 흑인여성의 글쓰기에 퍼져 있는 형상, 그 몸이 우리가 장애로 생각하는 기표를 갖고 있는 형상의 징표이다. 이 보통이 아닌 몸의 형상은 그녀의 전통적인 여성성에 수반된 제약과 혜택을 받을 자격을 박탈해서 그녀를 자유롭게 한다. 그리하여 일부는 고통스럽게 가해진 그리고 일부는 선천적으로 주어진, 그녀의 개인적 역사와 문화적 역사의 표시들에 의해 구별되는 몸을 수용하도록 한다. 이 장애 형상들은 신체적 다름을 고집하고 찬양하는 흑인여성 주체성의 한 형태를 제시한다. 흑인여성 작가들은 이 장애 형상들의 신체적인 다름을 감추지 않고 과시함으로써 보통이 아닌 몸을 신체적 일탈이 아닌 역사적 새김의 현장으로 설정하고, 정상 상태, 온전함, 이상적인 여성 같은 문화적 거대 내러티브master narrative[2]를 거부한다.

여기서 나는 더 정확히 하자면 보통이 아닌 형상으로 불러야 하는 이 장애 형상의 계보를 1946년 출판된 앤 페트리의 소설 『거리』에 등장하는 헤지스 부인Mrs. Hedges에서 시작해, 토니 모리슨의 첫 다섯 편의 소설(『가장 푸른 눈』The Bluest Eye, 1970, 『술라』Sula, 1973, 『솔로몬의 노래』Song of Solomon, 1977, 『타르 베이비』Tar Baby, 1981, 『빌러비드』Beloved, 1987)에 등장하는 발전된 표현들을 거쳐, 마지막으로 오드리 로드의 1982년 출판된 '전기적 신화' 『자미: 내 이름의 새로운 철자』의 오드리/자미까지 추적해 본다.[3] 총체적으로 이 장애여성 형상들은 1960년대 흑인 인권 운동과 순수 흑인예술 운동Black Arts Movement으로부터 탄생한 반反동화주의적, 정치화된 다름의 수사학을 향해 몸짓한다. 모리슨의 에바 피스, 베이비 석스, 필레이트 데드Pilate Dead 그리고 로드의 자미 같은 인물들은 역사적 새김을 갖고 있다. 그 유효성과 힘과 정체성이 신체적 다름과 문화적 규범에의 저항으로부터 나오는 독특한 몸에 토대를 둔 미국 흑인여성의 자아를 제시한다. 이 여성들은 그들의 작가들로 하여금 문화적 종속을 체화하는 동시에 초월하는 특수화된 자아를 재현하도록 하며, 신체적 다름이 열등한 것이 아니라 예외적인 것이라는 주장을 할 수 있도록 한다. 나는 여기서 근대적 그로테스크 전통의 모호한 선구자 인물 격인 페트리의 헤지스 부인으로부터 시작해 열한 명의 형상들과 그들의 수사적 역할을 검토한다. 헤지스 부인의 뒤를 이어 모리슨의 장애 형상들인 에바 피스, 마리 테레즈 푸코Marie Therese Foucault, 베이비 석스, 낸, 폴린 브리드러브Pauline Breedlove와, 신체적으로 유표된 인물들인 필레이트 데드, 술라, 세스와 그녀의 어머니와 끝으로 로드의『자미』의 여러 모로 독특한 핵심 인물 오드리를 분석한다. 이 형상들 각각은 로드가 '제3의 호칭'이라 부른 급진적인 주체 위치를 다양한 정도로 차지한다. 이 흑인여성성의 수정주의적 내러티브에서 역사와 정체성의 장소로서의 몸은 부담인 동시에 구원의 수단이다.[4]

미국 흑인 문학에 비교적 자주 신체적 장애를 지닌 인물들이 등장하지만 보통 지엽적이다. 나는 여기서 미국 흑인 문학의 재현이 보여 주는 근대적 양식에서 탈근대적 양식으로의 이행, 즉 소수집단의 동화에서 문화적, 민족적 다름의 지지로의 이념적 변화와 유사한 변화를 보여 주기 위해 페트리와 모리슨과 로드가 창조한 형상들에 초점을 맞춘다.[5] 페트리의 소설『거리』는 이전 장에서 내가 조사한 19세기 감상주의 소설로부터 모리슨과 로드의 탈근대적이고, 흑인 인권 운동 이후의 장애 형상 재현 양식으로 넘어가는 과도기 역할을 하는 근대적 장애 재현을 제시하고 있다. 장애를 재현함에 있어서 감상주의 소설이 동정의 수사학을 사용하는 반면에, 근대적 양식은 절망의 수사학을 적용하고, 탈근대적 소설은 축하의 수사학을 이용한다.[6] 그럼에도 불구하고 이 세 가지 모두 억압을 폭로하고, 사회적 정의를 주장하고, 사회적 정의가 거부된 집단을 돕는 공유된 정치적 임무에서 사용되는 항의의 수사학이다.

에머슨의 병약자, 멜빌의 에이햅, 그리고 자선적 모성주의의 수혜자들과 같은 이전의 전통적인 장애 형상의 이용은 자격을 박탈하는 특징, 취약성과 외부 세력에의 종속을 표시하는 것으로서 신체적 다름을 활용한다. 2장에서 내가 주장하였듯이, 장애는 정의가 약속하는 평등을 성취하기 위해 보상이 필요한 결여, 상실 또는 배제를 위한 다름으로 묘사된다. 이 같은 체계 내에서 평등은 장애를 다양성이 아니라 일탈로 표현하는 동일성을 요구한다. 따라서 보상은 정상적인 지위를 가진 자들에 의한, 정상적인 지위를 갖지 못한 자들을 위한 옹호를 필요로 한다. 모성적 자선을 낳는 동정적인 거래는 장애가 보상되어야만 하는 상태로 읽혀지는 경우에만 존재하게 된다.

이와는 대조적으로, 내가 모리슨과 로드 그리고 어느 정도까지는 페트리에서도 확인한 장애의 재현은 몸의 다름에 부과된 의미상의 변화를 반영하고 있는데, 이 의미상의 변화는 인종적, 젠더적 다양성이 지워져야 하거나 보상되어야 하는 것으로서가 아니라 수용되거나 찬양되어야 하는 것으로 재해석된, 흑인 인권 운동 이후 시기를 특징짓는 긍정적인 정체성의 정치학과 일치한다. 이 같은 몸의 다름에 대한 시각상의 변화는 직장과 군대에서 발생한 장애를 보상한 초기 법 제정에서부터, 장애를 수용해야 한다고 규정한 1990년 「미국 장애인 법」이 좋은 예가 되고 있는 후기 법 제정에 이르기까지 역사적으로 추적해 볼 수 있다.[7] 장애 형상들을 통하여, 페트리는 인종적, 젠더적, 문화적, 성적인 신체적 다름을 민주주의적 사회에서 인정되고 수용되어야 하는 다양성의 정치화된 표시들로 간주하는 특수성에 관한 탈근대적 시각을 시작하였고, 모리슨과 로드가 이 시각을 발전시켰다. 이처럼 몸의 다름에 대한 수사적 표현은 동정적인 옹호의 정치학에서 긍정적인 정체성의 정치학으로 이동하였다.

강한 여성으로서의 보통이 아닌 여성 : 『거리』

자연주의의 관습[8]은 『거리』의 주요 내러티브를 구성하고, 소외와 절망을 근대적 양식으로 제시한다.[9] 페트리의 작품에서 '거리'는 중립적이고, 적대적이기도 하고, 초월적 기의signified를 상실하고, 삶을 위한 적절한 도구를 제공할 수 있는 전통적인 통일과 의미의 이념이 없는 세계이다. 인종 차별과 성 차별에 뿌리를 내리고 있는 이 소설의 절망의 수사학은 주인공 루티Lutie를 제외한 모든 인물들을 근대적 그로테스크로 제시하는데, 헤지스 부인이 그 전형적인 예이다. 『거리』는 루티의 파국을 향한 흔들림 없는 여정에 초점을 맞추고서 제도화된 근대적 인종 차별, 성 차별과 타협하는 지배집단의 참여성True Womanhood 또는 신여성New Womanhood 같은 형태들의 실패를 추적한다.[10]

한편 페트리의 작품에서 신체적 장애를 지닌 반反여주인공이라 할 수 있는 헤지스 부인에 대해 상상력을 동원하여 읽음으로써 소설 속에 감추어진 대항 내러티브를 추출해 낼 수 있다. 이 인물은 1960년대 이후 미국 흑인여성 작가들의 글쓰기가 표현한 그리고 여성성의 새로운, 특별하게 흑인적인 형상을 시험적으로 만들기 시작한 긍정적인 정체성의 정치학을 예견하게 한다. 헤지스 부인이 시작하는 흑인여성 주체성의 모형은 가부장적 여성으로부터 파생된 문화적 각본을 거부하고 그 대신 억압된 몸에 대한 모독과 배제를 인정한다. 그녀는 영원히 배제되어 온 전통적인 백인 여성성 모형을 멀리한 채로 자신을 정의하면서 헤지스 부인과 그녀의 상속인들은 그들의 몸에 대한 권한뿐만 아니라 그들의 정체성의 토대로서의 개인적 그리고 집단적 역사를 과감하게 요구한다. 이 흑인여성성의 형태는 40년 뒤에 모리슨과 로드가 창조해 낸 신체적인 장애가 있는 인물들로 완전히 발전한다. 이 두 작가들이 창조한 인물들의 원형으로서 헤지스 부인은 일반적인 것이 아니라 예외적인 것을 체화하고, 현대 미국 문화 내 흑인여성 자아의 종속과 실현 사이의 변증법적 관계를 증명해 보인다.

헤지스 부인은 페트리의 투지에 차고 진지한 주인공, 루티 존슨Lutie Johnson을 패배하게 하는 결정론적 환경의 전조적인 그리고 무시무시한 요소로서 기능을 수행한다. "정말로 까만" 여자로서 "매우 덩치가 큰" 헤지스 부인은 몸집이 너무나 거대해서 [그녀의 고향] 사람들은 "그녀를 보는 데 익숙해질 수가 없었다"(『거리』, pp. 5, 242). 로드의 작품 속에서 "강한 여성"의 무서운 전조인 헤지스 부인은 "억센 손"을 가진 "산 같은 여자"로 그녀의 힘과 몸집은 작고 연약하다는 여성 스테레오타입에 어긋나며 범주화를 거부한다. 헤지스 부인은 루티에게 "다른 별에서 흘러온 생물" 같아 보이는 설명하기 어려운 괴물이다(『거리』, pp. 237, 236). 헤지스 부인의 거대한 몸집은 루티가 흑인으로서 보여 주는 여성성을 불가능한 것으로 만들고, 그녀의 장애는 그녀를 루티의 그로테스크한 반대로 만든다. 처음부터 독자는 헤지스 부인이 반다나bandanna[11]

를 두르고 창가에 앉아 거리의 사람들을 내려다보며 집에 머묾으로써 감추고 있는, 신비하면서도 끔찍한 신체적 상태를 갖고 있음을 알게 된다. 그녀는 고딕 전통을 상기시키는 반半괴물로서 작동하며, 그로테스크 즉 자연주의적이고 근대적인 내러티브의 특징을 이루는 절박한, 위협적이고 비인격적인 운명의 느낌을 만들어 내는 관습을 체화하고 있다.

소설의 절반을 지나서야 페트리는 그녀의 장애, 그녀가 임대아파트에서 난 불을 피해 지하실의 작은 창으로 간신히 빠져 나올 때 생겨 몸의 대부분을 덮고 있는 "큰, 끔찍한 흉터"에 대해 이야기함으로써 헤지스 부인을 인간화한다(『거리』, p. 237). 페트리가 자연주의의 전형적인 수법인 불길한 서술의 초점을 헤지스 부인의 장애를 설명하기 위해 잠시 그녀의 시각에 맞출 때 소설은 독자로 하여금 감정 이입을 경험하고 이해할 수 있게 해주지만, 그녀에 대한 동정심은 허락지 않는다. 소설은 헤지스 부인의 인생과 정체성을 결정해 버린 사고에 대해 이야기하면서, 그녀가 사람들의 시선으로부터 그녀의 흉터를 감추듯이 그녀의 내면 세계를 감춘다. 우리는 그녀가 생존하기 위해 무엇을 해야만 했는지에 대해서는 알지만 생존을 위해 한 일에 대해 그녀가 어떻게 느끼는지에 대해서는 알지 못한다. 그녀는 주로 '정상인'의 시각을 통해 등장한다.

그녀가 [직업 소개 부서로] 걸어 들어오면 그녀를 바라보는 백인들의 얼굴에 숨길 수 없는 혐오감이 떠올랐다. 그들은 그녀의 거대한 몸집과 까만 피부색에 놀라 쳐다보았다. 그들은 서로 눈짓을 주고받으며 표정을 관리하려고 애쓰거나 아예 신경 쓰지 않거나 하면서 그들이 그녀를 얼마나 끔찍한 괴물로 생각하고 있는지를 보도록 했다. (『거리』, p. 241)

소설 전체를 통해 헤지스 부인은 단호히 타인으로, 외면상 흔들리지 않는 끝내 불가해한 상태로 남는다. 그녀는 거리의 지배를 받는 잔혹한 삶의 그로테스크하고 강인해진 체화로서 주로 "경악" 또는 "공포"를 느끼게 하며, 루티로 하여금 "그녀를 진심으로 좋아하는 마음을 가지기는 불가능할 것이다"라는 결론에 도달하도록 한다(『거리』, pp. 247, 239).

그럼에도 불구하고, 헤지스 부인 형상화에 두드러지게 내포되어 있는 모호함은 그녀가 탈근대적 흑인 여주인공의 선조가 될 수 있는 정반대의 서브텍스트subtext[12]의 가능성을 시사하고 있다. "[루티가] 곧장 거리로 향한 그 모든 시간"과 같은 내러티브상의 언급들은 『거리』가 인종차별과 그 제도들의 '장벽'이 결국 여주인공을 포위한다는 사회결정주의적 내러티브로 의도되었음을 보여 준다(『거리』, pp. 426, 430). 이러한 장르의 제약은 헤지스 부인이 인종 차별과 가난의 대단히 그로테스크한 산물로서의 기능을 하도록 요구한다. 이 불행한 여주인공 루티가 거리 생활을 잘하려면 견뎌야만 하는 그러나 받아들일 수 없는 운명을 나타내는 헤지스 부인은——그녀는 루티에게 성매매라는 대안을 제시한다——루티에게 주어진 억압적인 사회 환경의 일부이다. 거리의 희생자인 동시에 위협이기도 한 헤지스 부인은, 데이비스가 자연주의 이전의 양식으로 쓴 작품 『제철소에서의 삶』에 등장하는 인물로 이 소설이 비판하는 환경을 체화한 데브를 떠올리게 한다.[13] 그러나 데브와는 달리 헤지스 부인은 정확하게 관습적인 루티의 정반대인 까닭에 구원받지 않은 상태로 거리 생활에서 살아남을 뿐만 아니라 거리의 여왕이 된다.[14] 루티와 헤지스 부인의 병치는 『거리』를 단순히 인종 차별적, 성 차별적 사회에 대한 운명론적인 상상이 아닌, 인종 문제의 영향을 받은 전통적 여성성에 대한 여성주의적 비판으로 만들고 있다. 뿐만 아니라 이 시각에서 보았을 때 헤지스 부인은 우리로 하여금 급진적으로 수정된 여주인공이 될 그녀의 잠재력을 조사해 보도록 하는 것이다.

헤지스 부인은 정확히 루티가 아닌 것을 나타낸다. 루티는 완벽한 숙녀, 19세기 가정적 여주인공, 2차 세계대전 기간 동안 그녀가 성장한 가부장적 가정에서 쫓겨나 할렘에 버려진 인물이다. 어머니도 없고 재산도 없는 루티는, 19세기 여성 작가들의 소설에 등장하는 여주인공들의 전통에 따라, 자기 힘으로 세상을 살아가야만 한다.[15] 아름다움, 도덕성, 투지 넘치는 근면성, 자립심, 미국적 성공 내러티브에 대한 믿음, 그리고 낸시 코트가 말한 "성적 초연함"passionlessness을 지닌 루티는 자수성가한 남성의 전통적인 여성형인 참여성의 후손이다.[16] 그녀가 찾을 수 있는 유일한 삶의 문화적 모형은 역설적으로 주문처럼 반복하는 자책과 자기 격려에서 대담하게 언급하는 벤저민 프랭클린Benjamin Franklin이다.[17] 아들에게 어머니 노릇을 하기 위해 그리고 남편을 위해 자신을 희생할 준비가 되어 있는 루티는 공화주의적 모성republican motherhood[18]의 화신이다. 이런 의미에서 루티는 스토가 그려 낸 일라이자의 현대판이며 펠프스의 의기양양한 펄리 켈소와 흡사하다. 열정적인 스토와 펠프스는 1851년과 1871년에 작품을 쓰면서 그들의 여성성의 모형이 일라이자와 펄리에게 모든 장애를 넘어 승리할 수 있는 개인적 자원을 갖추게 할 것이라고 주장하였다. 그러나 루티는 페트리의 뿌리 깊은 인종 차별과 성 차별의 영역에서 절대 승리할 수 없다. 거의 100년이 지난 후인 1946년 페트리의 비전은 근대적 미학의 두드러진 특징인 보편화된 무력감과 소외를 반영하여 [스토와 펠프스에 비해] 훨씬 덜 낙관적이다.

루티의 전통적인 여성적 자산 하나하나가 '거리'의 20세기적 상황에서는 위험한 부담이 되고 있다. 루티의 아름다움은 존경과 찬미를 불러오지 않고, 그녀가 만나는 모든 남자들의 성적 욕구를 자극하여 남자들은 마치 그녀가 고깃덩어리인 것처럼 그녀를 소유하기 위하여 싸운다. 그녀의 이상화된 성적 초연함은 그녀에 대한 남성들의 욕망과 그녀를 지배하려는 힘을 필요가 아니라 위협으로 만든다. 예컨대 루티가 자기 파괴적 분노 폭발의 순간에 때려죽이는 부스Boots는 루티의 연인이 되었을 수도 있다. 루티가 부스의 섹슈얼리티를 받아들이고 그의 강요를 피할 수 있었다면 말이다. 그녀의 에머슨적인 자립, 그리고 자신과 아들의 도덕적인 타락에 대한 두려움은 그녀가 헤지스 부인의 '여자들' 또는 그 외 그녀가 길거리의 삶을 헤쳐 나가는 데 도움을 줄 수도 있는 사람들과의 유대 관계를 갖지 못하도록 막는다. 루티가 선택한 양식의 여성성은 인종 차별과 성 차별로 형성된 세상에서는 너무도 비효과적이라서 그녀는 실제로 그리고 은유적으로 페트리가 그려 낸 바람이 몰아치는 첫 장면에서 표지판도 읽지 못한다. 루티에게 있어 자아에 대해 유일하게 이치에 맞는 내러티브인 개인주의적 감수성으로부터 모든 행동과 모든 결정이 나오지만 그것은 냉혹하게 그녀를 파멸로 몰고 간다.

거리와 거리의 위험이 루티에게는 판독하기 힘든 것인 반면에 헤지스 부인은 거의 전지적이다. 헤지스 부인은 장애 때문에 물러서지 않고 오히려 "호기심으로 엿보는 세상의 눈에 자신을 노출시키지 않으면서" 창문 옆에 앉아 자기 방식대로 세상과 맞선다(『거리』, p. 247). 성적으로 대상화된 루티의 반대로서 헤지스 부인은 문화가 여성에게는 고집스럽게 거부하는, 개인적으로 권능화하는 요소들인 시선과 목소리와 주체성을 가지고 있다. "풍부하고" "아름다운 목소리"를 가진 그녀는 부드럽게 그러나 위압적으로 거리의 사람들에게 충고하고, 그들을 다루고, 관계를 형성한다(『거리』, pp. 5, 8). 그녀의 "깜빡거리지 않는" "강렬한 눈빛의 응시"는 거리의 더러움과 거리의 가능성 둘 다를 분명하게 파악하고 이해한다(『거리』, pp. 245, 68). 감정을 전혀 표현하지 않고 관대함만을 보이는 그녀는 사람들을 꿰뚫어 봐 그들의 생각을 읽는 듯한 "뱀의 눈을 가진" 강한 여자이다(『거리』, p. 8). 악한 동시에 선한 헤지스 부인은 그녀의 강한 몸을 이용해 무방비 상태의 루티를 악덕 집주인으로부터 구해 내고 그후 이 악덕 집주인의 성적인 공격을 통제한다.

남에게 보이지 않으면서 보고, 남에게 알려지지 않으면서 알고, 무대에 서지 않고 무대에 올리며, 남의 행동에 영향받지 않고 행동하는 헤지스 부인이라는 형상은 존 버거John Berger가 간결하게 "남성은 행동하고 여성은 보인다"라고 표현한 젠더의 문화적 연출을 뒤집는다.[19] 대조적으로 속임수를 모르고 노출된 루티는, 예를 들어 그녀가 쉴 겸 노래 오디션도 받을 겸 준토Junto가 경영하는 술집으로 갈 때처럼, 끊임없이 그녀 자신이 무심코 그리고 의도적으로 남자의 시선을 사로잡으려 하는 시도의 희생자가 된다. 헤지스 부인의 몸은 인종 차별적, 성 차별적 제도를 견디어 낸 그녀의 역사에 의해 범해지고 모양이 정해진다. 그러나 그 몸은 또한 루티를 파괴한 그 여성성의 문화적 각본으로부터 벗어나 헤지스 부인이 그녀 자신을 정의할 수 있게 해주는 도구이기도 하다. 이 두 여성을 병치시킴으로써 『거리』는 젠더 제도 내에서 발휘되는 여성적 아름다움의 힘과 장점 그리고 여성적 아름다움이 남성의 헌신에 대한 보상이라는 신화를 효과적으로 몰아내면서 대안적인 여성 권능화의 형태를 제시한다.

로드의 '제3의 호칭'을 기대하게 하는 헤지스 부인은 남성적인 양식에 빠지지 않으며 지배집단의 여성성의 각본을 거부한다. 그녀는 여성 중심의 삶을 해나가며 거리를 지배하는 강압적인 남성 권력과 일종의 휴전 상태를 유지한다. 인종 차별, 성 차별과 빈곤이 만연한 잔혹한 거리에서 헤지스는 그녀에게 비웃음밖에는 주지 않는 피할 수 없는 권력의 서열 체계에 의해 포위되었음에도 불구하고 구성원들을 상징적으로 그리고 실제로 양육하는 여성 공동체를 만든다. 성性 경제 밖에 있는 헤지스 부인은 자신들의 물질적 욕구를 충족시키기 위해 성매매 제도를 조종하는 여자들로 이루어진 가정을 형성한다. 무엇보다도 헤지스 부인의 형상은 몸의 요구와 제약과 의무를 고집한다. 그녀가 비꼬는 듯한 투로 말하듯이 "메리와 내가 여기서 아무것도 안 먹고 사는 것은 아니기" 때문에 섹스를 위해 찾아오는 젊은이들에게 돈을 받기 시작한다 (『거리』, p. 250). 그럼에도 불구하고, 그녀의 이 같은 성매매와의 관계, 그리고 거리를 지배하는 막강한 백인 남성 준토와의 관계는 무척 모호하다. 헤지스 부인은 어떤 의미에서는 그들 모두를 억압하는 지배 체제에 연루되어 있고 궁극적으로 루티의 자유를 위태롭게 하는 위협이다. 하지만 그녀의 행동은 그녀와 그녀가 데리고 있는 여자들로 하여금 그들의 방식대로 생계를 유지하도록 만드는 냉혹한 역경에 적응한 결과이다. 그들은 성 구매자를 고르고, 아픈 사람을 간호해 주고, 학교에서 돌아온 아이들을 돌봐 주고, 서로를 지켜 주며 살아간다. 헤지스 부인은 루티의 시각으로 볼 때 지독할 정도로 타협적이고 위협적이고 혐오스럽지만, 그녀는 불굴의 몸을 통하여 "정말로 믿기 어려운 생존 의지"의 장엄함과 권위를 보여 준다(『거리』, p. 245). 루티가 시도한 침범할 수 없는 자아는 불안정하고 취약하지만, 헤지스 부인은 희생을 거부하면서, 침범당한 몸이 불의를 견디어 내고 승리하는 힘을 그녀의 보통이 아닌 몸으로 보여 준다.

괴물에서 인조 인간으로

페트리의 헤지스 부인 묘사는 제한적인 긍정적 권능화의 하나인데,『거리』의 헤지스 부인이라는 형상을 창조하는 것은 대부분 근대적 그로테스크 전통의 관례들의 영향을 받고 있다. 이 같은 읽기는 그로테스크를 문제가 있지만 많은 것을 시사하는 신체적 장애 재현의 한 방법으로서 연구해 볼 가치가 있다는 것을 암시하는 것이다. 우리가 그로테스크와 같은 미적 범주를 본질적으로 정치화된 비평에 사용할 때 문제가 발생한다. 그로테스크의 시각적 환상과 화려함의 해석 체계가 대부분 사실주의적인 문학적 재현과 비평의 관습들로 옮겨지는 경우 그로테스크는 신체적인 장애를 지닌 인물과 동일시된다. 따라서 그로테스크를 분석적 전략으로 사용하는 것은 비평가와 독자 모두가 정치적이 아닌 미적 체계를 통하여 장애의 재현을 보도록 하는 것이다. 장애를 그로테스크로 예술화하는 것은 그런 재현들이 장애를 문화적 타자의 한 형태로 만드는 사회정치적 관계를 지지하거나 또는 그에 도전하는 방식에 대한 분석을 하지 못하도록 한다.

이러한 재현과 관련된 딜레마에 대해 충분히 고려하기 위해서는 15세기에 등장한 미적 범주로서 그로테grotte라 불린 지하 동굴에서 발견된 로마 프레스코를 본 딴 장식 양식을 가리키는 그로테스크의 관습을 검토해 볼 필요가 있다. 이 관습에서는 인간과 짐승 같은 대립적인 원칙들이 합해져 범주를 혼란하게 만들고 경계를 침범하는 초자연적인 형태를 만들어 낸다. 이 그로테스크가 고딕 양식을 만나 가고일gargoyle[20], 키메라, 또는 인어 같은 환상적인 혼합체를 만들어 냈다. 주지하다시피 히로니뮈스 보스Hieronymus Bosch는 악마 같은, 경이로운 그로테스크의 대가이다. 한편 초자연적 그로테스크의 특수한 미적 범주가 궁극적으로 아주 보편화되어, 1957년 볼프강 카이저Wolfgang Kayser는 이것을 인간관계의 "소격", "급격한 소외" 또는 세상의 근본적인 부조리성을 떠올리게 할 수 있는 모든 것으로 규정하였다.[21] 건축과 시각 예술로부터 건너 온 그로테스크는 근대적 비평과 문학에서 매우 중요한 개념으로 전유되었다. 그로테스크는 근대적 비평과 문학에서 근대성을 규정하는 소외와 방향 상실을 나타내기에 적절한 전의轉意가 되었다. 사실 근대적 비평은 문학적 정전이 쉴 새 없이 제시하는 실존적 소격과 의미의 모습으로서의 그로테스크에 너무도 사로잡혀 1962년에 윌리엄 오코너 William Van O'Connor는 그로테스크가 미국 문학의 정수라고 주장할 정도였다.[22] 모방적 형상화의 제약이 환상적인 그로테스크를 '비정상적인' 그로테스크로 변하게 한 것이다. 근대적 가고일은 신체적인 장애를 지닌 인물로서, 타락, 절망, 도착적인 것을 나타내는 은유이다. 그로테스크의 권위 있는 비평 틀에 의해 비정치화되고 예술화된 장애를 지닌 몸은 계속해서 퇴보된 영혼이나 파산한 세계를 나타내는 표시로 읽힌다.[23] 그로 인해 그로테스크의 개념은 문학 비평가와 작가들이 장애 인물들을 소수집단 문화 문제의 측면에서 탐구할 수 있는 정치적 의식이 있는 관점으로부터 멀어지게 한 것이다.

그럼에도 불구하고 내가 2장의 메리 더글러스의 변칙 개념에 대한 논의에서 밝힌 것처럼, 기존의 범주들을 모호하게 만드는 경계의 유형으로서의 그로테스크는 나의 목적과 관련하여 시사하는 바가 많다. 제프리 하펌Geoffrey Galt Harpham은 그로테스크한 형상을 "알려진 것과 알려지지 않은 것 사이, 인식된 것과 인식되지 않은 것 사이에 있는 의식의 주변에 서서 우리가 세상을 체계화하는 방법, 경험의 연속을 우리가 알 수 있는 부분으로 나누는 것의 타당성에 의문을 제기하는" 존재로 정의하였다. "다른 것 안에 불합리하게 존재하는 것"과 같은 그로테스크의 의미는 소외와 혐오를 무효화하며 새로운 정체성의 형태를 수용할 수 있는, 인습타파적인 경계성의 가능성을 강조하는 경향이 있는데, 이것이 바로 내가 여기서 논의하는 흑인여성 작가들의 과제였던 것이다. 인류학자 빅터 터너는 경계적 형상들이 "새로운 생각과 관계의 형상이 나올 수 있는 순수한 가능성의 영역"을 차지하고 있다고 주장한다.[24] 인류학자 로버트 머피가 자신의 장애에 대해 서술한 문화 기술지 『침묵하는 몸』은 명백하게 장애인 범주를 경계선상의 사회적 상태로 인식하였다. 머피의 사회적 경계성이 머피로부터 지위와 지속 가능한 역할을 빼앗아 가는 반면에 "순수한 가능성"으로서의 경계성이라는 터너의 생각은 로드의 "강한 여성"과 같은, 관습적인 범주의 제약을 받지 않는 긍정적인 재현 형태를 낳을 수 있다. 경계성에 대한 머피의 생각이 제약적인 반면에 하펌과 터너의 포괄적인 경계성은 바흐친의 카니발레스크 전통의 무질서한 몸과 내가 여기서 논의하고 있는 장애여성들과 같은 형상들을 예견한다.

존재하는 것 그 자체로 사회 규칙과 범주에의 순응을 거부함으로써 장애여성은 현재 상황 유지에 대한 체화된 대안으로서 작동한다. 그들의 지배 체제에 대한 반대는 지적인 것이 아니라 변치 않는 존재론적 상태이다. 신체적인 결여, 다름, 그리고 주변화에 대한 인식이 이 장애여성들에게 있어서는 급진적이고 긍정적인 상태의 역사에 의해 특수화된 대안적인 육체적 형상화로 재구성된다.[25] 헤지스 부인처럼 보통 단순하게 그로테스크로 등장할 수 있는 인물이 이렇게 경계성을 통하여 재구성될 때 사회정치적 관점이 등장하게 되는 것이다.

헤지스 부인을 모호한 근대적 그로테스크로 형상화한 것은 제3의 호칭과 경계적 정체성이 갖는 가능성을 더 충분히 이용할 수 있는 장애 형상의 탈근대적 재현의 길을 열어 주었다. 이 분석 목적을 위한 탈근대적 사고의 가장 중요한 측면은 그것이 자아와 세상을 해석함에 있어 통일과 동일성의 원칙을 기꺼이 포기한다는 것, 어쩌면 그런 포기를 요구한다는 것이다. 여기서 내가 탈근대라고 부르는 것은 (완전한) 일체에 의존하지 않는, 또는 정상적인 자아를 승인하고 그 반대인 신체적 타자를 생성해 내는 통일의 이념의 특징들인 온전함, 순수, 자율, 유계성 boundedness과 같은 일련의 소중히 여겨지는 개념들에 대한 믿음에 의존하지 않는 대안적이고 긍정적인 내러티브를 가리킨다. 이 소설들에 등장하는 장애 형상들은 종종 여성주의자들이 보여 주는 "탈젠더 세상"과 비슷한, 전통적인 정상/비정상의 이분법을 뒤엎는 탈정상 세상에서의 몸의 내러티브를 탐구한다.[26]

통일의 원칙은 19세기에 나온 사회진화론과 통계학적 개념인 규범과 같은 생각에 표현되어 있는 지배 담론의 정상/비정상을 뒷받침하고 있다. 3장에서 논의한 케틀러의 '평균인'과 같은 인간의 신체적 차이를 감시하는 인간 규범이라는 개념은 차이를 없애는 통일된 공동체를 형성하는 동시에 안과 밖을 규정한다. 푸코에 의하면 18세기에 등장한 규범의 개념은 우리가 장애라고 부르는 다름을 지닌 몸을 독특한 것이 아니라 일탈적인 것으로 묘사한다. 놀라운 또는 '괴물스러운' 몸은 항상 인간의 관심의 초점이었지만 근대인들 사고 속의 정상/비정상 이분법은 다름에 대한 설명을 병적인 현상으로 한정시킨다. 신체적 장애의 해석적 틀로서의 '비정상'이라는 생각은 천벌 또는 도덕적 타락 같은 근거를 몰아내었고, 정상/비정상의 이분법은 장애를 그 나름대로 정의하는 것이 아니라 장애를 폄하한다. '강한 여성'처럼 '장애 인간'이라는 용어는 '장애'라는 말이 예컨대 에머슨이 주장한 침착한 개인에 표현되어 있는 지배적인 자아 형태를 무효화하기 때문에 모순 어법인 것이다.[27]

인기 있는 도나 해러웨이Donna Haraway의 사이보그cyborg에 대한 생각은 육체적 사실과 사회적 정체성으로서의 '장애'와 인간 공동체의 일원으로서의 '인간' 사이의 양립 불가능을 타결할 수 있는 자아를 구성함에 있어 이론적 원형이 될 수도 있다. 경계적이지만 함축된 부정적 의미로부터 자유로워진 그로테스크와 비슷하게 사이보그는 해러웨이가 탈근대적 세상에서의 자아의 모형으로 제시한 "기계와 유기체의 혼합체, 사회 현실적 창조물인 동시에 소설적 창조물"이다. 사이보그는 혼합체로서 근대적 자아에 매우 중요한 과도한 구별을 허물어 버리고, 동물과 기계, 유기적인 것과 기계적인 것, 그리고 나와 내가 아닌 것 사이의 경계를 침범한다. 사이보그는 "영원한 부분성", 해러웨이가 "유사한 것" affinity이라 부른 변화하는 다수의 정체성, 그리고 로드의 "강한 여성" 또는 자기 부정적인 범주인 "장애 인간"이 시사하는 것과 같은 종류의 "불합리한 결합"으로 설명되는 일관성 있는 개체를 상상할 수 있게 해준다.[28]

혼합된 자아라는 개념은 자신을 비장애인으로 간주하는 사람들에게는 안내적 은유 역할을 할 수도 있는 반면에, 장애인들에게는 그 같은 혼합이 종종 실제 경험과 일치한다. 장애인은 항상 신체적으로 전형적인 것과 신체적으로 전형적이지 않은 것을 혼합한다. 장애를 지닌 몸은 흔히 휠체어, 보청기, 시각 장애인용 흰 지팡이 같은 보정 장치들과 합해진다.[29] 장애는 또한 때때로 자아의 변형 또는 침범으로 경험되어 분류 딜레마, 모호한 지위, 또는 온전함에 관한 가정에 대한 의구심을 낳는다. 따라서 장애를 지닌 모든 사람들은 사람들에게 인간 지위의 자격을 부여하는 '정상적'이라는 문화적 범주와 그런 지위를 박탈하는 '비정상적'이라는 문화적 범주의 "불합리한 결합"을 체화하는 것이다. 이 같은 경계적 공간 내에서 장애인은 정체성 비슷한 것을 구성해야만 한다. 통일의 원칙에 의하면 장애인은 경계를 허물어뜨리는 가고일의 의미에서나 또는 온전하지 않고 불완전한 거세당한 사람이란 의미에서나 그로테스크가 된다. 근대주의자들이 슬퍼하고 탈근대주의자들이 찬양하는 것처럼 더 이상 통일이 세상과 자아를 구성하는 원칙이 아닌 경우, 그로테스크는 그 일그러진, 불쾌한, 절망으로 뒤덮인 함축을 벗어 버리고, 문화적 타자성의 긍정적 생존자로서 탈근대적 세상과 자기 방식대로 싸울 준비가 되어 있는 사이보그가 되는 것이다. 실증주의가 분류학으로 풀어헤치려 하고, 근대주의가 그로테스크와 함께 한탄한, 몸과 자아와 세상 사이의 역설적인 관계는 탈근대적 감수성이 스스로를 설명하고 역설적으로 그 의미를 구성하는 재료가 된다.

역사화된 몸으로서의 보통이 아닌 몸 : 토니 모리슨의 장애여성들

이와 같은 혼합체가 1970년부터 1987년 사이에 출판된 토니 모리슨의 첫 다섯 편의 소설에 반복해 등장하고 있다. 무엇보다도 각 소설은 미국 흑인여성을 위한 대안적인 자아 유형을 기린다. 페트리가 그려 낸 헤지스 부인의 후계자들인, 모리슨이 그려 낸 장애를 지닌 유표된 여성들은 그로테스크에서 사이보그로 변화했다고 할 수 있다. 여기서 논의될 각 인물은 모리슨 표현에 의하면 "천민 인물"the pariah figure의 기능을 수행한다.

나의 글에는 여러 단계의 천민 인물들이 등장한다. 흑인 공동체는 천민 공동체이다. 흑인들은 천민들이다. 다른 문명과 떨어져 그러나 나란히 펼쳐지는 흑인의 문명은 천민 관계이다.⋯⋯그러나 어떤 공동체는 그 공동체의 양심에 매우 유용한 천민들을 그 내부에 포함하고 있다.[30]

일반적으로 '아름다움' 또는 '정상'이라고 알려진 배타적인 외모의 서열 체계에 의해 주변화된 에바 피스, 마리 테레즈 푸코, 베이비 석스, 낸, 필레이트 데드, 술라 피스, 세스, 그리고 그녀의 어머니는 모두 천민 인물들이며, "공동체의 양심"에서 그들의 위치는 정체성, 역사와 몸의 상관 관계를 조사하는 것이다. 각 여성 인물은 그녀의 일탈적인 몸의 징표 또는 모양 때문만이 아니라 흑인이고, 가난하고, 여성이고, 때로는 나이가 많기 때문에 문화적 중심으로부터 배제되어 있다. 이 여성 인물들 중 일부는 중심 인물이고, 나머지 다른 인물들은 부수적인 인물들인데, 이들 모두가 지배 체제가 그들에게 부여한 주변화된 사회적 신분을 훨씬 능가하는, 종종 초자연적인 것과 연결되는, 내러티브의 힘을 갖고 있다. 그들의 '기형', '장애'와 '비정상'은 배제, 소외, 낮아진 기대, 가난, 착취, 노예화, 살인, 성폭행 같은 사회적 낙인찍기의 육체적 각인이며 심판이다. 자신들의 몸 때문에 모든 특권 범주에서 배제된 모리슨의 천민 인물들은 문화적으로 승인된 공간 밖에서의 존재와 주체성의 가능성을 탐구한다.[31]

이 인물들은 모리슨의 소설이 개인적이고 집단적인 억압의 역사를 껴안는 동시에 초월하는 자아의 내러티브를 제시할 수 있도록 해준다. 모리슨의 소설은 분명하게 미국 흑인 문화를 기리면서 동시에 그 문화의 형식과 정신이 인종 차별의 제도와 불의와 충격적인 결과의 영향을 받았다고 주장한다. 그러나 모리슨의 인물들은 희생자가 되거나 사기가 저하되지 않으며, 위축된 삶을 살지도 않는다. 『빌러비드』의 한 장면은 모리슨이 억압의 경험을 포함시킬 필요와 그것을 극복할 필요 사이의 긴장을 어떻게 제시하는지를 간결하게 설명해 준다. 노예 제도로부터 막 탈출한 젊은 여주인공 세스는 플라타너스 나무에 매달려 있는 죽은 흑인 남성을 공포에 사로잡혀 바라보는 바로 그 순간에, 시선을 사로잡는 나무의 아름다움을 인식할 수 있다. 세스는 이 이미지들을 조화시킴으로써 그 모순의 충격을 완화시키려 하지 않고 그 부조화를 평생 동안 그녀의 기억 속에 넣어 둔다. 세스로 하여금 두 장면 중 하나가 다른 하나를 없애도록 하지 않는 것, 모든 의미와 일관성을 위협하는 이 역설을 더 선명하게 만드는 것은 모리슨이 미국 흑인 자아에 매우 중요한 것으로 제시하는 존재의 양식이며 앎의 양식의 좋은 예가 된다. 이 자아는 열정, 아름다움, 애착과 기쁨의 경험을 약화시키지 않고 고통과 상실, 자아와 문화의 부정을 견디어 내는 인간의 능력을 확인해 준다. 침해와 억압에 대한 육체적 증언인 이 여성 인물들의 보통이 아닌 몸들은 특별히 미국 흑인적인 자아의 내러티브에 내재되어 있는 힘과 존엄을 증명해 보임으로써 집단적 양심으로 행동한다.

이 여덟 명의 여성 인물들의 원형은 1973년 출판된 모리슨의 소설 『술라』를 지배하는 여성 가장 할머니 에바 피스이다. 에바의 한쪽 다리는 잘렸는데, 어쩌면 보험금을 타내 그녀의 자식들을 먹여 살리기 위해 스스로 자른 것일지도 모른다. 헤지스 부인이 불을 피해 지하실 창문으로 그녀의 거대한 몸을 밀어넣어 빠져 나온 것처럼, 에바의 절망적인 거친 행동은 그녀의 몸을 재구성할 뿐만 아니라 그녀의 생존을 보장해 주기도 한다. 모리슨의 주인공 모두는 비슷한 상황에 처해 있다. 실로 이들은 적대적인 사회 체제에 의해 그 행동 방식이 비극적으로 제한된 자유 분방한 주체성으로 자신들을 구성한다. 그러나 자신을 해치는 행위가 에바나 헤지스 부인에게는 양보가 아니다. 오히려 그것은 지배에 저항하는 동시에 억압의 신랄함을 증언하는 것이다. 에바는 비슷하게 다리가 없는 멜빌의 에이햅 선장과도 다르다. 에이햅의 다리 상실은 모비딕의 집착적인 추적이라는 형태로 그를 노예로 만든 반면에, 에바의 다리 상실은 그녀를 가난으로부터 해방시킨다. 에이햅의 변형은 전적으로 통제 불가능한 외부 세력에 의해 초래된 것인 반면에, 에바의 변형은 제한된 선택으로 행해진 것이다. 사실 신체적 장애는 모리슨이 그려 낸 보통이 아닌 여성들을 위축시키거나 타락시키지 않고, 오히려 맥락상의 자아를 확인시킨다. 에바의 장애는 그녀의 힘과 존엄성을 증가시켜 경외심을 불러일으키고, 고상하게 만드는, 역사에서 비롯된 우수함의 표시가 된다.

지배적인 기준에 의하면 하숙집을 하는 늙은 외다리 흑인여성에 불과한 에바이지만, 모리슨은 그녀를 신화적 존재에 가까운, 신화적 암시로 가득한 여신/여왕/창조자 형상으로 제시한다. 에바는 보통의 영역과 보통이 아닌 영역에 걸쳐 있는 다시 쓰여진 흑인 이브, 두 비대칭적 다리가 물질적 세계와 초자연적 세계 둘 다에 존재하고 있음을 암시하고 불충분이 아니라 권능화를 시사하는 미국 흑인 트릭스터trickster[32]의 여성형이다. 트릭스터는 의인화된 모호함으로서, 별난 장난으로 행동 규범을 위반하고 사회 체제를 이해하게 하는 문화적 범주를 뒤집는다.[33] 에바는 트릭스터 인물로 기존의 사회 체제를 위반하고, '정상'이 아니라 독특한 것으로 체화된 자아의 지속 가능한 내러티브의 가능성을 개척한다. 에바는 성서에 나오는 이브의 원죄 신화를 수정하면서 먹는 것,

배설하는 것, 죽는 것, 그리고 세속적 생존이 요구하는 물질적이고 일상적인 것들과 같은, 육체적 존재에 토대를 둔 신화적인 모성의 내러티브를 만들어 낸다. 그녀의 힘은 출산과 양육뿐만 아니라 죽음도 아우른다. 그녀는 자신의 다리를 잘라 '사랑하는 아기' 플럼Plum을 살리는데, 이후에 그의 마약 중독이 그녀가 그에게 준 생을 망가뜨리자 그를 불에 태워 죽인다(『술라』, p. 34). 모리슨은 에바의 남편이 그녀를 가난에 남겨 두고 떠난 후 그녀가 아이들에게 먹인 세 개의 말라비틀어진 사탕무로 이브의 사과를 다시 쓴다. 요약하자면 에바는 서구 종교 체제의 여신이 아니다. 이상화가 아닌 역사에 의해 보통이 아니도록 만들어진 육신의 여신이다. 그녀의 인내하는 몸은 그녀의 정체성인 동시에 그녀의 궁극적인 자원인 것이다.

그녀가 세상에 남긴 유산은 생명 유지이다. 항상 자선적이지는 않은 그리고 결코 감상적이지 않은 에바는 삶의 물질적 필요인 음식과 거처를 제공한다. 에바는 생활과 노래와 중독과 대수롭지 않게 일어나는 성관계로 채워진, 기이하고 산만하며 일관성 없는 하숙집의 "창조주이며 군주"이다(『술라』, p. 29). 이 "양들의 집"은 마당에 마치 자궁처럼 보이는 배가 열리는 나무들이 있고, "무언가 늘 끓이고 있는 냄비가 난로 위에 있다"(『술라』 pp. 29~30). 그녀의 자식들뿐만 아니라 끊임없이 찾아오는 친구들, 하숙인들, 입양한 떠돌이들을 지시하는 에바는 그녀가 해몽을 하고 주머니 깊숙한 곳에서 땅콩을 꺼내 아이들에게 나누어 주는 삼층 침실에 놓여 있는 그녀의 어울리지 않는 옥좌인 소형 사륜 수레에 앉아 헤지스 부인처럼 그녀의 비정통적인 가정을 지배한다(『술라』, p. 29). 신비롭고 결정적인 비전으로 그녀의 자식들의 이름을 짓고 다른 사람들의 이름을 다시 지어 주는 에바는 아담처럼, 이브에게는 주어지지 않은 힘, 즉 이름을 붙이고 따라서 정의할 힘을 소유하고 있다. 예를 들면 에바는 하나의 이름을 함께 사용한다는 유대감이 버림과 소외로부터 벗어나도록 해줄 것이라는 생각으로, 버려진 후 그녀가 입양한 세 명의 매우 다른 사내아이들에게 "듀이 킹"Dewey King이라는 이름을 다시 붙여 준다(『술라』, p. 39). 이처럼 모리슨은 미셸 파인과 에이드리엔 애시가 말한 장애여성의 사회적 "역할 상실"이라는 경계 공간에 천민 인물 에바를 중심으로 풍요로운 내러티브상의 대항 신화countermythology를 만들어 내고, 에바에게 지배 체제가 주지 않는 힘과 권위를 부여하고 있는 것이다.[34]

1981년 출판된 모리슨의 소설 『타르 베이비』에 등장하는 초자연에 가까운 인물 마리 테레즈 푸코는 에바를 닮았다. 소설에서 테레즈는 아주 작은 공간을 차지하지만, 그녀의 서술적 역할은 중요하다. 도미니카에서 "마술 젖가슴"으로 알려진 눈이 먼 테레즈는 이전에 백인 아기들의 유모였고, 근처 섬을 소유하고 있는 부유한 백인들의 세탁부이다(『타르 베이비』, p. 92). 에바처럼 테레즈도 신비한 힘을 지니고 있다. 소설의 화자가 "거짓말 잘하고 사과를 너무 좋아하는 노파"로 묘사하는 테레즈는 다른 사람들을 돌보는 자이고 트릭스터이며 이브 같은 인물이다(『타르 베이비』, p. 93). 눈이 먼 예언자 테이레시아스Teiresias처럼 테레즈는 시각을 잃었지만 시선과 연결되는 지식을 가지고 있다. 헤지스 부인을 떠올리게 하는 전지 능력으로 테레즈는 눈으로 볼 수 있는 다른 인물들이 알아채기 몇 주 전에 소설의 주인공인 선Son이 은밀하게 살피고 다닌다는 것을 감으로 안다. 에바와 헤지스 부인처럼 테레즈는 사회의 가장자리에 있는 자신의 위치에서 주요 인물들을 은밀하게 관리한다. 그녀는 선에게 음식을 남겨 주고 그가 백인들의 식량을 빼돌릴 수 있도록 하며, 결국 어둠을 통해 그를 그의 모호한 운명으로 안내한다. 정신적인 상담자이기도 한 테레즈는 백인 문화에 유혹되어 떠났던 그녀의 조카와 선을 설득해 그들의 흑인 문화, 그들의 "옛 자산"과 다시 연결되도록 한다(『타르 베이비』, p. 263). 소설에서 신비스럽고 초자연적인 요소를 의인화하는 테레즈는 노예 제도로부터 도망쳐서 현재는 섬에서 "마음의 눈을 통해" 보면서 자유롭게 말을 타고 다니는 "장님 인종의 하나"라는 의심을 받는다(『타르 베이비』, pp. 130~131).

테레즈는 모리슨의 소설에 등장하는 모든 신비스러운 장애여성들의 본질적인 측면을 생생하게 설명해 주고 있다. 마술적이고 동시에 물질적인 그녀의 내러티브적 특권과 힘은 실제 세상이 그런 형상들에게 부여하는 위치의 정반대이다. 신비스러운 흑인 문화 내에서의 테레즈의 놀라운 지식과 권위는 지배 문화 내에서의 그녀의 무력하고, 하찮고, 심지어 보이지도 않는 위치와는 강한 대조를 이룬다. 그녀는 백인들에게 다루기 힘든 하인이며, 가난하고, 늙고, 눈이 멀고, 교육받지 못하고, 거만하고, 미신적이고, 고마워할 줄 모르고, 영어가 형편없는 자이다. 여러 번 해고당한 그녀는 그녀를 알아보지 못하는 옛 고용주들에 의해 다시 고용된다. 그러나 지배 체제 밖에 결연하게 존재하고 있는 것이 오히려 테레즈에게 권위를 부여한다. 그녀는 굽실거리는 흑인 하인들과 말을 나누지 않으려 하고, "그녀의 세상에 있는 미국 백인들의 존재를 인정하려 하지 않고", 그들을 그녀의 상상적인 이야기 속에 포함시키려 하지 않으며, 심지어 그들을 쳐다보려고 하지도 않는다(『타르 베이비』, p. 94). 이런 부정들이 그녀를 말살해 버리는 문화적 관점으로부터 그녀를 자유롭게 한다. 테레즈는 특권을 가진 자들을 볼 수도 없고 그들에게 보이지도 않지만, 모리슨이 기리는 흑인 공동체의 맥박을 느끼고, 이를 향해 큰 걸음을 내딛는다. 『타르 베이비』는 지배집단의 인간 가치 척도 상에서 가장 낮은 형상을 힘과 지위가 있는 위치로 올림으로써 그 지배적인 서열 체계를 뒤집고 있는 것이다.

1987년 출판된 소설로서 노예 제도하에서의 여성의 자아에 대한 허구적 탐구인 『빌러비드』는 두 명의 장애 형상, 다리를 저는 베이비 석스와 팔이 한쪽뿐인 낸을 등장시킨다. 이들의 몸은 인종 차별의 만행에 대해 그리고 그들의 생존에 대해 증언해 준다.[35] 에바와 테레즈와 헤지스 부인의 뒤를 이어 베이비 석스와 낸도 그들의 버려진 권위의 위치에서 양육하고, 인도하고, 흑인 공동체의 물질적 필요를 처리한다. 그녀의 아들이 돈을 주고 그녀를 사 노예 제도에서 구해 낸 후, "성스러운 베이비 석스"는 여러 세대가 모여 사는 그리고 여성만 사는 그녀의 집, "난로 위에 두 냄비가 끓고 있고" "밤새도록 불이 켜져 있는" 그리고 그녀의 집을 지나치는 모든 흑인 남자와 여자와 아이들을 그녀가 "사랑하고, 주의를 주고, 먹이고, 나무라고, 달래는" 그녀의 집에 ── 에바가 한 것처럼 ── 일종의 모성적 기관과 지역 복지관을 만든다(『빌러비드』, p.87). 삶에 의해 완전히 지치기 전까지 베이비 석스는 또한 육체를 신봉하는 여사제로 활동하면서, 춤과 통곡과 노래가 넘치는 신新이교도적 야외 행사에서 마을을 이끈다. 이 행사에서 그녀는 강하고 감동적인 연설을 통해 사람들에게 그들의 육체를, 다른 사람들에 의해 깨지고, 고통받고, 멸시당하는 그들의 몸을 깊이 사랑하라고 간청한다. 이후에 그녀는 "그녀의 마음이 말해야만 하는 나머지를 그녀의 뒤틀린 엉덩이로 춤을 추어 표현한다"(『빌러비드』, p.89). 베이비 석스는 흑인여성에게 있어서의 몸의 중요성을 알고 있다. 그녀의 육체는 다른 사람이 소유하였고, 그녀의 여덟 명의 자식들은 다른 사람들이 몰래 데려가 버렸고, 그녀의 못쓰게 된 엉덩이는 사악한 노예 경제에서 실로 그녀의 가치를 떨어뜨렸다.

베이비 석스보다 덜 충분히 성격이 묘사된 세스의 초기 보호자 낸 또한 살아남고, 양육하고, 연결할 힘을 지니고 있다. 낸은 테레즈처럼 유모이고, 에바처럼 다리를 절단하였다. 낸은 또한 문화와 역사 보존자로서, 사라져 가는 아프리카 언어로 『빌러비드』의 주인공인 어린 소녀 세스에게 세스의 출생에 관한 이야기를 해주면서, 세스가 노예였던 그녀의 어머니가 소중하게 여긴 유일한 자식이었으며, 성폭행의 결과로 태어나 배船 밖으로 던져지지 않은 유일한 자식이었음을 밝혀 준다. 세스는 확실하게 인정하지 않지만 그녀의 어머니로부터 온 유산의 일부는 에바 피스와 공유하고 있는 역설적인 힘, 즉 영아 살해를 범하는 분명 모호한 도덕적인 능력이다.

모리슨은 기능적 제약 때문이 아니라 장애의 또 다른 모습인 형태적 독특성 때문에 보통이 아닌 몸을 지니고 있는 여성 집단을 그려 냈다.[36] 그 첫 여성이 배꼽이 없이 태어난 필레이트 데드이다. 그녀는 여사제이고, 『솔로몬의 노래』의 주인공 밀크맨 데드Milkman Dead의 독불장군 고모이다. 헤지스 부인, 에바와 베이비 석스처럼 필레이트도 비정통적 가정 ——술 만들기, 묘약 만들기와 사랑 나누기 같은 신비스러운 육욕적 기술들이 행해지는 "미치광이들의 집합소"—— 의 여성 가장이다. 세 세대의 여성들은, 귀부인 또는 복수의 여신 에우메니데스Eumenides처럼, 가족 구성원에게 저질러진 범죄에 대한 복수를 하는 흑인 여신으로 필레이트의 가정을 다스린다(『솔로몬의 노래』, p. 20). 자신의 이름을 자신이 지은 필레이트는 그녀의 성서적 이름을 조그만 황동 상자에 넣어 의식적으로 귀에 달고 다닌다.[37] 테레즈가 선Son을 흑인 뿌리로 되돌아오도록 하였듯이 필레이트와 그녀의 집에 머무는 여성들도 그들의

"유혹의 노래"를 통하여 밀크맨을 유도한다. 그러나 밀크맨은 파멸 대신 자신의 역사와 조상들과의 재활적인 재연결점을 찾는다.

필레이트의 보통이 아닌 몸은 그녀와 다른 인물들을 차별화하며, 그녀를 경계적인, 때로는 마술적인, 가능성의 공간에 따로 위치시킨다. 모리슨은 한 인터뷰에서 이 효과를 묘사하였다.

> 내가 어떤 사람에게 남과는 다른 여성 인물의 성격을 설명하려고 애를 쓰고 있었는데, 그때 나는 그녀가 배꼽이 없다고 상상하였다. 그러자 그것이 이 여성 인물에게 대단한 것이 되었다. 그리고 독자가 그녀에 대해서 무엇인가를 기대하도록 그것이 소설의 첫머리로 와야만 했다. 그것은 부재의 상태에서 강력하고 존재의 상태에서는 중요치 않은 것이어야만 했다. 그것은 그로테스크한 것이 아니라 그녀를 남과 다르게 만드는 것, 그녀가 실로 자신을 만들어 내도록 하는 것이어야만 했다.[38]

여기서 모리슨은 한 인물의 체화된 다름이 그 인물에게 "자신을 만들어 낼" 수 있도록 하고, 관습적인 백인 각본을 실제 공연하는 표준적 몸과는 거리가 있는 독특한 정체성을 실현할 수 있도록 한다고 주장하고 있다. 그야말로 이 여성들 모두가 보통인 것이 아니라 보통이 아닌 것에 근거를 두는 정체성 형성의 원리를 체화하고 있는 것이다. 내러티브적 중요성을 지니고 있는 이 여성들의 몸은 좁은 인간성 범주로의 동화에 저항하고, 모든 인종과 젠더 체계의 배타적인 신체적 기준에 도전한다. 모든 동화 요구나 용납 제시가 잘난 체하는 것으로 간주하면서 이들은 그들이 동화되고 싶은 것이 아무것도 없고 그들 자신에게 용납되어야 할 것이 아무것도 없다고 주장한다.

필레이트 데드와 비슷하게 에바 피스의 손녀 술라도 그렇지 않으면 "평범했을 법한 얼굴에서 깨진 홍분과 시퍼런 면도칼 위협"을 느끼게 하는 얼굴의 모반으로 인하여 고립된다(『술라』, p. 52). 술라의 신체적 표시는 그녀의 타자성의 원인인 동시에 표현이다. 다른 인물들은 그녀가 마을에서 차지하고 있는 애매한 위치를 시사하는 술라의 모반을 각자의 입장에 따라 뱀, 올챙이, 그녀의 어머니의 유해, 또는 장미로 해석한다. 장미로서의 모반은 초기 기독교인들이 하나님의 은총을 나타내는 성혼으로 해석한 피부에 나타나는 꽃을 암시할 뿐만 아니라, 장미로 상징되는 아프리카의 사랑의 신을 암시하기도 한다.[39] 물론 뱀은 술라를 성서의 이브 그리고 수정된 흑인 이브인 그녀의 할머니와 연결한다. 술라의 모반이 다른 사람들의 내러티브적 의미의 기반이 되고 있는 것은 문화적 타자성이 생산되는 방식의 정수를 보여 준다. 지배 체제가 신체적 다름으로 인식하는 것은 이 집단의 심리적 그리고 정치적 관점에 기여하는 의미의 보관소 역할을 한다. 고대와 중세의 괴물 같은 몸처럼 술라의 몸은 그녀가 속한 공동체의 사람들이 자신들의 집착, 두려움과 희망을 읽어 내는, 아주 쉽게 읽을 수 있는 텍스트인 것이다. 그녀의 몸의 보통이 아닌 측면은 그녀를 구경꾼들에게 사회적 경계의 판단 기준이 되는 구경거리로 만든다. 규범을 위반하는 몸은 유표된 천민이 되고 사회 체제의 파괴자가 된다. 그러한 역할 속에서 술라는 그녀가 속한 집단이 스스로를 명확히 밝힐 수 있도록 자신의 다름을 제공함으로써 "다른 사람들이 자신들을 정의할 수" 있게 해준다(『술라』, p. 95). 다른 보통이 아닌 여성들처럼 술라의 몸은 "공동체의 양심"으로서의 역할을 하고 있는 것이다.[40]

세스와 이름 없는 반항적인 노예로 교수형을 당한 그녀의 어머니 모두 그들의 역사를 그들의 몸에 그려 넣은, 정체성을 부과하는 동시에 무표된 자들로부터 그들을 차별화하는 표시를 갖고 있다. 세스의 어머니의 노예 신분은 실로 그녀의 육신에 흡수되어, 거세한 수소나 그리스 노예처럼 그녀의 몸에 낙인이 찍혀 있다. 그녀의 입은 그녀 자신의 감정에 의해서 형성된 것이 아니라 그녀의 주인이 처벌하기 위해 물린 재갈에 의해서 형성된 섬뜩하고 비꼬는 듯한 "미소"를 머금은 채 영원히 굳어 버렸다(『빌러비드』, p. 203).[41] 생존자의 위엄이 있는, 억센 자존심을 지닌 세스의 어머니는 세스와의 유일한 상봉에서 그녀의 성흔 같은 흉터를 세스에게 보여 주고, 이는 순진한 아이로 하여금 어머니와의 유대를 표하기 위해 "저 표시 나에게도 해줘"라는 말을 하게 만든다(『빌러비드』, p. 61). 분노한 어머니로부터 뺨을 맞은 세스는 결국 노예화의 유산이 그녀에게도 그녀만의 낙인을 남겼다는 것을, 즉 그녀가 자유를 얻은 대가로 당했던 가혹한 매질이 그녀의 등에 깊고 복잡한 모양의 흉터를 남겼다는 것을 깨닫게 된다. 술라를 차별화하는 모반을 상기시키는 세스의 흉터는 다른 사람들에 의해 산벚나무나 연철로 만든 미로로 해석된다. 그녀의 역사의 깊이를 가늠하고 그녀를 따라다니는 귀신들을 잠재우기 위하여, 세스는 등에 새겨져 그녀 자신은 볼 수 없는, 이 기억이 저장된 새김을 해독하여야만 한다. 이 모호한 휘장은 그녀의 어머니로부터 온 저주인 동시에 선물로서 세스와 그녀의 어머니 사이의 유대를 나타낼 뿐만 아니라, 어머니의 운명으로부터 세스가 구원되었음을 나타내기도 한다. 모든 유표된 여성 인물들처럼 세스의 육체적 재형성은 역설적인 것으로, 그녀의 역사와 정체성에 의해 요구된 대가 그리고 동시에 그것에 의해 생산된 보통이 아닌 인물을 보여 주는 것이다. 보통이 아닌 여성들의 역할은 타자성과 그 의미를 그들의 몸의 형태로 보존하고 양육과 보호를 통하여 공동체의 몸을 유지하는 것이다. 그들의 유표된 몸은 노예 제도에 의해 만들어진 공유된 유대와 각 개인의 역사가 만든 차이를 확인해 준다. 이 여성들의 몸은 다시 구성원이 된다re-member. 즉 그들은 역사와 공동체를 기억해 내 다시 구성하는 것이다.

　모리슨의 보통이 아닌 여성들은 다른 인물들과는 매우 다른 수사적 기능을 행하는 신체적 장애를 지닌 마지막 여성 인물과 비교할 때 가장 확실하게 드러난다. 모리슨의 첫 소설 『가장 푸른 눈』에 등장하는 잔인한 취급을 당하는, 잔인한 브리드러브 가족의 어머니이며 아내인 폴린 브리드러브는, 그녀의 후계자들과 마찬가지로 신체적 일탈이라는 딱지를 달고 역사의 흔적을 몸에 지니고 있다. 그러나 폴린은 에바나 테레즈나 필레이트와 같은 형상들의 권위, 위엄, 또는 초자연에 가까운 힘을 보여 주지 않는다. 테레즈처럼 세탁부이고 백인 아이들의 보모이고, 베이비 석스처럼 발에 장애가 있어 다리를 절고, 가난과 학대와 결핍과 반감을 견디어 내고 살아남은 폴린이지만 그녀는 여사제나 신화적 여신인 형상이 결코 아니다. 그녀는 그녀가 속한 공동체의 다른 구성원들의 가능성에 기여하는 것이 아니라 그들에게 엄청난 충격을 안겨 준다. 사실 모리슨은 다른 장애 인물들에게 부여한 바로 그것을 폴린에게서 박탈하고 있다. 다른 장애여성 인물들은 권능화되는 반면에, 억압하는 자들과의 공모를 통해 자신을 더럽히는 폴린은 약화된다. 그녀에게 내려진 열등함이라는 판결을 내면화함으로써 폴린은 자신의 육체 그리고 결과적으로 그녀의 자식들과 남편과 공동체의 육체를 배반한다. 백인 문화 속에서 흑인인 것, 남성의 세상에서 여성인 것, 풍요의 사회에서 가난한 것, 심지어 신체적 능력을 이상화하는 세상에서 다리를 저는 것과 같은 징표들이 폴린을 약화시키거나 그녀의 딸 피콜라Pecola를 파괴하는 것은 아니다. 그보다는 폴린으로 하여금 "못생겼음"과 묻지도 반발도 하지 않는 "이상적인 하인"의 역할을 받아들이게 한 상황과 성격과 선택이 수렴되어, 그녀로부터 다른 보통이 아닌 여성들에게 부여된 위엄과 우아함과 아름다움과 사랑을 박탈하는 것이다(『가장 푸른 눈』, pp. 34, 100).

폴린은 인종 차별과 성 차별에 의해 저질러진 영혼의 침범과 잠재력의 왜곡에 대한 모리슨의 동정 어린 연구이다. 폴린의 [백인의 딸을 자신의 딸보다 더 사랑하는 것과 같은] 잘못된 우선 순위는 다른 흑인여성들이 이루고 있는 서로를 유지해 주는 공동체로부터 그녀를 멀어지게 만들어, 베이비 석스와 같은 사람들의 설교를 들어 보지 못하고, 에바의 부엌 같은 곳에서 먹어 보지 못하며, 위층에 사는 성매매 여성들의 서로를 인정해 주는 결속조차도 느껴 보지 못하게 한다. 이와 같이 삶을 유지시켜 주는 것들을 상실한 폴린은 비극적으로 자기 혐오에 빠져, 부유한 백인 가족의 집을 관리하고 자신의 딸보다 그 백인 가족의 푸른 눈과 노랑머리를 가진 딸을 사랑하는 데에서 칭찬과 만족을 찾음으로써 자신의 잠재력을 낭비한다. 저항할 수 있게 하는 자원이 없는 폴린은 여성 순교, 부르주아의 지위를 표현하는 품격 있는 생활 양식, 기독교적 육체 부정, 그리고 낭만적 사랑과 같은 파괴적인 이념들에 응한다. 이런 믿음들은 그녀로 하여금 장애를 불완전한 것으로 받아들이고, 백인의 신체적 아름다움을 미덕과 동일한 것으로 이상화하고, 호화스러운 백인 가정에서 칭찬에 안도하는 이상적인 흑인 하인 역할을 받아들이도록 한다. 페트리의 루티와 매우 비슷하게 폴린은 다른 모든 낙인찍힌 여성들이 거부한 문화적 각본을 받아들였다. 흑인성, 여성성과 자아에 대해 저질러진 이념적인 잘못들을 그녀가 받아들여 믿는 것이 소설에서 그녀의 딸 피콜라를 망치는 변절의 기능을 한다. 이러한 위반 때문에 모리슨은 그녀의 권능화의 주요 수사적 상징 중의 하나인, 폴린이 육체의 여사제로서 다스릴 수도 있었던 통합적이고 여성 중심적인 흑인 가정을 폴린에게 허락하지 않는 것이다.

모리슨의 낙인찍힌 장애여성들은 저항을 통하여 그들의 존재를 무효화하려는 지배적인 기준을 거부하는 동시에 그들만의 대안적인 심리적 그리고 육체적 자가 승인self-authorization 체계를 만들어 낸다. 이 인물들은 변화된 사회 체제, 즉 가치 서열 체계와 규범과 권위 구조를 재구성하는 사회 체제를 시사한다. 이 대안적인 영역은 사실주의와 신화의 수사적 병치에서 나온다. 수전 스튜어트는 사실주의가 일상 경험의 규칙과 공유된 해석 체계에 의존한다고 주장한다. 사실주의는 물리적 법칙뿐만 아니라 지배적인 사회적 규범과 기대와 행위를 인정하고, 어느 정도까지는 이에 동의하기도 한다.[42] 예를 들면 로버트 스미스Robert Smith가 날기를 시도하는 『솔로몬의 노래』의 첫 장면은, 구경에 몰두한 사람들 머리 위로 보이는 절벽에 걸터앉아 있는 정신이 이상하고 자살하려는 사람들에게 공유된 문화적 이미지를 언급하면서 또한 그것에 의해 해석된다. 이 같은 제시는 스미스가 길바닥에 떨어지는 장면과 함께 흔한 일상적 경험 즉 현재 상황을 확인해 준다. 그러나 이 장면의 사실주의는 밑에서 구경하다 갑자기 노래를 부르는 필레이트에 의해 약화된다. 필레이트는 이 상황에 해당하는 사회적 규칙을 어겨 기대된 것의 흐름을 방해한다. 여기서 필레이트는 그녀의 미친 행동이 모여든 사람들로부터 "사실적인" 웃음을 이끌어 내는 노숙자인 동시에 그 말이 이탤릭체로 표기되어 텍스트의 나머지 부분과 구분되면서 권위와 신탁과 같은 지위를 시사하는 "강력한 최저 여성음"이 되는 이중성의 인물이다(『솔로몬의 노래』, p. 5).

사실주의가 이 장면을 지배하고 있기는 하지만, 발판을 마련하는 것은 다른 사회 규칙이다. 이 소설은 로버트 스미스 같은 일상적인 이름 대신에 필레이트나 기타Guitar로 불리는 사람들 같은 괴짜나 지배 사회에서 폐기 처분된 자들로 채워진 대안적 현실을 제시한다. 스튜어트의 내러티브 이론에 의하면 신화는 일상 경험과의 지시적 관계에서 사실주의로부터 한 걸음 벗어난 허구적 전략이다. 하지만 예를 들면 아이러니나 메타 픽션metafiction과는 달리 신화는 독자가 허구적 영역과 동일시하게 하고, 그에 대해 기꺼이 믿는 것을 지속시킬 수 있을 정도로 사실적인 재현에 가깝다.[43] 필레이트는 사실주의가 가리키는 지배 사회 체제 내에서 낙인찍혔지만『솔로몬의 노래』가 제시하고 승인하는 대조적인 신화적 체계 내에서는 군림하고 있다. 사실 이 소설의 주인공은 이 영역을 향해 다가가, 그 영역에서 자신의 흑인 유산을 소유하고 나는 법을 배움으로써 사회적 그리고 물리적 체제에 저항한다. 필레이트의 노래로 시작된 신화적 맥락은 밀크맨의 비상하려 하는 최후 몸짓을 [병원 지붕에서 날아 보겠다고 자살에 가까운 시도를 한] 스미스의 추락으로 수정하고, 그리고 소설의 첫 장면을 지배하는, 흑인 문화를 지워 버리려 하는 사회 규칙으로부터의 해방으로 만든다. 모리슨 소설의 신화적 재현의 관습들은 독자로 하여금 지배적인 사회 체제를 '경험을 해석하고, 정의하고, 정리하는 유일무이한 체계'로서 인식하고 동시에 그에 대해 의심을 가질 수 있을 만큼의 거리를 유지하도록 한다. 신화는 이 소설들이 지배집단의 관점을 제쳐 놓고, 에바, 필레이트, 또는 베이비 석스의 집과 같이 일이 다르게 운영되는 공간을 확립하도록 해준다. 모리슨은 장애가 있는 유표된 여성들을 이중으로, 즉 소설이 특권을 부여하는 신화적 영역의 여왕이자 지배 체제 내에서의 이방인으로서 제시한다.[44] 트릭스터로서의 에바처럼 각 여성 인물은 두 영역에 한 발씩 딛고 있는 매개 역할을 하는 경계적 인물, 분열된 세상과 교섭하도록 갖춰진 정신적·육체적 사이보그이다.

스튜어트의 주장에 의하면, 도치inversion는 상식적인 일상 세계를 터무니없는 것으로 전환한다.[45] 예를 들면 모리슨의 소설에서 여러 개의 도치된 이름은 인식적 모순을 시사하고 있다. 『술라』에서 백인 소유의 계곡 위에 있는 흑인들이 사는 산은 "바닥"the Bottom이라 불리고, 『빌러비드』에서 핵심 인물들이 노예로 살고 있는 농장은 "즐거운 우리 집" Sweet Home이라 불리며, 『솔로몬의 노래』에서 "의사 거리가 아닌 거리" Not Doctor Street와 "자애롭지 않은 자애 병원"No Mercy Hospital은 이름을 짓고 따라서 정의할 수 있는 지배집단의 자격을 풍자하는 터무니없는 이름이다.[46] 우리가 상정하는 상식의 일상 세계는 지배집단의 배타적인 관점, 가치, 서열 체계와 규범으로 채워져 있기 때문에, 내러티브적 도치는 현재 상황을 이해할 수 없는 것으로 표현함으로써 그 기반을 약화시키는 것이다. 물론 이 신화적인 대항 영역이 흑인이며 가난하고 남자 없는 장애여성들에 의해 다스려진다는 것은 '정상인'의 특권과 지위를 기초로 하는 권력 구조의 근본적인 도치이다. 에바 피스가 그 같은 역전의 효과를 가장 잘 보여 준다고 할 수 있다. 에바의 보잘것없는 옥좌는 아이가 갖고 노는 수레에 맞도록 개조된 휠체어인데, 너무 낮아 성인은 그녀를 내려다보아야만 한다. 그러나 내러티브는 이 관점을 역전시켜 에바를 보는 사람들에게 "그들이 그녀를 우러러 보고 있다는, 그녀의 멀리 떨어져 있는 두 눈을 올려다보고 있다는, 그녀의 검은 콧구멍 그리고 턱 끝을 올려다보고 있다는 인상"을 준다(『술라』, p. 31). 이 신화적 영역에서는 위와 아래, 높은 것과 낮은 것과 같은 믿을 수 있는 좌표들이 적용되지 않는다. 그 대신 보통이 아닌 것에게 자격이 주어지고, 보통인 것은 무력하다.

이 같은 신화적 영역은 지배적인 서열 체계도 도치시킨다. 예를 들면 이 여성들의 세상은 마치 서구 문화의 육체 부정과 육체와 분리된 영혼에의 집중을 무효화하려는 것처럼 육체의 모든 면을 긍정적으로 받아들인다. 베이비 석스의 자신의 육체의 사랑에 대한 설교는 성스러운 담론이다. 몸을 돌보는 사람들은 강하다. 심지어 『빌러비드』의 귀신도 몸이 있다. 뿐만 아니라 노예 제도, 가난과 성폭행이 경제나 도덕 문제로가 아니라 무엇보다도 순교나 금욕이나 자기 부정의 이념들에 의해 완화되지 않는 몸의 침범으로 제시된다. 이 영역은 또한 자율적인 개인으로서의 자아라는 전통적인 생각을 뒤집는다. 개인의 힘은 주인-노예 모형의 소유권 즉 다른 사람들에 대한 지배를 따르지 않고 대체로 집단의 구성원에게 능력을 주고, 그들에게 쉴 곳을 제공하고, 그들을 먹이고, 양육하고, 보살피기 위해 작동된다. 협동, 공동체와의 연결이 개인적 성취, 경쟁과 소유의 강조를 대체한다. 마지막으로 어머니 중심의 여러 세대가 함께하는 친족 체계는 핵가족 형태의 가부장적 가정 구조를 대치한다.

그러나 이 대안적인 영역이 이상향인 것은 결코 아니다. 지금까지 논의한 소설들이 이러한 대안적 세계를 인정하고 승인하기는 하지만, 그 소설들은 또한 여성들의 삶을 그들의 행동과 관계를 제한하는 사실주의적, 적대적 사회 체제로 둘러싼다. 이 인물들 중 아무도 실제로 '정상인'의 주체 위치를 차지하지 않음에도 불구하고, 이 '정상인'의 주체 위치는 도처에 스며들어 있는, 어디에나 존재하며 이 흑인 인물들을 파괴하고 제한하는 세력이다. 예를 들면 노예 소유주인 스쿨티처 Schoolteacher는 『빌러비드』에 잠깐 등장할 뿐이지만, 그의 행동의 끔찍한 결과는 흑인 공동체의 모든 곳에서 관계를 끊어 버리고 왜곡시키며 소설 전체에 파문을 일으킨다. 『타르 베이비』의 벌러리언Valerian, 『빌러비드』의 가너 씨Mr. Garner, 『가장 푸른 눈』의 폴린에게 고마워하는 그녀의 고용주와 같이 자애롭다고 알려진 백인 남성들은 그들의 '정상인' 시각과 가치가 흑인들의 행복과 맞지 않은 탓에 자신들도 모르게 피해를 입힌다. 모리슨의 소설에서 매우 중요한 잔인한 역설은 모리슨의 인물들이 인종 차별, 성 차별, 사회계급 차별과 장애인 차별 내에서 행동할 힘을 지니고 있지만 이 체제들의 파괴적인 연결이 그들을 지배한다는 사실이다. 이 같은 주체성의 한계는 예를 들면 『술라』에서 에바가 플럼을 굶주림으로부터 구하기 위해 자신의 다리를 자르고 이후에 영적인 굶주림으로부터 구하기 위해 그를 불에 태워 죽일 때, 이보다 더 강력하게 『빌러비드』에서 세스가 칼로 그녀의 아기의 목을 그어 살해함으로써 그녀를 찾으러 온 노예 주인을 돌아가게 만들 때 볼 수 있다.

역사화된 몸은 정체성에 영향을 준다고 주장함으로써 모리슨은, "자기 창조는 그것의 형태를 부여한 사고에 의해 한정된다"는 것과 주체성은 "자신을 조종한 바로 그것을 조종하려는 의지"에 있다는 신념을 갖고 있는 레너드 크리겔Leonard Kriegel의 "생존자로서의 불구자" Survivor Cripple를 상기시킨다. 모리슨의 여성들이 가지고 있는 장애와 흉터들은 그 위에 문화적 타자성이 세워진 인종 차별과 성 차별의 물리적 흔적이거나 선천적인 변형들이다. 이 육체적 흔적들은 역사에 의해 인간의 살 위에 새겨진 담론, 폴 마셜Paule Marshall의 표현에 의하면 "삶의 상처들"life-sores인 것이다.[47] 따라서 장애는 억압에 의해 뒤틀린 삶을 가리키는 은유가 아니고 몸의 독특함과 개인의 역사를 확인하고 인정하는 귀중한 표현인 것이다. 몸은 이 여성들이 다른 사람들이 그들에게 투사한 환상과 두려움에 저항하면서 그들 스스로 해석하기를 주장하는 텍스트이다. 헤지스 부인을 상기시키는 이 여성들의 개인적 그리고 공동체적 역사는 기품 있는 인내와 심오한 생명력의 증거로서 그들의 신체에 생생하게 새겨져 있다.

보통이 아닌 주체 : 『자미: 내 이름의 새로운 철자』

페트리와 모리슨의 장애여성들이 소설의 주변에 머물고 있는 반면에, 1982년에 출판된 오드리 로드의 '전기적 신화' 『자미: 내 이름의 새로운 철자』는 유표된 여성과 그녀의 몸에 대한 요구를 소설의 한가운데 위치시키고, 그 여성을 화자로 삼고 있다. 『자미』를 "전기적 요소와 신화적 역사를 포함한" 소설로 설명하는 로드는 의식적으로 내러티브 자아를 구성하면서, 삶을 객관적으로 기록한다는 생각 뒤에 자리 잡고 있는 순진한 지시성을 의도적으로 멀리한다.[48] 그녀의 혼합 장르인 '전기적 신화'는 반대되는 담론 범주인 '신화'와 '전기'를 융합하고 있으며, 『자미』에서 모든 경계를 넘는 체화된 정체성을 창조하는 주제적 과제를 암시하고 있다. 머리말은 이 소설이 근본적으로 자아의 이분법적이고 매우 제한적인 구분들 사이에 다리를 놓는 일에 관심이 있음을 설명해 주고 있다.

나는 항상 남자와 여자 모두 되고 싶었고, 나의 어머니와 아버지의 가장 강하고 풍요로운 부분은 나에게 포함시키고 싶었고, 지구가 언덕과 봉우리를 함께 갖고 있듯이 내 몸 위에 계곡과 산을 함께 갖고 싶었다.
(『자미』, p.7)

따라서 (『자미』의 핵심 인물) 자미는 오드리가 실제 살고 느낀 경험이 정체성에 관한 규범적인 범주들과 맞지 않는다는 전제로 소설을 시작한다. 그녀는 자신이 "서인도제도계 가정에서 뚱뚱하고, 흑인이고, 눈이 거의 보이지 않고, 양손잡이로 자라났다"고 말한다(『자미』, p. 240). 이 같은 묘사가 자신을 존중하는 자기 재현을 방해함에도 불구하고 로드는 그것을 도전적으로 주장한다.『에보니』*Ebony*,[49] 백인들의 "결핵 환자 같은" 표정, 그녀의 가정에서 백인에 가까운 피부색을 선호하는 것, "다양한 시력 상실" 아이들을 위한 특수반을 통하여 로드는 일찌감치 그녀의 몸이 다를 뿐만 아니라 잘못되었다는 것을 배운다(『자미』, pp. 5, 24).『자미』의 임무는 "뚱뚱한", "눈이 보이지 않는", "동성애자인"과 "흑인인" 같은 말들이 나타내는 일탈의 내러티브를 재구성하여, 그런 말들이 기반으로 하고 있는 신체적 특징들과 경험들을 포함하는, 그러나 그 말들에 가치, 힘 그리고 새로운 의미를 불어넣는 담론적 자아를 창조하는 것이다.

남성/여성, 주체/타자, 정상/비정상, 그리고 우수한/열등한 같은 융통성 없는 대립적 범주들은 로드가 실제로 살아 낸 육체적 경험을 구속한다.『자미』는 그와 같은 부과된 자아의 정의들에 맹렬하게 저항하며 모리슨의『가장 푸른 눈』에 등장하는 피콜라 브리드러브와는 달리 자기 말소를 거부한다.『자미』의 자서전적인 형태는 화자가 독자와 오드리 같은 주변화된 인물 사이를 중재할 때 종종 나타나는 동정의 역학과 대상화의 가능성을 제거한다. 동성애적 섹슈얼리티를 중심으로 하는 주체적 시각을 형성하고 이방인성outsiderness을 증대함으로써 『자미』는 '정상인'의 관점을 탈자연화하고 그런 '정상인' 관점의 지배에 항의한다. 자서전적 형태와 내용을 적용하는 동시에 개편하고 있는 『자미』는 그 내러티브의 기반을 이 장의 첫머리에서 논의한 종류의 "제3의 호칭"에 두고 다면적인 문화적·신체적 타자성을 일관성 있는 주체성으로 형성한다(『자미』, p. 15). 이렇게 하기 위하여 로드는 그녀의 주체와 지배적 규범 사이의 차이점들을 약화시키지 않고 오히려 강화하여 텍스트에서 그 차이점들을 강조한다. 이를 통해 우리가 "강렬한 타자"라고 부를 수 있는 것이 오드리의 내러티브에서 자아가 되어, 그녀를 주변으로 내모는 문화적 규범에 도전한다. 이성애가 규범인 문화적 맥락에서 분명하게 여성 동성애를 제시하는 것은 정상 상태 그 자체에 이의를 제기하는 방법이 된다. 자아의 정의를 더욱더 강렬하게 보통인 것이 아니라 보통이 아닌 것에 기반을 둠으로써, 규칙보다는 예외에 기반을 둠으로써 『자미』는 흑인여성 정체성의 새로운 형태에 대한 페트리와 모리슨의 탐구를 이어 가고 있다. 그녀는 사회적 소외의 근원인 자신의 신체적 다름을 자신의 시적 그리고 성적 확인의 근원으로 만든다. 이 같은 자기 승인은 정치적인 그리고 개인적인 생존을 위한 행동, 의미 있는 문화적 일을 해내는 "침묵의 말과 행동으로의 전환"이라고 로드는 주장한다.[50] 따라서 『자미』는 보통이 아닌 여성들의 정체성이 '정상인'의 거대 내러티브를 거부하려는 탈근대적 충동을 따르면서 주체성과 체화된 다름을 결합하는 것을 설명하고 있는 것이다.

오드리/자미는 흑인 동성애 시인으로서 긍정적인 자기 재현을 하기 위하여 교양 소설, 예술가 소설, 악한 소설과 자서전 같은 관습적인 형식들을 이용한다. 그녀는 여자 선조에서 시작해, 오드리가 자신을 카리아쿠 섬Carriacuo[51] 출신의 여성을 사랑하는 시인으로 확인하는 계기를 마련해 준 사랑의 흑인 여신 아프레케테Afrekete에서 절정에 이르는 일련의 여성들과의 관계를 통하여 발전해 간다. 그녀의 어머니를 포함한 여성들과의 이 같은 관계를 성적인 것 그리고 시인으로서의 자신을 구성하고 있는 것으로 제시함으로써 로드는 말과 몸을 연결시킨다.[52] 이 전기적 신화는 여성들과의 관계 —— 함께 이 작품의 초반부에서 제시되어, 이 작품을 구성하는 질문인 "나의 목소리 뒤에 있는 힘, 나를 이루는 힘은 누구에게 빚을 지고 있는 것일까?"와 "나의 생존의 상징들은 누구에게 빚을 지고 있는 것일까?"에 대한 답을 형성하는 —— 에 대한 놀라울 정도로 직선적이고, 목적론적이고, 악한 소설적이며, 선택적인 설명이다(『자미』, p. 3). 『자미』의 맺음말은 오드리의 합성된 자아가 다른 여성들에게서 알게 된 자신의 여러 면들을 포함하고 있음을 보여 준다. 이 전기적 신화는 이러한 만남들을 실제 삶의 경험으로부터 나온 그리고 차후 관계에 의해서 변경될 수 있는, 여러 조각들이 붙여져 이루어진 정체성으로 만들고 있다.[53]

> 내가 사랑한 적이 있는 여성들 모두가 나에게 자국을 남겼다. 이 자국에서 나는 나와 떨어져 있는 나 자신의 소중한 부분, 너무도 달라서 그것을 이해하기 위해 나를 늘이고 팔다리를 뻗고 성장해야만 했던 그 부분을 사랑했다. 그리고 그 성장에서 우리는 헤어짐에 이르게 되었다. 이곳에서 일이 시작된다. 새로운 만남이. (『자미』, p. 255)

로드는 이 자기 창조를 이름 다시 짓기, 클로딘 레이노Claudine Raynaud가 적절하게 말한 "대단히 적극적인 호칭 변경"으로 생각한다.[54]

로드는 오드리에서 자미로의 변환을 네 살 때 그녀의 성 오드리Audrey에서 y를 떼어 낼 것을 주장하는 것으로부터 시작해서 몸이 매 칠 년마다 스스로 재생한다는 생물학적 사실을 상기시키는 것으로 완성한다. 이 같은 재구성은 "편지를 사지절단하다" 또는 "연인들이 로드의 몸에 자국을 남긴다"와 같이 육체적 재형성으로 표현되고 있다. 오드리에서 자미로 변화한 몸은 유연한 경계를 갖고 있다. 그녀의 몸은 몸과 경험 사이의 변증법적 방식을 통해 그 역사를 변화시키고 그 역사에 의해서 변해, 몸이 실로 그들의 역사인 모리슨의 장애여성들을 상기시킨다.

뿐만 아니라 로드의 내러티브는 자결적이고 자율적인 개인의 거대 내러티브에서 벗어난다. 일련의 여성들과의 제휴를 통해 생산된 오드리의 자아는 예를 들면 모든 조상과 영향을 거부하고 차별화를 통하여 정체성을 개발하려는 에머슨의 「자립」이나, 소로의 『월든』에 표현되어 있는 문화적 자아와 두드러지게 대조된다. 오드리의 신체가 지배적 유형으로부터 크게 벗어난다는 사실은 규범에 가까운 사람에게는 그렇지 않을 수도 있는 방법으로 그 같은 여성들과의 제휴를 필요하고도 안전한 것으로 만들고 있다. 달리 말하자면 사랑하는 사람들과의 동일성이, 구분되지 않는 소멸의 위협보다는 긍정이 될 수도 있다는 것이다. 어쩌면 에머슨과 소로의 거의 집착에 가까운 순응의 부정은 보통이기 때문에 소멸되는 것에 대한 두려움이었을 수도 있다.

로드는 모리슨이 사용한 것과 비슷한 구성 전략을 사용하여 자아에 대한 신화적인 내러티브와, 살면서 겪은 사건들 중 선택된 것들에 대한 사실주의적인 내러티브를 섞었다. 예를 들면 로드의 이탤릭체로 표기된[번역된 이 책에서는 고딕체로 표기] 목소리는 텍스트의 신화적 설명을 다음과 같은 서정적인 시 같은 구문에서 전달하고 있다. "가파른 언덕 같은 하루가 달팽이 속도로 지나가 밤이 되면 나는 너를 꿈꾼다. 이 양치기는 절망의 시간이 끝나길 기다리며 아름다운 것을 만드는 법을 배우는 나병 환자야." 이 시는 다음 문장이 보여 주는 것과 같은 교육, 일, 가족 불화, 고통받는 청소년기, 그리고 첫 성경험에 관한 산문적 기록과 엮인다. "내 주머니에 63달러가 있었다. 목요일 오후에 뉴헤이븐New Haven 지역 열차를 타고 스탬퍼드Stamford에 도착했다. 나는 일주일 전 방문했을 때 얻은 주소에 있는 흑인 문화 회관으로 갔다"(『자미』, pp. 190, 122). 오드리의 마지막 그리고 가장 긍정적인 성적인 만남에 대한 묘사는 신화적 시각과 사실적 시각을 섞으며 그녀의 연인을 번갈아 시적인 "아프레케테"와 산문적인 "키티"Kitty라 부른다. "여전히 날씬하고 최신 유행을 따르는, 그러나 나사가 풀린 듯한 미소를 짓고 화장을 아주 옅게 한" 키티는 현실 세계에 속하고, 아프레케테는 "덤불로부터, 그리고 코코얌과 카사바를 심은 그녀의 농장으로부터 온 살아 있는 것들을 지니고" "꿈속에서 나와 나에게 오며", 각각의 여성 속에 여신을 불러일으킨다(『자미』, pp. 244, 249). 그리하여 폄하된 소녀 오드리로부터, 신화적인 "카리아쿠 섬에서 친구로서 그리고 연인으로서 함께 일하는 여자들을 부르는 이름인 자미"가 나타난다(『자미』, p. 255). 사실주의와 신화를 나란히 사용하는 것은 강한 사회 비판과 이상향적 충동을 혼합하여 모리슨의 작품에서와 똑같은 목적을 『자미』에서 달성하고 있다. 즉 신화적 시각이 지배집단의 관점을 몰아내 새로운 존재의 방식을 상상할 수 있는 담론적 공간을 마련하는 것이다.

로드의 '전기적 신화'는 페트리가 시험적으로 신체적 다름을 긍정적인 정체성의 정치학에 이르는 수단으로 이용한 것을 완전히 실현해 내고 있다. 『거리』의 헤지스 부인이 비전과 목소리를 갖고 있는 반면에,

『자미』는 오드리에게 단순히 내용상의 결과로서가 아니라 자서전적 형태를 통해 생산된 시선과 목소리를 부여한다. 오드리의 의식이 내러티브의 시각을 결정하기 때문에 『자미』는 담론적 자아를 생성해 낼 뿐만 아니라 그 자아에 의해 파악되고, 이야기되고, 정당화된 온 세상도 창조해 낸다. 헤지스 부인은 그녀의 몸을 일탈적인 것으로 보는 독자를 포함한 다른 사람들의 거슬리는 응시로부터 그녀 자신을 보호해야 하는 반면에, 오드리는 그녀의 목소리와 시각이 텍스트를 구성하기 때문에 구경거리의 타자성이 될 수가 없다. 따라서 화자 역할을 하는 오드리는 그녀의 다름을 구별의 표시, 정체성의 표시로 보여 주면서도 그로테스크한 구경거리가 되지 않을 수 있는 것이다. "나는 뚱뚱하고, 흑인이고 매우 세련되었다. 우리는 또래나 어울리는 무리가 없었는데, 어느 날 나는 그것을 자랑스럽게 여기고 있음을 알았다"(『자미』, p. 223). 『이방인 자매』*Sister Outsider*에서 로드는 다름을 강하게 제시할 때 노출의 문제, 구경거리가 되는 위험에 대해 뭉클하게 쓰고 있다. 자신을 드러내 보이는 것에 대해 논의하면서 로드는 경멸과 비난에 대한 두려움을 언급하지만 "우리는 남의 눈에 띄는 것을 두려워하는데 그것 없이는 진정한 삶을 살 수 없다", 그리고 "남의 눈에 잘 띄는 것이 우리를 가장 취약하게 만드는 것이지만 동시에 우리의 가장 큰 힘의 근원이기도 하다"고 주장한다.[55] 보이지 않는 것에 대한 분노와 자신을 숨기려는 자기 보호적 충동 사이에 끼인 로드는 보통이 아닌 몸을 담론적으로 보여 주는 동시에 구경거리의 착취적 역학 관계에서 벗어나기 위하여 이 전기적 신화를 이용한다. 따라서 오드리/자미의 자기 전시는 보통이 아닌 몸을 찬양하면서 모든 중개인을 몰아내 버리고 독자와의 직접적이고도 친밀한 관계를 주장하는 것이다.

특수성의 시학

페트리의 헤지스 부인, 모리슨의 낙인찍힌 여성 천민들, 그리고 『자미』의 오드리는 집단과 개인의 역사에 의해 영향을 받은 체화된 자아의 정치화된 모형을 탐구하였다. 이 독특함으로 그 윤곽이 정해진 자아는 평등이라는 민주주의적 전제에 의해 예견된 획일적인 자아 모형을 수정하였다. 내가 2장에서 논의한 것처럼, 후기 계몽주의 사회에서 규범의 이념적인 힘은 유표된 몸을 일탈적이고 종속적이며 특수한 것으로 보여 주고 무표된 몸에 지위와 특권과 보편성을 수여하였다. 평등의 원칙이 획일성을 부추기는 반면에 자유의 원칙이 구분을 권장한다면, 미국적 자아는 동일성을 향한 욕망과 독특성을 향한 바람 사이의 갈등 위에 균형을 잡고 있다. 그 결과 근대 사회에서 규범의 독재는 보통이 아닌 몸을 '정상인'의 감성에 흥미를 불러일으키기도 하고 불쾌함을 불러일으키기도 하는 기형적인 몸으로 만들었다.

나는 여기서 흑인 인권 운동과 여성 운동의 영향을 받은 일부 작가들이 보통이 아닌 몸으로부터 인종과 젠더 정체성이 암시하고 있는 근본적인 차이를 실로 몸에 포함시키는 자아의 개념을 표현할 수 있는 수사적 전략을 찾아냈다고 주장하고 싶다.[56] 블랙 파워Black Power[57] 시대 이후의 재현의 문제점은 (블랙 파워 운동이 주장하는 것처럼) 만약 검은 것이 아름다운 것이라면 검은 것이 표준화된 백인성과 구분되어야만 한다는 것이었다. 유표된 여성 형상은 특권이 부여된 정상적인 몸——중립을 표방하지만 높은 사회적 지위를 차지하면서 문화적 중심을 구성하고 있는——을 반박하거나 모욕할 수 있는 보통이 아닌 몸을 재현할 수단을 제공하였다. 따라서 1946년에 쓰여진 페트리의 양면적 감정이 비교적 많이 들어 있는 헤지스 부인 묘사가 긍정적인 정체성의 정치학이 일반적인 것이 되기 전에 이루어진 것인 반면에, 모리슨이나 로드 같은 1960년대 이후 등장한 흑인여성 작가들은 그들의 소설이 지니는 시각에 필수적인 긍정적인 다름의 담론 내에서 보통이 아닌 몸을 이용하였다. 이 작가들에게 있어 보통이 아닌 몸은 개인적 그리고 집단적 경험에 대한 증언이었다. 그와 동시에 이 형상들은 두드러지지 않는 몸 덕분에 (평범한 때로는 사기성의) '정상인' 지위가 제공하는 보호막을 수여받는 인물들과 완전히 차별화되었다. 정치적인 표현으로 말하자면 이 보통이 아닌 몸들은 수용을 요구하고, 동화에 저항하며, 인종적·젠더적·성적 다름과 같은 차이들과 경험의 표시들을 지워 버릴 지배적 규범에 도전하였던 것이다.

이 흑인여성 작가들은 민족주의적인 문화 사업을 위해 낙인찍힌 형상들을 전용하였을 뿐만 아니라 보통이 아닌 몸을 근대적인 일탈적 구현으로부터 구해 내기도 하였다. 장애여성은 긍정적인 정체성 정치학의 인종화된 몸일 뿐만 아니라 독립적인 자아에 대한 에머슨과 소로의 비전에서 찬양된 성질인 불복종의 화신이기도 하다. 이 형상들은 표준화된 대중문화에서 평등이 가정하고 있는 동일성에 의해 억눌린 힘을 되찾았다. 달리 표현하자면 페트리, 모리슨과 로드가 서구 문화를, 특히 미국인들을 매료시킨 기형인간 형상을 되찾은 것이다. 그러나 기형인간쇼는 관객들의 정상성의 경계선을 구축하기 위해 보통이 아닌 몸을 식민화한 반면에 이 흑인여성 작가들은 권능화하는 정체성에 대한 비밀을 간직하고 있는 놀라운 존재로 유표된 여성 형상들을 변환하였다. 정치화된 놀라운 존재들인 이 형상들은 그들의 몸이 결점이 있는 것이 아니라 뛰어나고 경외감을 불러일으키는 것으로 간주된 계몽주의 시대 이전의 경이로운 괴물의 형태로 표현된 것이다.

　미국 흑인여성 작가들에 의해 수행된 문화적 사업이 자아 특히 여성 자아의 지배적 모형을 재구성하는 것이었다는 사실은 놀라운 일이 아니다. 미국 흑인여성의 역사 연구에서 폴라 기딩스Paula Gidings는 19세기 참여성의 이념으로부터 20세기로 넘어올 무렵의 신여성 이미지를 거쳐 1950년대의 중산층 가정 주부와 현재의 주류 여성주의자들에 이르는 지배집단의 여성성 형태에 대하여 흑인여성들이 갖고 있는 불편한 관계를 강조하였다. 이 같은 역할들로부터 집단으로서 흑인여성들은 이념과 경제에 의하여 항상 배제되면서 동시에 그것들에 의해 평가되어 왔다. 예를 들면 1861년에 이미 해리엇 제이콥스Harriet Jacobs가 노예 여성에 대한 성적 착취를 그려 낸 내러티브에서 "노예 여성은 다른 사람들과 동일한 기준으로 평가되지 말아야 한다"고 주장하며 이러한 이중 기준을 지적하였다.[58] 이와 비슷하게, 유럽계 백인종의 특징을 토대로 한 여성적 아름다움의 기준들은 흑인여성들에게 부과된 신체적 열등성이 타고난 특징인 것처럼 만들어 버렸다. 주로 노예, 성적 노리개, 가정부로 등장하는 흑인여성들의 몸은 전통적으로 백인 여성들의 몸과 반대였으나 백인 여성의 기준으로 칭찬받거나 비난받았다. 마치 이 역설적인 덫에 대한 답례인 것처럼 세 작가 모두 흑인여성의 몸에 강요된 일탈의 평가에 대한 대응으로 보통이 아닌 여성 형상들을 활용하였다.

　예를 들면 (여기서 논의된 작가 가운데 가장 많은 수의 작품이 언급되고 있는) 모리슨의 소설은 스토와 데이비스와 펠프스의 19세기 소설의 사회적 항의와 주창의 전통을 이어 가면서 동시에 수정하였다. 특히 모리슨의 소설은 스토의 『톰 아저씨의 오두막』을 수정하였다. 이 두 작가의 수사적 목표는 지배 문화에 의해 배제된 집단에게 사회경제적, 정치적 평등과 지위를 부여하는 것이었다. 모리슨은 이 전통을 확장하고 수정하면서, 주창을 주체성으로 대치하여 스토의 흑인 인물들을 논쟁의 소지가 있는 방식으로 묘사하도록 만든 자전적 모성애의 문제를 제거하였다.[59] 모리슨의 소설은 실제로 스토의 흑인여성 형상들 중 여러 형상들을 개정해서, 그들을 노예 폐지론자 내러티브의 주변에서 소설의 정치적 그리고 미학적 중심에 위치한 미국 흑인 중심 시각의 핵심으로 이동시켰다. 『톰 아저씨의 오두막』에서 "희극적인 짓"과 "마술"을 하는 것으로 비난받는 천방지축 부랑아로서 "사악한 마음"을 가지고 있는 "못된 년"이라고 스스로 주장하는 탑시가(『톰 아저씨의 오두막』, p. 20) 『술라』에서는 악을 "이질적인 세력"이 아니라, 그저 "다른 세력"으로 소개하는──모리슨이 말했듯이──천민 핵심 인물이 되었다.[60] 스토가 그려 낸, 사랑하는 아들과 헤어져 팔려 간 다음 소설에서 사라지는 장애가 있는 노예 어머니 헤이거는, 장애가 있는 노예 어머니로서 그녀의 아들이 돈으로 그녀의 자유를 사서 노예 제도에서 벗어나게 해주고 그후 목사 역할을 하며 여성 중심의 가정을 형성하는 『빌러비드』의 베이비 석스로 다시 등장하였다. 스토의 흑인 여주인공 중 한 사람으로서 "다시는 아이가 성인으로 자라나게 할 수가 없어" 자신의 아기에게 아편 정기丁幾를 주었다고 톰에게 고백하는 캐시는(『톰 아저씨의 오두막』, p. 521) 모리슨이 『빌러비드』를 구성함에 있어 핵심 사건인 영아 살해를 범하는 세스로 다시 나타났다. 스토가 기독교적 가정성을 대표하는 인물로 치켜세운 헌신적인 아내며 하인인 클로이Chloe 아주머니는 『가장 푸른 눈』에서 좋은 하인 역할의 결과를 보여 주는 폴린 브리드러브가 되었다. 스토의 작품에서 못된 하인으로 인간화되어 있으나 희생자가 되는 프루는 신비스럽게 권능화되어 『타르 베이비』의 테레즈로 등장하였다. 끝으로 스토의 작품에 등장하는 남을 구원하는 핵심적인 여주인공 에바는 모리슨의 가장 가혹한 변형을 통해서 『가장 푸른 눈』의 "미소 짓는 하얀 얼굴을 한, 약간 헝클어진 노랑 머리를 하고, 깨끗한 안락함의 세계에서 밖을 내다보는 파란 눈을 가진" "깜찍한 셜리 템플"과 "사랑스러운 메리 제인" 형상으로 다시 등장하였다(『가장 푸른 눈』, pp. 19, 43). 사랑스러운 에바가 지니고 있는 파괴적인 잠재력은 이 에바 형상이 『가장 푸른 눈』에서 폴린 브리드러브가 자신의 딸 피콜라를 버리고 모든 정성을 쏟는 피셔 가족의 "분홍 얼굴과 노랑머리의 꼬마 소녀"로 나타날 때 분명해졌다(『가장 푸른 눈』, p. 87). 이 이상화된 백인 여자아이는 유순한 피콜라 브리드러브를 무너뜨리고 백인 여자아이에게 집착하게 만들었으며, 이 겉으로 보기에 천진난만한 이미지와의 동일시가 피콜라를 파국으로 몰고 갔다. 이 같은 변형은 행위 주체성과 중요성이 백인의 의식에서 흑인의 의식으로 이동할 때 등장하는 예리한 문화적 비판이었다. 이처럼 모리슨은 19세기 사회개혁 소설의 문화적 사업을 계속함과 동시에 심문하였던 것이다.

모리슨의 인물들이 스토의 인물들을 암시하고 급진적으로 새로운 맥락에서 제시한 것처럼 이 보통이 아닌 여성들은 경이로운 기형인간을 상기시키는 동시에 재구성하였다. 기형인간과 이 유표된 여성들 모두 그들의 몸이 과시하는 지나침으로 인해 경이감을 불러일으킨다. 이들 모두 보통의 그리고 어쩌면 현실에 안주하는 구경꾼들을 놀라게 한다. 그러나 기형인간쇼의 무대가 타자성의 구경거리를 강화하기 위하여 비전형적인 몸을 탈맥락화한 반면에 이 [보통이 아닌 여성들에 대한] 문학적 재현은 그 유표된 몸의 역사적 맥락을 강조하여, 그들의 몸에 은유적 중요성이 아니라 사회적 의미를 불어넣고, 그들의 몸을 소품이 아니라 삶으로 에워쌌다. 육체적 존재를 개인적 역사와 문화와 연결시킴으로써 보통이 아닌 여성 형상들은 자아를 규범에의 복종 면에서가 아니라 그 독특성 면에서 정의하였던 것이다.

　이 보통이 아닌 여성들은 기형인간으로서 영위하는 삶의 경이로운 다름을 전유하였지만, 이들은 기형인간을 그로테스크한 구경거리로 만드는 대상화를 거부하였다. 페트리가 헤지스 부인을 모호하게 묘사한 것은 구경거리가 시각과 맥락에 의해 생산된다는 것을 시사하였다. 헤지스 부인이 구경거리가 되길 거부하는 것뿐만 아니라 그녀가 남을 구경하는 것과 행위적 주체성을 주장하는 것을 주제로 함으로써 페트리는 장애의 몸을 목적어에서 주어로 이동시키는 일을 시작하였다. 모리슨은 초자연적 힘과 젠더로 채워진 신화적 재현을 이용하여 몸의 다름을 역사의 자국으로서 그리고 인종적 경험의 표시로서 보여 줌으로써 이 과정을 계속하였다. 로드의 자서전적 형태는 그로테스크한 구경거리의 역학을 가장 강하게 물리쳤다. 그녀의 전기적 신화는 "그녀의 위대한 힘의 근원", 즉 지배 문화가 가장 낮게 평가하는 신체적 특징들인 "뚱뚱한", "눈이 보이지 않는", "동성애적인" 그리고 "흑인" 것을 강조하는 일종의 자기 전시회였다.[61] 로드는 기형인간쇼가 보이고 있는 일탈에 대한 과장을 전유하여 그것을 특별함으로 다시 구성하였다. 기형인간의 특별함은 기형인간을 나머지 인간들로부터 분리시키지만, 오드리의 특별함은 자서전적 형태에 내재된 동일시에 의해 뒷받침되어 뛰어남으로 작동하였다. 로드가 기형인간쇼 구경꾼에게 그 쇼 관객을 떠나 무대 위의 기형인간 옆에서 볼 것을 요청하였다고 말할 수도 있다. 그 무대 위에서 기형인간과 함께 재미있어 하는 우월감을 가지고, 그리고 엷은 경멸감을 가지고 무대 아래에 있는 '정상인'들을 쳐다보기 위해서 말이다. 이처럼 페트리와 모리슨과 로드는 보통의 몸을 정상화하지 않으면서 전통적으로 침묵된, 정적인 타자성의 구경거리에 목소리, 시선, 행동하는 힘을 불어넣었던 것이다.

그녀의 여성주의적 그리고 시적 급진주의에 대한 선언서인 『이방인 자매』에서 로드는 "주인의 도구로는 주인의 집을 절대 무너뜨릴 수 없다"고 주장하였다.[62] 그후 우리는 힘의 소유가 로드의 주장이 시사하는 것보다 더 복잡하다는 것을 발견하게 되었다. 나는 페트리와 모리슨과 로드가 그들이 당시에 구할 수 있는 것으로 대처하였다고, 달리 말하자면 전통적인 괴물, 즉 근대의 표준화된 평균인이란 형상에 의해 가려지고 비하되어 온 놀랍게 체화된 형상을 암시함으로써 가까이에 있는 것을 그들의 사용 목적을 위하여 개조하였다고 주장하려는 것이다. 어쩌면 인종 차별주의적 담론이 흑인여성의 몸을 괴물스러운 것이나 기형적인 것과 일치시켰기 때문에, 이 작가들은 이 같은 보통이 아닌 형상들을 자료로 하여 그들이 권능화한 정치화된 놀라운 존재들을 만들어낼 수 있게 된 것이었다. 탈근대주의적 여주인공의 원형으로서 이들이 창조해 낸 보통이 아닌 여성들은 착한 소녀나 숙녀, 미인이 아니라 사이보그 형상들이었는데, 그들의 모계 선조는 억압적인 근대성 담론에 의해 폄하되지 않은 경이로운 기형인간들이었다. 기형인간의 순전한, 본질적인 신체적 다름을 암시하는 이 유표된 여성 형상들은 그들의 역사적 특수성을 지워 버릴 동화와 보상에 저항하였다. 다름의 경이로움은 유지하고 공연의 대상화는 거부한 페트리는 헤지스 부인이 할렘의 약탈자들에게 복수할 때 기형인간쇼의 사나운 "아마존의 여자 거인"을 다시 썼던 것이다. 모리슨은 "다리 없는 경이"라 불린 기형인간을 수레로 만든 옥좌에 앉아 있는 제왕적이고 호령하는 완전히 성화sexualized된 에바 피스로 다시 그려 냈다. 기형인간쇼 업자 바넘의 "팔 없는 경이"는 성스러운 이야기를 들려 주고 자양분을 나누어 주는 『빌러비드』의 낸이 되었다. 모리슨은 또한 "놀라운 문신의 여자"를 그들의 독특성을 나타내는 신비하고 불가해한 표시를 몸에 새기고 있는 세스와 술라로 변형시켰다. 그리고 이국적인 "체르케스 미인"은 모리슨의 소설에서 매혹적이고, 남자들을 민족주의자의 운명으로 안내하는 것으로 그려진 필레이트 데드가 되었다. 넋이 나간 관객 앞에서 여성성에 대한 보기 흉한 풍자로서 페피타스 춤을 춘 홀리아 파스트라나는 보통이 아닌 육체를 기리는 성스러운 춤으로 도망친 노예 집단을 이끄는 모리슨의 베이비 석스가 되었다. 마지막으로 로드는 "호텐토트의 비너스"를 뚱뚱하고 흑인이고 동성애자인, 목소리, 주체성, 공동체, 주체적 행위와 섹슈얼리티에 의해 인간답게 되지만 여전히 모든 의미에서 육체적이고 보통이 아닌 오드리/자미로 표현하였다.

병적인 현상에서 정체성으로

이 책은 정체성 생산과 신체적 다름에 대한 현재 우리의 학술적 대화를 넓히고 변화시키려 한다. 그 주요 목적은 문화가 장애를 재현하고 사회적 실천이 장애를 구성하는 방식을 더듬어 보는 것이었지만, 그와 관련되어 이 같은 재현과 몸의 역할을 강조하는 것도 목표로 삼았다. 몸의 구성에 대한 논의 내에 장애에 대한 생각을 도입하는 일은 시각적으로 드러나는 신체적 특수성과 정체성 사이의 관계에 대해 직시할 것을 요구한다. 이것은 신체적 다름의 범주들을 순진한 본질주의의 탓으로 돌리는 것이나, 구성주의로 하여금 몸의 물질성을 지워 버리도록 하는 것을 요구하지 않는다. 장애의 문화적 재현에 초점을 맞추는 것은, 일부 특징과 모양과 기능은 눈에 띄게 체화된 열등함이나 일탈의 징표가 되게 하는 반면에 다른 특징과 모양과 기능은 중립적이고 탈체화되고 보편화된 규범 속으로 모습을 감추게 하는 외모의 정치학을 드러내 보여준다. 이 같은 몸의 읽기들은 눈에 보이는 인간의 신체적 다름에 의해 고정된 서열 체계에 따라 지위, 특권과 물적 재화를 분배하는 분류 체계상의 좌표들이다.

물론 이 같은 경제에 있어서 장애가 유일한 신체적 표시는 아니다. 인종, 젠더, 민족, 섹슈얼리티와 사회계급을 구성하는 담론에 장애를 포함시키는 것은 몸의 문화적 구성을 복잡하게 만들면서 동시에 모든 육체적 존재가 복수의 정체성의 내러티브──스스로 느끼거나 부여되는, 폄하되거나 특권이 주어지는──에 의해 굴절된다는 것을 인정하는 것이다. 눈에 보이는 신체적 다름을 정돈하고 구별하는 다양한 체계들의 교차점에 초점을 맞춤으로써 나는 정체성들이 상호 교환 가능하다고, 젠더와 장애가 같은 의미의 구성이라고, 또는 장애는 민족의 한 형태라고 주장하려는 것이 아니다. 그보다는 젠더, 민족, 섹슈얼리티와 장애가 이념적 구조에 따라 몸을 만드는 동일한 사회적 과정과 실천의 서로 연관된 결과물이라고 주장하려는 것이다. 여기서 내가 찾으려고 노력한 것은 이 과정들이 장애를 만드는 동시에 해석할 때 그 과정들에 내포된 복잡함의 일부이다.

내가 이 책의 전반에 걸쳐 주장하였듯이, 장애 형상은 불충분, 우발성과 비천함──일탈적 특수성──을 나타내는 부호로 작동하며, 소위 안정되고 보편화되었다고 하는 정상 상태의 특권과 특혜를 받는 표준이 되는 몸을 만들어 낸다. 따라서 문화적 자아의 형상은 체화되기를 거부한다는 측면에서 이 연구의 쌍둥이 주제이다. 더욱이 문화적 연출에 있어서 장애를 지닌 몸은 보는 사람과 보여지는 사람 사이, '강렬하게 체화된, 개념이 구체화된, 그리고 침묵당한' 대상과 '추상적인, 무표된, 탈체화된' '정상인' 사이의 복잡한 관계에 위치하고 있는 동정적인, 그로테스크한, 경이로운, 또는 병적인 구경거리인 것이다. 또한 나는 미국의 자유주의적 개인주의, 노동 윤리와 특정한 재현적 장르의 맥락 속에서 장애 형상을 조사함으로써 구경꾼과 구경거리 사이의 역학 관계를 역사화하려고 노력하였다. 기형인간쇼, 감상주의 소설 그리고 흑인여성의 해방 소설과 같은, 장애 정체성을 생산해 낸 세 가지 유형의 일반적인 현장들을 분석하면서 나는 다음의 세 가지를 이루려 하였다. 첫째, 다양한 형태의 신체적 타자성 사이의 상호 연결이 실제 재현에서 어떻게 작동하는지를 보여 주려 하였다. 여기서 나의 목표는 궁극적으로 그같은 재현들을 역사화하고 맥락화함으로써 사회적 형성 과정의 근본적인 복잡성을 보여 주는 것이었다. 특히 나는 지배와 주변이라는 사회적 범주의 단순한 이분법을 복잡화하길 원했다. 예를 들면, 이미 지배 담론 밖에 자리매김한 텍스트에서 타자성의 내적 역학 관계를 고려함으로써 나는 우리의 연구가 정체성에 대한 이분법적 사고를 초월하기를, 그리고 일종의 문화적 그리고 비평적 분리주의 속에서 정당성을 보장하기 위하여 분석적 범주들을 분열시키는 현재의 관행을 중단시키기를 희망하였다.

둘째, 기형인간쇼, 감상주의 소설과 흑인여성의 해방 소설은 장애를 지닌 몸의 재현이 특히 모호하고 불안정한 장르이다. 장애의 스테레오타입적인 이용을 연대순으로 기록하는 것은 쉽다. 하지만 기형인간쇼가 보통이 아닌 몸을 경이로운 동시에 혐오스러운 것으로 제시한 것, 그리고 감상주의가 지지와 거절을 결합시킨 것에 초점을 맞춤으로써 나는 정상적인 주체 위치를 차지한 사람들과 바로 그러한 정체성의 경계를 규정하기 위하여 동원된 몸을 소유하고 있는 사람들 사이의 관계에 내포된 복잡성을 더욱 강조하려 하였다. 따라서 이 책을 통해 나는 체화된 타자성의 표시로서의 신체적 장애에 대한 거대 내러티브를 보여 주었을 뿐만 아니라 이상적인 미국적 자아에 대한 정의 자체를 심문하는 독특한 개인적 또는 집단적 역사의 표시로서의 신체적 장애에 대한 대항 내러티브를 드러내 보이기도 하였다.

마지막으로 흑인여성의 해방 소설이 기형인간쇼와 감상주의 소설의 모호한 장애 형상 재현을 수정하였다는 나의 주장은 내가 인정하고 싶은 어떤 편향을 시사하고 있다. 다름을 찬양하는 모리슨과 로드의 묘사 속에 흑인 인권 운동 이후의 긍정적인 정체성의 정치학을 향한 충동이 내포되어 있음을 인지해 냄으로써, 나는 모리슨과 로드의 장애 형상 이용에 대한 나의 분석을 역사화하였다. 그렇지만 이 흑인여성들의 신체적 다름을 근대성의 이례적인 것에 대한 폄하와는 분리된, 특별함으로 표현하려는 노력과 나 자신의 정치학이 비슷하다는 것을 고백해야만 하겠다. 이 책은 장애를 지닌 몸을 새로운 방법으로 보는 것, 즉 비정상abnormal이 아니라 보통이 아닌extraordinary 몸으로 보는 것을 상상하고 있다. 결국 이 책의 수사적 취지는 우리의 신체적 다름에 대한 해석을 지배하고 있는 외모의 정치학을 비판하는 것, 장애는 보상이 아니라 수용을 필요로 한다고 주장하는 것, 그리고 우리의 장애에 대한 생각을 병적인 현상에서 정체성으로 전환하는 것이었다.

후주

1부 · 몸의 다름을 정치화하기

1장 / 서론: 장애, 정체성, 재현

1 예를 들자면, 최근에 Thomas Laqueur, *Making Sex: Body and Gender from the Greeks to Freud*, Cambridge: Harvard University Press, 1990와 "흑인의 개념, 아프리카 인종의 개념"(p. x)에 관한 탐구인 Kwame Anthony Appiah, *In My Father's House*, New York: Oxford University Press, 1992는 '인종'과 '젠더'를 신체적 다름으로 정당화된 역사적·이념적 구성물로 분석하였다. 미국학 분야에서는 19세기 귀먹음의 은유적 구성물에 대한 연구인 Douglas C. Bayton, "A Silent Exile on This Earth: The Metaphorical Construction of Deafness in the Nineteenth Century", *American Quarterly* 44(2), pp. 216~243와 David A. Gerber, "Heroes and Misfits: The Troubled Social Reintegration of Disabled Veterans in *The Best Years of Our Lives*", *American Quarterly* 46, 1994, pp. 545~574, 그리고 Martin Norden, *The Cinema of Isolation: A History of Physical Disability in the Movies*, New Brunswick, N. J.: Rutgers University Press, 1994가 장애를 연구 주제로 수용하였다. 장애학은 인정받은 그리고 두드러진 사회학의 한 분야로서, 문화비평가들이 목소리를 내고는 있지만, 여전히 의료인류학, 사회정책, 재활의학을 강조하는 경향이 있다. 장애인의 사회적·정치적·법적 역사에 대한 여러 중요한 연구들은 장애를 사회적 구성물로 다루었다. 예를 들자면 Deborah Stone, *The Disabled State*, Philadelphia: Temple University Press, 1984; Richard Scotch, *From Good Will to Civil Rights: Transforming Federal Disability Policy*, Philadelphia: Temple University Press, 1984; Nora Groce, *Everyone Here Spoke Sign Language: Hereditary Deafness on Martha's Vineyard*, Cambridge: Harvard University Press, 1985[『마서즈 비니어드 섬 사람들은 수화로 말한다』, 박승희 옮김, 한길사, 2003]; Stephen Ainlay

et al. eds., *The Dilemma of Difference: A Multidisciplinary View of Stigma*, New York: Plenum Press, 1986; Robert Bogdan, *Freak Show: Presenting Human Oddities for Amusement and Profit*, Chicago: University of Chicago Press, 1988; David Hevey, *The Creatures That Time Forgot: Photography and Disability Imagery*, New York: Routledge, 1992; Claire Liachowitz, *Disability as a Social Construct: Legislative Roots*, Philadelphia: University of Pennsylvania Press, 1988; Iris Marion Young, *Justice and the Politics of Difference*, Princeton: Princeton University Press, 1990; Martha Minow, *Making All the Difference: Inclusion, Exclusion, and American Law*, Ithaca: Cornell University Press, 1990; Robert Murphy, *The Body Silent*, New York: Holt, 1987; Lennard J. Davis, *Enforcing Normalcy: Disability, Deafness, and the Body*, New York: Verso, 1995; Joseph Shapiro, *No Pity: People with Disabilities Forging a New Civil Rights Movement*, New York: Times Books/Random House, 1993 같은 연구들이 있다. 많은 이론가와 역사학자들이 장애를 문화적 구성물로 대하게 되었지만, 아마도 장애가 서양 문화에서 너무도 광범위하게 자연화된 탓에, 이들은 장애라는 범주에 대해 의구심을 갖지 않았다. 이같이 연구자들이 의구심을 갖지 않는다는 것이 내가 연구를 하게 된 동기가 되었다. 다음과 같은 연구들을 참고할 것. Michel Foucault, *The Birth of the Clinic: An Archaeology of Medical Perception*(Naissance de la clinique), trans. A. M. Sheridan-Smith, New York: Pantheon, 1973[『임상의학의 탄생』, 홍성민 옮김, 이매진, 2006]; Mary Douglas, *Purity and Danger: An Analysis of Concepts of Pollution and Taboo*, New York: Praeger, 1966[『순수와 위험』, 유제분·이훈상 옮김, 현대미학사, 1997]; Geoffrey Galt Harpham, *On the Grotesque: Strategies of Contradiction in Art and Literature*, Princeton: Princeton University Press, 1982; 그리고 David Rothman, *The Discovery of the Asylum: Social Order and Disorder in the New Republic*, Boston: Little, Brown, 1971.

2 [옮긴이] 체화는 어떤 물리적·물질적 상태로 변화함/변화시킴을 의미하며, 그와 관련된 탈체화는 그 반대 현상을 가리킨다.

3 U. S. Congress, The Americans with Disabilities Act of 1989, 101st Cong., 1st sess., S. Res. 933, Washington DC: GPO, 1989, p. 6.

4 마서즈 비니어드 섬에 널리 퍼져 있는 유전적 청각 장애에 대한 노라 그레이스의 연구(*Everyone Here Spoke Sign Language*)를 참고할 것.

5 Marcia Pearce Burgdorf and Robert Burgdorf Jr., "A History of Unequal Treatment: The Qualifications of Handicapped Persons as a 'Suspect Class' Under the Equal Protection Clause", *Santa Clara Lawyer* 15, 1975, p. 863.

6 내가 '형상'(figure)이란 용어를 반복 사용하는 의도는 장애를 지닌 실제 사람들과, 문화에 의해서 부과되고 삶과 관계 속에서 협상되어야만 하는 '장애'와, '신체적으로 온전한' 주체

위치 사이의 중요한 차이를 보여 주려는 것이다. 문화적 재현의 산물로서의 형상은 이념적 환경을 구성하고 있는 장애에 대한 태도와 가정을 드러내 보인다. 뒤에서 내가 주장하려는 것처럼, 주관적인 경험과 장애를 갖는 문화적 정체성 사이, 실제적인 삶과 강요된 사회적 범주 사이에는 항상 괴리가 존재한다. 다르다는 딱지가 붙여진 사람들이 싸워야 하는 소외와 억압의 느낌은 이 괴리로부터 발생한다. 분명히 짚고 넘어갈 것은 본 연구가 신체적 장애를 가진 실제 사람들의 역사가 아니라 낙인찍힌 집단적 정체성을 산출해 내는 장애의 재현에 초점을 맞추고 있다는 점이다.

7 이 용어는 1989년 덴버에서 열린 장애학 연례 컨퍼런스(Disability Studies Annual Conference)에서 있었던 비공식적 대화 속에서 나의 동료이며 사회학자인 데럴 에번스(Daryl Evans)가 농담조로 제시한 것이다.

8 Erving Goffman, *Stigma: Notes on the Management of Spoiled Identity*, Englewood Cliffs, N. J.: Prentice-Hall, 1963, p. 128[『스티그마』, 윤선길 옮김, 한신대학교출판부, 2009].

9 Paul Robinson, "Responses to Leslie Fiedler", *Salmagundi* 57, Fall 1982, p. 78. 장애가 정치적 은유로 해석된 예로는 다음을 참고할 것. Peter Hays, *The Limping Hero: Grotesques in Literature*, New York: New York University Press, 1971.

10 이 슈츠의 주장은 Ainlay et al. eds., *The Dilemma of Difference*, p. 20에 인용된 것임.

11 [옮긴이] 과잉 결정이란, 간략히 말하자면 두 가지 이상의 서로 다른 원인들에 의해 결정된 상황을 가리킬 때 사용하는 개념/용어이다. 지그문트 프로이트가 처음 사용하였고, 1960년대에 철학자 루이 알튀세르에 의해 널리 사용된 용어이다. 알튀세르는 사회가 서로 다른 다양한 요소들로 구성된 복합적 실체인데, 모든 요소들은 그 밖의 요소에 영향을 미친다고 주장하면서, 이것을 과잉 결정으로 표현하였다.

12 [옮긴이] 사회심리학자 조지 미드(George Mead)가 사용한 용어로서, 내면적 심리 과정 등을 상징적으로 나타내는 신체적, 음성적, 감정적 동작 또는 표현을 말한다.

13 Ainlay et al. eds., *The Dilemma of Difference*, p. 20; Sandra Gilman, *Difference and Pathology: Stereotypes of Sexuality, Race, and Madness*, Ithaka: Cornell University Press, 1985, p. 16.

14 호메로스의 폴리페무스의 어구를 서구 원시주의 담론의 초기 서술 중 하나로 다루는 마리아나 토고브닉의 논의는 여기서 함축적이다(*Gone Primitive: Savage Intellects, Modern Lives*, Chicago: University of Chicago Press, 1990, p. 8). 토고브닉의 주장에 의하면, 오디세우스는 사이클롭스의 타자성을 미개하고 야만적인 것으로 읽음으로써 일종의 문화기술지(智)의 창시자가 되었다. 폴리페무스의 타자성은 관상을 근거로 외눈박이의 괴물 같은 상태의 모습을 나타내는 것으로 제시되었다. 토고브닉은 폴리페무스의 이질성에 더해 그의 일탈적인 신체 형태가 그의 타자성을 결정짓는다고 언급하지는 않았다. 그러나 사실 이 시각적으로 드러난 신체적 낙인이 이 이야기의 가장 두드러진 특징일 것이다. 더욱이 폴리페무스에 대한 오디세우스의 대우는 사이클롭스가 비인간적이기 때문에 정당화되고 있

는 것 같고, 사이클롭스가 오디세우스와 신체적으로 다르기 때문에 비인간적인 것이다. 나는 토고브닉의 분석에 다음 사항을 추가하려 한다. 폴리페모스의 재현은 또한 신체적 장애를 비인간성의 표시로서 보는 초기의 그리고 결정적인 사례로서 읽을 수도 있다.

15 [옮긴이] 멜빌의 『모비 딕』에 등장하는 핵심인물로서 모비 딕이라는 이름의 고래에게 한쪽 다리를 잃은 후 복수를 위해 그 고래를 집요하게 추적하다 결국 파멸하고 만다.

16 [옮긴이] 분장한 사람이 적당한 배경 앞에 가만히 서 있어 마치 그림 속의 인물처럼 보이게 하는 것.

17 문학에서는 대부분의 장애가 필연적으로 뚜렷하게 드러나므로, 여기서 나는 눈에 보이는 유형의 장애에 대해 논하고 있다. 그러나 눈에 보이지 않는 유형의 장애는 약간 다른, 어떤 면에서는 더 스트레스가 많은 사회적 만남을 야기한다. 눈에 보이지 않는 장애를 지닌 사람은 과도한 놀람을 피하기 위하여 그 장애의 노출을 통제한다. 나아가 비장애인이 이 같은 장애를 알게 되기 전에 편견이나 기대를 드러내는 경우도 있어 만나고 있는 장애인과 비장애인 둘 다를 불편하게 만들기도 한다. 눈에 보이지 않는 장애는 만남에 더 큰 예측 불가 요소를 도입한다. 이 같은 불확실성을 피하기 위하여 때로는 눈에 보이지 않는 장애를 설명하기도 한다. 장애인과 비장애인 사이의 교류에 대한 논의는 다음을 참고할 것. Fred Davis, "Deviance Disavowal: The Management of Strained Interaction by the Visibly Handicapped", *Social Problems* 9, 1961, pp. 120~132.

18 Murphy, *The Body Silent*, chapters 4 and 5.

19 [옮긴이] 장애인이 사회 구성의 일원으로서 비장애인들과 더불어 살아가는 것.

20 [옮긴이] 자신이 속한 집단이 아닌 다른 집단의 일원인 것처럼 행세하는 것.

21 장애인 권리 운동 분야에서 널리 통용되고 있는 용어 하나가 이 점을 아주 확실하게 보여 주고 있다. 여기서 자신을 비장애인이라고 생각하는 사람을 탭(TAB)이라고 부르는데, 이 용어는 "temporarily able-bodied"(일시적으로 온전한 사람)의 머리글자로 만든 것이다.

22 Elaine Scarry, *The Body in Pain: The Making and Unmaking of the World*, New York: Oxford University Press, 1985, pp. 3~10.

23 그와 같은 분류들을 더 많이 경계 짓고 표시하려는 문화적 경향이 그런 분류들의 유동성과 사회적 구성성을 증명해 주고 있다. 타인종 간 결혼 금지법, 노예에 대한 법적 정의, 경제적 지원을 목적으로 장애를 정의한 법, 젠더화된 복장 규정, 그리고 노예, 범죄자, 빈민에게 낙인찍는 것과 같은 관습들은 몸에 내재된 것으로 알려진 차이를 유지하고 강요하기 위하여 사회적 범주들 둘레에 경계선을 긋는다. 유태인을 나타낸 노란색 별표와 간통을 나타낸 주홍 글자는 실제에 있어서 생물학적으로 불안정한 것을 분명하게 표시하고 싶어 하는 욕구를 입증해 주는 사회적으로 강요된 일탈의 낯은 표시들이다.

24 [옮긴이] 유태인이나 장애인 같은 특수 집단을 고립시키는 것.

25 장애인들이 처한 이 같은 상황에 대한 일반화된 묘사에 있어서 중요한 예외는 보호시설 수용에서 발생하는 공동체들이다. 이 공동체들은 특정 민족 집단으로 형성된 게토처럼 연대

와 동시에 배제의 현장이 된다. 청각 장애 학교들과 그 주변 공동체들은 공통 언어를 토대로 긍정적인 정체성과 자아 개념을 형성하는 데 있어서 민족 공동체와 흡사한 기능을 하는 것 같다. 이는 어쩌면 수화를 하는 청각 장애인들이 일반적인 말을 하는 사람들 속에서 경험하는 심각한 고립과, 수화를 하는 사람들의 공동체에서 접하게 되는 이와는 대조적인 기회 사이의 차이 때문일 수도 있다. 장애인 공동체에 대한 논의는 다음의 저서들을 참고할 것. Irving Kenneth Zola, *Missing Pieces: A Chronicle of Living with a Disability*, Philadelphia: Temple University Press, 1982; Oliver Sacks, *Seeing Voices: A Journey into the World of Deaf*, Berkeley: University of California Press, 1989; Tom Humphreys and Carol Paden, *Deaf in America: Voices from a Culture*, Cambridge: Harvard University Press, 1988.

26 Martin Norden, *The Cinema of Isolation*은 영화 속에서의 장애 이미지를 탐구하였고, Lennard, J. Davis ed., *The Disability Studies Reader*, New York: Routlege, 1996은 장애에 대한 다수의 문화적 연구들을 포함하고 있다. Davis, *Enforcing Normalcy*도 인문학에 토대를 둔 장애 이론을 제시하였다.

27 Hevey, *The Creatures That Time Forgot*, p. 53.

28 [옮긴이] nation은 생활 양식을 공유한 그리고 대중적 의사소통 구조를 갖춘 정치적 공동체를 의미하며(베네딕트 앤더슨은 이를 '상상의 공동체'라고 말한다), 내셔널리즘은 그러한 공동체를 독립적인 조직으로 유지, 운영하려는 이념을 일컫는다. 내셔널리즘을 주장하는 미국 흑인들은 자신들이 독특한 문화를 공유하며 소속 의식을 갖는 공동체라고(또는 공동체여야만 한다고) 주장한다.

2장 / 장애의 이론화

1 Patricias Vertinsky, "Exercise, Physical Capability, and the Eternally Wounded Woman in Late Nineteenth-Century North America", *Journal of Sport History* 14(1), p. 7; Thorstein Veblen, *The Theory of Leisure Class*, 1899; reprint, Boston: Houghton Mifflin, 1973[『유한계급론』, 김성균 옮김, 우물이있는집, 2012]; Jane Flax, *Thinking Fragments: Psychoanalysis, Feminism, and Postmodernism in the Contemporary West*, Berkeley: University of California Press, 1990, p. 136.

2 [옮긴이] 아리스토텔레스는 분류의 형태를 규정하는 용어로 '일반형'(generic type)과 '특수형'(specific type)을 함께 사용하였다. 일반형은 유적(類的) 유형으로, 그리고 특수형은 종적(種的) 유형으로 번역되기도 하는데, 여기서는 이해를 도모하기 위해 '일반형'으로 번역하였다.

3 Aristotle, *Generation of Animals*, trans. A. L. Peck, Cambridge: Harvard University Press, 1944, Book II, p. 175 and Book IV, p. 401. 아리스토텔레스가 여성성을 괴물이

나 기형과 융합시킨 것에 대해서는 Maryanne Cline Horowitz, "Aristotle and Women", *Journal of the History of Biology* 9, 1976, pp. 183~213; Nanacy Tuana, *The Less Noble Sex: Scientific, Religious, and Philosophical Conceptions of Woman's Nature*, Bloomington: Indiana University Press, 1993; 그리고 Marie-Helene Huet, *Monstrous Imagination*, Cambridge: Harvard University Press, 1993을 볼 것. Edwin Schur, *Labeling Women Deviant: Gender, Stigma, and Social Control*, Philadelphia: Temple University Press, 1983은 일탈의 부여에 대해 연구하였다.

4 남성의 열등한 형태로서의 여성이란 개념에 대한 논의는 Tomas Laquer, *Making Sex* 와 Nancy Tuana, *The Less Noble Sex*를 볼 것. 백인에 대한 논의는 David Roediger, *The Wages of Whiteness*, New York: Verso, 1991과 Richard Dyer, *The Matter of Images: Essays on Representation*, New York: Routledge, 1993을 볼 것. 정상-병적인 상태의 이분법에 대한 아주 중요한 논의는 Georges Canguilhem, *The Normal and the Pathological*, trans. Carolyn R. Fawcett with Robert S. Cohen, New York: Zone Books, 1989[『정상과 병리』, 이광래 옮김, 한길사, 1996]을 볼 것.

5 예를 들자면 Daniel Price Herndl and Robyn Warhol, *Feminisms*, New Brunswick: Rutgers University Press, 1991; Marianne Hirsch and Evelyn Fox Keller eds., *Conflicts in Feminism*, New York: Routledge, 1990이 있다. "~계 여성주의"는 Judith Grant, *Fundamental Feminism: Contesting the Core Concepts of Feminist Theory*, New York: Routledge, 1993, p. 3; Brigitta Bouch et al., *Postfeminism*, Esbo, Finland: Draken, 1991에 사용됨.

6 [옮긴이] 여성 중심적 여성주의(gynocentric feminism)는 아이리스 매리언 영(Iris Marion Young)이 주창한 개념으로, 남성과는 다른 여성 특유의 본질이 있다는 믿음을 바탕으로 여성의 시각과 욕망을 중요시하며 주로 그것들을 통해 사회적 문제에 접근한다. 결과적으로 여성 중심적 여성주의는 지배적인 남성 중심의 문화를 비판하여 그 대안 또는 더욱 긍정적인 가치의 근원을 여성성 속에서 찾아내고자 한다.

7 학문적 여성주의의 역사에 대한 좋은 개관은 Elizabeth Weed, "Introduction: Terms of Reference", Elizabeth Weed ed., *Coming to Terms: Feminism, Theory, Politics*, New York: Routledge, 1989, pp. ix~xxxi를 참고하라. 이 같은 토론과 분기에 대한 논의는 Linda Alcoff, "Cultural Feminism versus Post-structuralist Feminism: The Identity Crisis in Feminist Theory", *Signs* 13(3), pp. 405~436; Hester Eisenstein, *Contemporary Feminist Thought*, Boston: G. K. Hall, 1983; 그리고 Josephine Donovan, *Feminist Theory*, New York: Continuum, 1992를 볼 것. 젠더 정체성에 대한 초기 분석은 Elizabeth Spelman, *Inessential Woman: Problems of Exclusion in Feminist Thought*, Boston: Beacon, 1988와 Monique Wittig, "The Straight Mind", *Feminist Issues* 1(1), pp. 101~110을 볼 것. Diana Fuss, *Essentially Speaking: Feminism,*

Nature, and Difference, New York: Routledge, 1989는 종종 문화적 여성주의와 결부되는 본질주의와 급진적 여성주의와 결부되는 구성주의를 해체하였다. Judith Butler, *Gender Trouble: Feminism and the Subversion of Identity*, New York: Routledge, 1990[『젠더 트러블』, 조현준 옮김, 문학동네, 2008]와 *Bodies That Matter: On the Discursive Limits of "Sex"*, New York: Routledge, 1993은 젠더에 대한 구성주의적 접근을 가장 잘 제시하고 있다.

8 스스로를 탈근대주의적 그리고 유물론적이라고 부르는 여성주의 텍스트들은 종종 여기서 내가 서술하고 있는 입장을 취한다. 몇 가지 예를 들면, Susan Bordo, *Unbearable Weight: Feminism, Western Culture, and the Body*, Berkeley: University of California Press, 1993[『참을 수 없는 몸의 무거움』, 박오복 옮김, 또하나의문화, 2003]; Rosemary Hennessy, *Materialist Feminism and the Politics of Discourse*, New York: Routledge, 1993; Jennifer Wicke, "Celebrity Material: Materialist Feminism and the Culture of Celebrity", *South Atlantic Quarterly* 93(4), pp. 751~778; Judith Grant, *Fundamental Feminism*; Linda Nicholson ed., *Feminism/Postmodernism*, New York: Routledge, 1990이 있다.

9 대부분의 장애 이론가들은 장애인에 대한 배제와 억압에 항의하는 과정에서 장애를 자연화하거나, 또는 정체성을 확립하기 위해 다름을 주장하면서 동시에 평등을 요구하기 위해 엄격히 사회 구성주의적 시각을 취한다. 전자의 예로서는 Harold E. Yuker ed., *Attitudes toward Persons with Disabilities*, New York: Springer, 1988에 수록된 논문들, 후자의 예로서는 Harlan Hahn, "Can Disability Be Beautiful?", *Social Policy*, Fall 1988, pp. 26~31을 볼 것.

10 Eve Kosofsky Sedgwick, *Epistemology of the Closet*, Berkeley: University of California Press, 1990, p. 1.

11 이 문제에 대한 논의는 Susan Bordo, "Feminism, Postmodernism, and Gender Skepticism", *Unbearable Weight*, pp. 215~243; Judith Butler, *Bodies That Matter*; 그리고 Betsy Erkkila, "Ethnicity, Literary Theory, and the Grounds of Resistance", *American Quarterly* 47(4), pp. 63~94를 볼 것.

12 예로서 Monique Wittig, "The Straight Mind"를 볼 것

13 장애인들을 위한 인권 법 제정의 역사에 대해서는 Joseph Shapiro, *No Pity*; Claire Liachowitz, *Disability as a Social Construct*; 그리고 Richard Scotch, *From Good Will to Civil Rights*를 볼 것. 다음 일화는 장애인이 이제야 물리적 접근을 하게 되었음을 잘 설명해 준다. 1995년 9월 6일 뉴욕에 있는 현대어문학협회(Modern Language Association, MLA)는 협회 회장과 장애 문제를 협의하도록 초청을 받은 대표단이 도착하기 직전에서야 휠체어 이동 시설을 완성하였다. 협회는 기꺼이 장애 문제를 인정할 만큼 매우 진보적인 단체임에도 불구하고 그 이전에 접근성 문제에 대해 고민하지 않았음이 분명하

다. 장애를 동정의 문제로서가 아니라 인권의 문제로서 논의한 것은 Paul Longmore, "Conspicuous Contribution and American Cultural Dilemma: Telethons, Virtue, and Community", David Mitchell and Sharon Snyder eds., *Storylines and Lifelines: Narratives of Disability in the Humanities*(곧 발간될 예정)를 볼 것. 다름의 수용에 대해서는 여성주의 이론의 여러 분야에서 다루어지고 있다. 이는 자주 이 장의 뒤에 있는 것과 같은 자유주의에 대한 비판의 형태를 띠고 등장한다. 이 문제에 대한 아주 간결한 논의는 Carole Pateman and Elizabeth Gross eds., *Feminist Challenges: Social and Political Theory*, Boston: Northeastern University Press, 1986; Jean Bethke Elsthani, *Public Man, Priviate Woman: Women in Social and Political Thought*, Princeton: Princeton University Press, 1981; Iris Marion Young, *Justice and the Politics of Difference*; Martha Minow, *Making All the Difference*를 참고할 것.

14 정체성에 대한 구성주의적 개념과 본질주의적 개념 사이의 이 같은 긴장 상태를 Dina Russ가 *Essentially Speaking*에서 다루면서 정체성을 해체하는 것은 범주들을 부정하는 것이 아니라 공동체를 형성하기 위하여 범주들을 이용하면서 동시에 그 범주들의 허구성을 노출시키는 것이라는 결론을 내렸다. *Imagined Communities: Reflections on the Origin and Spread of Nationalism*, New York: Verso, 1991에서 Benedict Anderson은 그 같은 정치적, 심리적 목적의 공동체의 전략적 측면을 논하였다. 뿐만 아니라 여기서 나는 *Bodies That Matter*에서 Judith Butler가 한 미묘하지만 중요한 주장, 즉 몸의 사회적 구성이 단순하게 육체적 실체에 의미를 덮어 씌우는 것이 아니고 문화가 몸을 만들어 낸다는 주장을 지지한다. 그리고 Susan Bordo의 *Unbearable Weight* p. 229에 있는 인용을 참고할 것.

15 이 같은 정체성의 심문과 다름에 대한 집중은 Ellen Messer-Davidow, "The Philosophical Bases of Feminist Literary Criticism", *New Literary History: A Journal of Theory and Interpretation* 19(1), pp. 65~103에서 투시주의(perspectivism)[해석자의 관점에 따라 모든 사물의 해석이 달라진다는 이론]라 불리는 여성주의적 인식 방법이 사용되어 분석되었고, Patricia Hill Collins, *Black Feminist Thought: Knowledge, Consciousness, and the Politics of Empowerment*, Boston: Unwin Hyman, 1990[『흑인 페미니즘 사상』, 박미선·주해연 옮김, 여이연, 2009]와 Bettina Aptheker, *Tapestries of Life: Women's Work, Women's Consciousness, and the Meaning of Daily Experience*, Amherst: University of Massachusetts Press, 1989에서 관점 이론을 사용하여 분석되었으며, Linda Alcoff, "Cultural Feminism versus Post-structuralist Feminism"에서 위치성을 사용하여 분석되었다. 그러나 최근에 주디스 그랜트는 관점 이론이 여성주의 공동체적 과제를 부수고, 여성주의를 개인주의로 퇴화시키는 위험을 무릅쓰고 있다고 비판하였다(Judith Grant, *Fundamental Feminism*). Elizabeth Fox-Genovese도 *Feminism without Illusions*, Chapel Hill: University of North Carolina Press, 1991에서 개인주의를 위해서 공동체

와 공유된 문화의 이점을 희생시키려는 최근 여성주의적 사고의 경향을 비판하였다.

16 Collins, *Black Feminist Thought*와 Rosemarie Garland Thomson, "Redrawing the Boundaries of Feminist Disability Studies", *Feminist Studies* 20, Fall 1994, pp. 583~595 참고.

17 Nancy Mairs, "On Being a Cripple", *Plaintext: Essays*, Tucson: University of Arizona Press, 1986, p. 90. 장애 담론에서 고통과 기능 장애에 초점을 맞추는 것에 대한 나의 염려 는 Thomson, "Redrawing the Boundaries of Feminist Disability Studies"를 볼 것. 여 기서 나는 메어즈가 "재앙의 문학"이라 부르는 비평적 하위 장르에 대한 그녀의 설명을 되 새겨 보았다.

18 할런 한(Hahn)의 말은 개인적으로 나눈 대화에서 인용한 것임. 휠체어 사용자에 관한 일화는 Fred Davis, "Deviance Disavowal", p. 124에서 온 것임. Michelle Fine and Adrienne Asch, "Disabled Women: Sexism without the Pedestal", Mary Jo Deegan and Nancy A. Brooks eds., *Women and Disability: The Double Handicap*, New Brunwwick, N. J.: Transaction Books, 1985, pp. 6~62, p. 12; Cheryl Marie Wade, "I Am Not One of the", *MS*. 11(3), p. 57.

19 Anita Silvers, "Reconciling Equality to Difference: Caring (f)or Justice for People with Disabilities", *Hypatia* 19(1). 장애인 돌보기의 여성화에 대한 비판은 Barbara Hillyer, *Feminism and Disability*, Norman: University of Oklahoma Press, 1993을 참고하고, 돌봄의 윤리에 대한 논의는 Nel Noddings, *Caring: A Feminine Approach to Ethics and Moral Education*, Berkeley: University of California Press, 1984와 Eva Feder Kittay and Diana T. Meyers, *Women and Moral Theory*, Totowa, N. J.: Rowman and Littlefield, 1987를 볼 것. 문화적 여성주의는 Shulamith Firestone, *The Dialectic of Sex: The Case for Feminist Revolution*, New York; Morrow, 1970 같은 초 기 자유주의적 여성주의자들보다 어머니가 되는 것을 덜 억압적으로 보는 경향이 있지만, 그럼에도 불구하고 대체로 어머니가 되는 것을 선택으로 설명하고 있으며, 그 같은 선택 이 문화적 편견을 바탕으로 일부 여성에게는 거부되고 있다. 이에 대해서는 Michelle Fine and Adrienne Asch eds., *Women with Disabilities: Essays in Psychology, Culture, and Politics*, Philadelphia: Temple University Press, 1988, pp. 12~23을 볼 것.

20 "결함이 있는" 태아에 대한 여성주의의 입장과 관련하여 나의 관점을 뒷받침해 주는 최 근 예로 1991년 3월 4일자 타임지가 "여성주의의 승리"로 묘사한 메릴랜드 주의 새 낙태 법을 들 수 있다. 이 법은 태아가 모체 밖으로 나와서도 생존할 수 있는 시기 전까지는 조 건 없이 낙태를 허용하지만, 그 시기 이후에는 여성의 건강이 위협받거나 또는 태아에 "결 함 있는" 경우에만 낙태를 허용한다(p. 53). 여기서 나는 낙태 제한을 주장하는 것이 아니 라, 장애인에 대한 태도가 부정적이고, 억압적이며, 반성되지 않는 경향이 있는 사회에서 선천적 기형아를 낳는 것과 관련하여 "자유 선택"의 신화에 대한 의문을 제기하는 것이다.

장애인들은 이 같은 방침과 정책에 내재된 문화적 이념을 조사하는 주창자를 필요로 할 뿐이다. 낙태와 생식의 권리와 관련된 장애 문제에 대한 논의는 Ruth Hubbard ed., *The Politics of Women's Biology*, New Brunswick, N. J.: Rutgers University Press, 1990; Marsha Saxton, "Born and Unborn: The Implications of Reproductive Technologies for People with Disabilities", Ritta Arditti, Renate Duell Klein, and Shelley Minden eds., *Test-Tube Women: What Future for Motherhood?*, Boston: Pandora, 1984, pp. 298~312; Anne Finger, "Claiming All of Our Bodies: Reproductive Rights and Disability", Arditti et al. eds., *Test-Tube Women*, pp. 281~296; Fine and Asch eds., *Women with Disabilities*, 특히 chapters 12 and 13; 그리고 Debora Kaplan, "Disability Rights Perspectives on Reproductive Technologies and Public Policy", Sherrill Cohen and Nadine Taub eds., *Reproductive Laws for the 1990s*, Totowa, N. J.: Humana Press, 1989, pp. 241~247을 볼 것. 여성주의에 있어서 노화에 대한 논의는 Shulamit Reinharz, "Friends or Foes: Gerontological and Feminist Theory", *Women's Studies International Forum* 9(5), pp. 503~514와 Barbara McDonald and Cynthia Rich, *Look Me in the Eye: Old Women, Aging, and Ageism*, San Francisco: Spinsters, Ink., 1983을 볼 것.

21 수전 보르도 비슷하게 여성주의의 평등 추구가 종종 '전문성'으로 가장되는 젠더로부터의 도피, 따라서 몸으로부터의 도피를 초래하였다고 주장한다. 장애여성들은 '전문직 종사자'의 표준화된 이미지에 들어맞을 수가 없으며, 이것은 이들이 그러한 조건으로 직장을 잡은 여성주의자들로부터 소외감을 느끼게 한다. Bordo, *Unbearable Weight*, pp. 229~233을 볼 것. 이에 대한 논의는 또한 Fine and Asch eds., *Women with Disabilities*, pp. 26~31을 볼 것.

22 1991년 6월 콜로라도 덴버에서 열린 장애학 학회 연례 회의(Society for Disability Studies Annual Meeting)에서 나눈 개인적 대화에서 온 것이다.

23 철학자 아이리스 매리언 영은 문화적 대상화가 여성이 그들의 몸을 사용하는 것을 억제한다고 주장하며 장애로서의 여성성의 구성에 찬성론을 폈다. 에세이 "Throwing Like a Girl"에서 영은 "성차별적 사회에서 여성들은 신체적 장애인들이다"라는 결론을 내렸다(*Throwing Like a Girl and Other Essays in Feminist Philosophy and Social Theory*, Bloomington: Indiana University Press, 1990, p. 153). 전족, 몸에 상처 내 문신하기, 음핵 절제, 코르셋을 착용해 허리가 잘록하게 보이도록 하는 것에 관한 논의는 Mary Daly, *Gyn/ecology: The Metaethics of Radical Feminism*, Boston: Beacon, 1978와 Barbara Ehrenreich and Deirdre English, *For Her Own Good: 150 Years of the Experts' Advice to Women*, Garden City, N. Y.: Anchor Books, 1979를 볼 것. 거식증, 히스테리, 광장 공포증에 관한 논의는 Susan Bordo, *Unbearable Weight*; Kim Chernin, *The Hungry Self: Women, Eating, and Identity*, New York: Times Books, 1985와 *The*

Obsession: Reflections on the Tyranny of Slenderness, New York: Harper & Row, 1981, 그리고 Susie Orbach, *Fat Is a Feminist Issue: The Anti-Diet Guide to Permanent Weight Loss*, New York: Paddington Press, 1978와 *Hunger Strike: The Anorectic's Struggle as a Metaphor for Our Age*, New York: Norton, 1986을 볼 것.

24 Susan Sontag, *Illness as Metaphor*, New York: Farrar, Straus, an Giroux, 1977[『은유로서의 질병』, 이재원 옮김, 이후, 2002]. 아름다움의 기준에 대한 문화적 비평에 관해서는 Lois W. Banner, *American Beauty*, New York: Knopf, 1983; Robon Tolmach Lakoff and Raquel L. Scherr, *Face Value: The Politics of Beauty*, Boston: Routledge, 1984; Naomi Wolf, *The Beauty Myth: How Images of Beauty Are Used Against Women*, New York: Morrow, 1991; Sharon Romm, *The Changing Face of Beauty*, St. Louis: Mosby-Year Book, 1992; Rita Jackaway Freedman, *Beauty Bound*, Lexington, Mass.: Lexington Books, 1986; Susan Bordo, *Unbearable Weight*, esp. Part II, 그리고 Susan Faludi, *Backlash: The Undeclared War Against American Women*, New York: Crown, 1991을 볼 것.

25 이 언어는 많은 여성 잡지에 실린 대부분의 광고나 글에서 발견되기도 하지만 여기서 말하는 언어는 뉴스위크지에 실린 성형수술 광고에서 온 것이다. 이것은 푸코가 *Discipline and Punish: The Birth of the Prison*(Surveiller et punir), trans. Alan Sheridan, New York: Vintage, 1979, pp. 135~169[『감시와 처벌』, 오생근 옮김, 나남, 2003]에서 설명한 "유순한 몸"을 상기시킨다. 성형수술에 대한 논의는 Kathryn Pauly Morgan, "Women and the Knife: Cosmetic Surgery and the Colonization of Women's Bodies", *Hypetia* 6(3), pp. 25~53; Anne Balsamo, "On the Cutting Edge: Cosmetic Surgery and the Technological Production of the Gendered Body", *Camera Obscura* 28, Jan. 1992: pp. 207~236; 그리고 Kathy Davis, *Reshaping the Female Body: The Dilemma of Cosmetic Surgery*, New York: Routledge, 1995를 볼 것.

26 Mary Russo, *The Female Grotesque: Risk, Excess, and Modernity*, New York: Routledge, 1994에서 메리 루소는 그녀가 "여성성의 정상화"라 부르는 것에 대해 설명하였다. 이 여성성의 정상화는 여성주의자들로 하여금, 나는 '비정상'이라고 부르고 그녀는 '그로테스크'라고 부르는 것을 피하고, 표준적인 여성성의 형태에 집중하도록 하는 "안심시키기 전략"을 포함하고 있다.

27 Gilman, *Difference and Pathology*, p. 90.

28 낙인 이론의 재평가와 확장에 대해서는 Ainlay et al. eds., *The Dilemma of Difference*, Robert Bogdan and Steven Taylor, "Toward a Sociology of Acceptance: The Other Side of the Study of Deviance", *Social Policy* 18(2), pp. 34~39, Adrienne Asch and Michelle Fine eds. "Moving Disability Beyond Stigma", *Journal of Social Issues* 44(1), Simone de Beauvoir, *The Second Sex*, trans. H. M. Parshley, 1952; reprint,

New York: Vintage, 974, p. xix을 참고하라.

29 Edward E. Jones, et al., *Social Stigma: The Psychology of Marked Relationships*, New York: Freeman, 1984, pp. 8~9.

30 Ainlay et al. eds., *The Dilemma of Difference*, p. 212를 볼 것.

31 [옮긴이] 슈츠의 설명에 의하면 우리는 일상생활에서 접하게 되는 경험에 전형적이고 균일한 유형을 적용하는 전형화(typification) 과정을 통해 다양한 상황들과 문제들을 처리해 나간다고 한다. 슈츠는 여러 전형화 방법 중 일부가 요리책을 보고 요리하는 방식과 비슷하다고 하여 '요리법'이라고 칭하였다.

32 슈츠의 말은 Ainlay et al. eds., *The Dilemma of Difference*, p. 20 그리고 Goffman, *Stigma*, p. 4에서 인용되어 있는 것임.

33 Goffman, *Stigma*, p. 128. 실제의 신체적인 특징보다는 인식이 낙인찍기와 권력 배분을 지배하기 때문에 많은 사람들이 '패싱' 또는 어떤 식으로든 낙인찍힐 가능성이 있는 상황을 보완함으로써 잠재적으로 낙인찍힐 가능성이 있는 상황을 부인한다. 그럼에도 불구하고, Audre Lorde, *Sister Outsider*, Trumansburg, N. Y.: The Grossing Press, 1984가 보여 주고 있듯이, 패싱은 고립과 자기 혐오적 부정이라는 심리적 대가를 치른다. 인종적 패싱의 낯익은 각본은 장애로 옮겨진다. 예를 들면 프랭클린 루스벨트 대통령은 대중 앞에서 그의 장애를 최소한으로 노출시킬 수 있는 자원을 가지고 있었고 또한 다른 거의 대부분의 면에서 '정상인'이라 할 수 있는 특징들을 가지고 있었기 때문에 장애가 부여하는 주변화된 사회적 위치에서 도피할 수 있었다. Hugh Gallagher, *FDR's Splendid Deception*, New York: Dodd Mead, 1985 볼 것.

34 줄리아 크리스테바(Julia Kristeva)의 비천함(abjection)에 대한 심리분석학적 이론은 개념적으로 낙인 이론과 불결한 것이란 개념과 비슷하지만, 고프먼과 더글러스가 집단의 역학 관계와 공동체적 정체성 구성을 다룬 반면에 크리스테바는 개인의 정신을 논의하였다. Julia Kristeva, *Powers of Horror: An Essay on Abjection*, trans. Leon S. Roudiez, New York: Columbia University Press, 1982[『공포의 권력』, 서민원 옮김, 동문선, 2001]를 볼 것. 그리고 Ainlay et al. eds., *The Dilemma of Difference*, pp. 18~20, 101~103; Jones, *Social Stigma*, p. 93; Douglas, *Purity and Danger: An Analysis of Pollution and Taboo*, p. 35도 참고할 것.

35 불결한 것은 변칙인 한편으로, 기존의 분류 체계에 들어맞지 않는 것이기도 하다. 예를 들면 당밀은 두 범주에 속하는 것으로 모호한 것이 된다. 끈적거림에 관한 사르트르의 에세이에 대해 숙고한 더글러스에 의하면 액체도 고체도 아닌 그리고 동시에 액체이며 고체라고도 할 수 있는 당밀은 "일탈적인 유체"이다(*Purity and Danger*, p. 38).

36 Immanuel Kant, "Critique of Judgment", Hazard Adams ed., *Critical Theory Since Plato*, New York: Harcourt Brace Jovanovich, 1971, p. 358. 불순의 원칙이 여러 민족 집단 사이의 접촉에서 어떻게 작동하는지에 대해서는 메리 롤런드(Mary Rowland)가

포로로 생활한 경험 이야기에 대한 레너드 카수토(Leonard Cassuto)의 논의를 볼 것(*The Inhuman Race*, New York: Columbia University Press, 1996).

37 Douglas, *Purity and Danger*, p. 40. Jones, *Social Stigma*, p. 89도 볼 것.

38 [옮긴이] 한 사람이 차지하고 있는 여러 가지 사회적 지위 중에서 그 사람을 특징 짓는 가장 중요한 지위.

39 Jones, *Social Stigma*, p. 302.

40 이분법적 정체성을 강화하는 데 있어서의 제도의 역할에 대해서는 Deborah Stone, *The Disabled State*와 Paula Giddings, *When and Where I Enter: The Impact of Black Women on Race and Sex in America*, New York: Bantam, 1984를 볼 것. 혼합체적 인물이 문학적으로 예리하게 다루어진 것에 관해서는 William Faulkner, *Light in August*(『8월의 빛』)에 등장하는 혼혈아 조 크리스마스(Joe Christmas)를 생각해 볼 것.

41 Douglas, *Purity and Danger*, p. 39. 미국의 우생학에 대한 논의는 Hubbard, "Who Should and Should Not Inhabit the World", *The Politics of Women's Biology*, p. 181을 볼 것. 로널드 월터스(Ronald Walters)의 우생학에 대한 시각은 *The Anti-Slavery Appeal: American Abolitionism After 1830*, Baltimore: Johns Hopkins University Press, 1976, pp. 85~86에서 온 것임. 과학사와 의학사를 연구한 학자들은 최근 나치의 '인종 위생' 프로그램이 역사적으로 예외적인 것이 아니었음을 보여 주었다. 우생학 이념에 의해 정당화되어 "살 가치가 없는 생명들"을 제거하는 프로그램이 나치 의사들 나아가 독일 국경을 넘어선 다수의 매우 존경받은 과학자와 지성인들에 의해 승인되고 실행에 옮겨졌다 (Robert Proctor, *Racial Hygiene: Medicine Under the Nazis* Cambridge: Harvard University Press, 1988, p. 177을 볼 것). 프록터의 설명에 의하면, "바람직하지 않은 자들"에 대한 광범위한 강제 불임수술이 1933년에 시작되었다. 그리고 1939년에 나치 정부가 신체적, 정신적 장애가 있는 아이들을 죽이는 비밀 계획을 세웠고, 선천적인 장애를 지닌 영아와 매우 '심한' 또는 '치료 불가능한' 장애를 지닌 아이들의 등록과 '선별'로 시작해 1943년 10대 청소년들과 비장애 유태인계 아동들에게까지 확대되었다. 장애인들의 살해를 위해 만든 가스 처형실을 해체해서 동쪽으로 실어 가 그 악명 높은 수용소에서 유태인과 다른 민족 사람들을 죽이는 데 사용하였다. 우생학과 인종 위생에 대한 논의는 Hugh Gallagher, *By Trust Betrayed: Patients, Physicians, and the License to Kill in the Third Reich*, New York: Holt, 1989; Daniel J. Kevles, *In the Name of Eugenics: Genetics and the Uses of Human Heredity*, Berkeley: University of California Press, 1985; 그리고 Mark H. Haller, *Eugenics: Hereditarian Attitudes in American Thought*, New Brunswick, N. J.: Rutgers University Press, 1984도 볼 것.

42 Douglas, *Purity and Danger*, p. 39에 인용. 푸코의 주변화에 대한 논의는 *Madness and Civilization: A History of Insanity in the Age of Reason*(Histoire de la folie l' ge classique), trans. Richard Howard, New York: Pantheon, 1965[『광기의 역사』, 이규현 옮김,

나남, 2003)와 *The Birth of Clinic*을 볼 것. 어글리 법에 관해서는 Burgdorf, "A History of Unequal Treatment", p. 863을 볼 것.

43 보호 수용소와 빈민 구호소에 대한 논의는 Rothman, *Discovery of the Asylum*과 Tom Compton, "A Brief History of Disability", Berkeley: unpublished manuscript, 1989, p. 42를 볼 것. 장애 관련 법 제정의 역사에 대해서는 Scotch, *From Good Will to Civil Rights*; Shapiro, *No Pity*; Marvin Lazerson, "The Origins of Special Education", J. G. Chambers and William T. Hartman eds., *Special Education Politics: Their History, Implementation, and Finance*, Philadelphia: Temple University Press, 1983, pp. 15~47; Wolf Wolfensberger, *The Origin and Nature of Our Institutional Models*, Syracuse: Human Policy Press, 1975, 그리고 Liachowitz, *Disability as a Social Construct*를 볼 것.

44 장애인의 가난과 교육 부족에 대해서는 Fine and Asch eds., *Women with Disability*, pp. 9~12를 볼 것. 청각 장애인 문화에 관해서는 Harlan L. Lane, *When the Mind Hears: A History of the Deaf*, New York: Random House, 1984; Carol Padén and Tom Humphreys, *Deaf in America: Voices from a Culture*; 그리고 John Van Cleve and Barry Crouch, *A Place of Their Own: Creating the Deaf Community in America*, Washington, D. C.: Gallaudet University Press, 1989를 볼 것. 분리교육과 보호시설 수용이 자립생활 운동에 끼친 영향에 대해서는 Zola, *Missing Pieces*를 볼 것.

45 문학과 영화에서의 장애에 대한 논의는 Shari Thurer, "Disability and Montrosity: A Look at Literary Distortions of Handicapping Conditions", *Rehabilitation Literature* 41(1~2), pp. 12~15; Douglas Biklin and Robert Bogdan, "Media Portrayals of Disabled People: A Study in Stereotypes", *Interracial Books for Children Bulletin* 8(6) and 8(7), pp. 4~9; Leonard Kriegel, "The Wolf in the Pit in the Zoo", *Social Policy*, Fall 1982, pp. 16~23; Paul Longmore, "Screening Stereotypes: Images of Disabled People", *Social Policy* 16, Summer 1985, pp. 31~38; Deborah Kent, "Disabled Women: Portraits in Fiction and Drama", Alan Gartner and Tom Joe eds., *Images of the Disabled, Disabling Images*, New York: Praeger, 1987 그리고 Martin Norden, *The Cinema of Isolation*을 볼 것. 문화 속의 괴물에 대한 논의는 Jeffrey Cohen ed., *Monster Theory: Reading Culture*, Minneapolis: University of Minnesota Press, 1996과 Marie Helene Huet, *Monstrous Imagination*을 볼 것.

46 [옮긴이] 미국의 대표적 공상 과학 영화 감독.

47 너새니얼 호손(Nathaniel Hawthorne)의 단편소설 「반점」(Birthmark)은 변칙에 대한 사회적 편협성과 그를 둘러싸고 있는 위험에 대한 탐구로 읽을 수 있다. 몸의 다름이라는 맥락에서 호손의 단편소설을 논의한 것으로는 Diane Price Herndl, *Invalid Women: Figuring Feminine Illness in American Fiction and Culture, 1840~1940*, Chapel

Hill: University of North Carolina Press, 1993과 Frances E. Mascia-Lees and Patricia Sharpe, "The Marked and the Un(re)marked: Tattoo and Gender in Theory and Narrative", Frances E. Mascia-Lees and Patricia Sharpe eds., *Tattoo, Torture, Mutilation, and Adornment*, Albany: SUNY Press, 1992, pp. 145~170를 볼 것.

48 [옮긴이] 종(種)은 적응 가능한 형질을 개량하면 새로운 종으로 변할 수 있고 이처럼 획득된 형질은 유전된다는 학설.

49 사회진화론과 라마르크 학설에 대한 논의는 Richard Hofstadter, *Social Darwinism in American Thought*, Boston: Beacon, 1944와 Stephen Jay Gould, *The Mismeasure of Man*, New York: Norton, 1981을 볼 것. 장애에 대한 '공정한 세상'식의 생각에 대해서는 Ainlay et al. eds., *The Dilemma of Difference*, pp. 33~34를 볼 것.

50 Davis, "Deviance Disavowal", p. 124를 참고할 것.

51 '성격적 기형'에 대한 프로이트의 설명은 "Some Character Types Met with in Psychoanalytic Work", *Collected Papers*, vol. IV, trans. Joan Riviere, London: Hogarth, 1957, pp. 319~322를 볼 것. 다름을 병적인 현상으로 만드는 것에 대한 다수의 연구가 있다. Sander Gilman, *Difference and Pathology*가 그 한 예이다. 장애를 병적인 현상으로 취급하는 것에 대해서는 Deborah Stone, *The Disabled State*를 볼 것.

52 Douglas, *Purity and Danger*, p. 40.

53 Thomas S. Kuhn, *The Structure of Scientific Revolutions*, Chicago: University of Chicago Press, 1992, p. 5[『과학혁명의 구조』, 김명자·홍성욱 옮김, 까치글방, 2013].

54 바흐친은 예외적인 몸에 특권을 부여함에 있어 명백하게 카니발레스크와 장애를 연관 짓지 않았지만(*The Dialogic Imagination*, trans. Caryl Emerson and Michael Hoquist, Austin: Texas University Press, 1981, p. 159에 인용), 바흐친 본인이 28세의 나이에 다발성 골수염에 걸려 결국 43세가 되던 1938년(바로 라블레와 중세에 대해 글을 쓰고 있던 해)에 다리를 절단해야 했다는 사실은 언급할 필요가 있을 것이다.

55 예를 들어 Harpham, *On the Grotesque*; Peter Stallybrass and Allon White, *The Poetics and Politics of Transgression*, Ithaca: Cornell University Press, 1986; Mary Russo, *The Female Grotesque*; 그리고 Leonard Cassuto, *The Inhuman Race*를 볼 것.

56 Michel Foucault, *Discipline and Punish*, pp. 193, 135.

57 Foucault, *Madness and Civilization*, pp. 38, 48; Michel Foucault, *Power/Knowledge: Selected Interviews and Other Writings*, 1972~1977 ed. and trans. Colin Gordon, New York: Pantheon, 1980, p. 166. 푸코의 유럽에 대한 분석을 반영하면서 David Rothman, *The Discovery of the Asylum*과 Deborah Stone, *The Disabled State* 둘 다 미국 역사에서 일어난 이러한 과정을 설명하였다.

58 Foucault, *Discipline and Punish*, p. 184.

59 푸코와 그에 대응하는 미국 학자 데이비드 로스먼(David Rothman. *The Discovery of the*

*Asylum*의 저자) 둘 다 종종 장애가 게으름과 수용을 정당화하는 자연적인 상태라는 생각을 은연중에 드러내었다. 데버러 스톤(Deborah Stone. *The Disabled State*의 저자)과 톰 콤프턴(Tom Compton. "A Brief History of Disability"의 저자)같이 장애 범주의 역사를 기록한 학자들만이 이에 대해 이의를 제기하였다.

60 Goffman, *Stigma*, p. 128. 권력을 상징하는 의상에 대한 논의는 Richard Sennett, *The Fall of Public Man*, New York: Knopf, 1977, pp. 65~72 and 161~174를 볼 것.

61 푸코는 근대 이전 국가에서의 삶에 대해 쓴 글에서는 "기억할 만한 사람의 개성"을 설명한 '영웅화'를 포함한 반면에, 근대의 삶에 대한 글에서는 유표된 개인은 대상화된다고 지적함으로써 이 가설을 지지하였다(*Discipline and Punish*, pp. 192~193). 종교적 성흔 현상, 십자가에 못 박힌 예수의 상처 같은 기능적 장애와 상처가 후에 성인으로 추대된 성인들의 몸에 출현하는 것은 명백하게 신체적 훼손에 대해 긍정적인 해석을 했음을 증언해 준다. 아시시의 성 프란체스코는 성흔을 지녔는데, 그의 성흔은 항상 황홀경과 결부되었다. 그리고 *New Catholic Encyclopedia*, New York: McGraw-Hill, 1967, vol. 13, p. 711에 의하면, 확실히 13세기에 일부 기독교인들은 예수가 경험한 고통과 일체감을 느끼기 위한 노력을 하던 도중 실제로 불구가 되었다. 할런 한은 선사 시대의 고고학적 증거로부터 중세 시대의 연구에 이르기까지를 토대로 하여 근대 이전에는 "신체적으로 다른 모습이 상실, 혐오감이나 개인적 비극과 연결되기보다는 축제 분위기, 관능성이나 오락과 연결된 것 같다"는 결론을 도출하였다("Can Disability Be Beautiful?", p. 31).

62 Murphy, *The Body Silent*, pp. 4, 116~117.

63 나의 개인주의 이념에 대한 이해는 다음의 저서와 논문의 영향을 받았다. Yehoshua Arieli, *Individualism and Nationalism in American Ideology*, Cambridge, Mass.: Center for Study of History of Liberty in America, 1964; Robert N. Bellah, et al., *Habits of the Heart: Individualism and Commitment in American Life*, Berkeley: University of California Press, 1985; Gillian Brown, *Domestic Individualism: Imagining Self in Nineteenth Century America*, Berkeley: University of California Press, 1990; Wai Chee Dimock, *Empire for Liberty: Melville and Poetics of Individualism*, Princeton: Princeton University Press, 1989; Jean Bethke Elsthain, *Public Man, Private Woman: Women in Social and Political Thought*, Princeton: Princeton University Press, 1981; Myra Jehlen, *American Incarnation: The Individual, the Nation, and the Continent*, Cambridge: Harvard University Press, 1986; C. B. MacPherson, *The Political Theory of Possessive Individualism: Hobbes to Locke*, Oxford: Clarendon, 1962; John W. Meyer, "Myths of Socialization and Personality", Thomas C. Heller et al. eds., *Reconstructing Individualism: Autonomy, Individuality, and Self in Western Thought*, Stanford: Standford University Press, 1986; 그리고 Marvin Meyers, *The Jacksonian Persuasion: Politics and Belief*, New

York: Vintage Press, 1957.

64 Ralph Waldo Emerson, "Self-Reliance" and "Fate", *The Works of Ralph Waldo Emerson*, 1847; reprint, New York: Tudor, 1938, vol. 1, p. 32; vol. 3, p. 8; David Leverenz, "The Politics of Emerson's Man-Making Words", *PMLA* 101(1), 49.

65 Richard Selzer, *Mortal Lessons: Notes on the Art of Surgery*, New York: Simon & Schuster, 1987.

66 도덕률 폐기론에 대한 논의로는 Amy Schrager Lang, *Prophetic Woman: Anne Hutchinson and the Problem of Dissent in the Literature of New England*, Berkeley: University of California Press, 1987.

67 [옮긴이] 부모가 자신이 양육된 방식으로 자식을 기르는 것.

68 순응과 불관용에 대한 논의는 G. J. Barker-Benfield, *The Horrors of the Half-Known Life: Male Attitudes Toward Women and Sexuality in Nineteenth-Century America*, New York: Harper & Row, 1976. Alexis de Tocqueville의 말은 *Democracy in America*, vol. 1, 1840; reprint, New York: Vintage Books, 1990, p. 267[『미국의 민주주의 1』, 임효선·박지동 옮김, 한길사, 2002]에서 온 것임.

69 Barker-Banfield, *The Horrors of the Half-Known Life*, p. 178; Siegfried Kracauer, *The Mass Ornament: Weimar Essays*, trans. and ed. Thomas Y. Levin, Cambridge: Harvard University Press, 1995.

70 [옮긴이] 1840년대 미국의 영토 확장주의를 정당화한 말로서 1845년 미국의 텍사스 병합 당시 한 신문사 주필이었던 존 오설리번(John L. O'Sullivan)이 "미 대륙을 확장하여야 할 우리의 명백한 운명은 매년 증가하는 수백만의 인구의 자유로운 발전을 위하여 신이 부여 하신 것이다"고 주장한 데에서 비롯되었다. 이런 주장의 대표적인 희생자는 백인들의 영 토 확장을 위해 강제 이주당한 아메리카 대륙 원주민들이었다.

71 에이햅의 문학적 후손 중 한 사람 찰스 존슨(Charles Johnson)의 『중간 항로』(*Middle Passage*, New York: Macmillan, 1990)에 등장하는 팔콘 선장 또한 해석을 필요로 하는 장애 인 물이라는 점이 흥미롭다. 에이햅의 잘려 나간 다리가 팔콘 선장에게서는 짧은 다리로 변했 는데, 이 짧은 다리는 이 악의 화신을 남성다움이 결여된 왜소한 사람으로 보이게 만든다.

72 MacPherson, *The Political Theory of Possessive Individualism*을 볼 것. *Illness as Metaphor*에서 수전 손택은 이 같은 탓하기를 연구하면서, 19세기와 20세기에 폐병과 암 에 귀인된 문화적 의미들을 분석하였다. 암 또는 다른 질병과 "싸운다"는 생각은 우리가 우리 자신을 육체적 경계에 갇혀 있는 자주적인 개인으로 상상하는 경향을 보여 주는 한 가지 예이다.

73 이런 의미의 국가의 개인화를 연구한 와이 치 디목(Wai Chee Dimock)은 멜빌이 "불연속 의 제도, 독립적인 것과 자급자족적인 것에 대한 믿음"에 몰입했다는 것을 보여 주었다 (*Empire for Liberty*, p. 111; 특히 pp. 26~30을 볼 것).

74 모비딕에게 딸을 잃은 새뮤얼 엔더비호의 영국 선장은 고래를 놔두는 대안적인, 비교적 덜 극적인, 따라서 덜 매력적인 반응을 보인다.

75 1941년에 이미 프랜시스 매시슨(Francis O. Matthiessen)은 에이햅이 개인주의에 대한 비판을 나타낸다고 주장하였다. 그러나 이 같은 분석에 매시슨은 에이햅의 몸이 아니라 행위를 결부시켰다(*The American Renaissance*, New York: Oxford, 1941, p. 459).

76 에머슨의 배려와 의존의 배제에 대한 논의는 Joyce W. Warren, *American Narcissus: Individualism and Women in Nineteenth-Century American Fiction*, New Brunswick, N. J.: Rutgers University Press, 1984를 참고할 것.

77 [옮긴이] 인간이 도덕적, 사회적, 정치적, 종교적으로 완전한 상태에 도달할 수 있다는 사고.

78 Tocqueville, *Democracy in America*, vol. 2, p. 34.

79 장애 인물에 대한 통상적 내러티브와는 반대되게 장애 인물이 특권을 누리는, 정신적 완전성에 관한 내러티브가 스토의 에바와 디킨스의 타이니 팀의 사례에 나타난다. 여기서 장애 인물은 정신적인 완벽함을 얻을 수 있게 된다.

80 노동을 덕목과 동일시하는 사회에서의 가난의 문제에 대한 연구는 David Rothman, *The Discovery of Asylum*; Frank Bowe, *Handicapping America: Barriers to Disabled People*, New York: Harper & Row, 1978; Daniel Rodgers, *The Work Ethic in Industrial America, 1850~1920*, Chicago: University of Chicago Press, 1978 그리고 Deborah Stone, *The Disabled State*를 볼 것.

81 '장애인'이라는 개념은 이미 1644년에 법적으로 전쟁에서 입은 상처에 대한 보상을 받은 군인들을 지칭하기 위하여 사용되었다. 법은 항상 장애를 갖게 된 군인에 대하여 명확히 하였는데, 이들의 용사로서의 노동 때문에 보상을 받았다. 누가 적법하게 노동력으로부터 면제받을 수 있는 것인지에 대한 논의는 복지 제도에 대한 심문으로서 여전히 격렬한 논의를 일으킨다.

82 [옮긴이] 한 피고용인이 다른 피고용인의 과실에 의해 입은 상해에 대해서 고용인은 책임을 지지 않는다는 규칙.

83 공동 고용자 규칙에 대한 논의는 Lawrence M. Friedman and Jack Ladinsky, "Social Change and the Law of Industrial Accidents", *Columbia Law Review* 67, no. 1, January 1967, pp. 55~65와 Brook Thomas, *Cross-Examination of Law and Literature: Cooper, Hawthorne, Stowe, and Melville*, Cambridge: Cambridge University Press, 1987, pp. 164~182를 볼 것. 레뮤얼 쇼가 멜빌의 장인이었다는 사실이 흥미롭다[원저에는 처남으로 되어 있으나 장인이 올바름].

84 19세기 후반에 이르러 산업재해가 극적으로 증가하고, 사회적으로 공동 고용자 규칙이 옹호될 수 없는 것이고 불평등한 것이라는 사실을 인식하기 시작하면서, 공동 고용자 규칙은 법적으로 약화되었다. 1910년과 1920년 사이에 노동자 보상법은 원칙이 되었다. 이 법을 1948년에 제정한 미시시피 주는 노동자 보상법을 제정한 마지막 주였다.

85 장애에 대한 공공 정책의 역사와 장애의 정치적 범주로서의 발전의 역사는 다음 자료에서 찾을 수 있다. Deborah Stone, *The Disabled State*, pp. 1~117; Claire Liachowitz, *Disability as a Social Construct*; Tom Compton, "A Brief History of Disability"와 Richard Scotch, *From Good Will to Civil Rights*를 참고하라. 노동을 토대로 한 제도보다는 필요를 토대로 한 제도에 장애 범주를 연계시킨 스톤의 작업은 나의 분석에 있어서 중요하다. 그러나 나는 능력과 의지 개념에 의문을 제기하며, 노동 이념의 장을 분석하고, 장애를 보다 더 완전히 사회적 구성물로 받아들인다.

86 기본적으로 공적 구제의 형태로서 직접적인 원조보다는 시설에의 수용을 주창한 이 빈민구호법의 전례는 식민지 시대 미국으로 건너와 19세기가 끝나갈 무렵 복지국가가 등장할 때까지 공공 복지의 지도 원칙이 되었다. 빈민구호법 정책은 장애가 있는 빈곤자와 장애가 없는 빈곤자 모두를 효과적으로 수용 시설에 가두고 처벌하였는데, 이 정책은 직접적인 원조가 나태를 부추기고 일을 하려는 동기 부여를 해칠 수 있다는 두려움 때문에 19세기 전반에 걸쳐 시행되었다. 잭슨 정부의 연방 정부 개입을 제한하고 개인의 자주를 옹호하는 경향이 빈민구호법의 개정을 막았다. 오로지 넘쳐나는 남북전쟁의 상이 용사들, 사적인 인도주의적 사업의 증가, 그리고 진보의 시대[1890년대 시작된 경제적 불황과 그로 인한 사회적 불안을 해소하기 위하여 정치적 권력 남용 방지, 사회 안전망 강화 등이 시도된 변화와 개혁의 시대로서 보통 1890년대부터 1920년대까지를 일컬음]로의 진입 덕분에 장애 그리고 다른 사회적 문제들이 가족이나 지역 사회가 아니라 국가에 의해 다루어지는 문제가 된 것이다. 미국의 장애 정책에 대한 개관은 J. Lenihan, "Disabled Americans: A History", *Performances*, Nov./Dec. 1976~Jan. 1977, pp. 1~69를 볼 것. 빈곤 문제를 다룬 제도에 대한 논의는 David Rothman, *The Discovery of Asylum*과 Michael B. Katz, *In the Shadow of the Poorhouse: A Social History of Welfare in America*, New York: Basic Books, 1986을 볼 것.

87 Stone, *The Disabled State*, pp. 91~99.

88 근대 복지국가에서 경제적 원조를 시행하기 위한 장애의 정량화는 공식과 도표를 사용하여 몸의 상태를 원조받을 자격을 결정하는 '작업 능력 비율'로 변환된다. 공공 정책상의 이 다양한 장애표들은 장애를 오로지 몸 속에 위치시키며, 신체적인 온전함이라는 생각, 그리고 장애인을 대조시켜 볼 수 있는 이상적으로 구성된 작업 수행능력 수준을 상정하고 있다. 그래서 특정한 신체적 상태가 절대적인 온전한 몸 상태로부터 특정 비율로 퇴보하는 것으로 평가한다. 예를 들면, 한 측정표에서는 팔 절단은 작업 능력의 70% 상실이 되고, 반면에 새끼손가락 끝 마디 절단은 작업 능력 1% 상실이 된다. 여기서 우스운 것은 신체적 상태와 임금노동 수행능력 사이의 복잡하고도 역동적인 관계를 수적 관계로 정밀하게 나타낼 수 있다고 주장하는 것이다.

89 Rodgers, *The Work Ethic in Industrial America*, p. xi.

2부 · 장애 형상 구성하기: 문화와 문학 현장

3장 / 미국의 기형인간쇼라는 문화 사업, 1835~1940년

1 Richard D. Altick, *The Shows of London*, Cambridge, Mass: Belknap Press of Harvard University Press, 1978, pp. 272~273.

2 Bogdan, *Freak Show*.

3 여기서 괴물과 기형학의 역사에 대한 논의는 다음 자료에서 온 것이다. Dudley Wilson, *Signs and Portents: Monstrous Births from the Middle Ages to the Enlightenment*, London: Routledge, 1993; Josef Warkany, "Congenital Malformations in the Past", T. V. N. Persaud ed., *Problems of Birth Defects*, Baltimore: University Park Press, 1977; Katharine Park and Lorraine Daston, "Unnatural Conceptions: The Study of Monsters in Sixteenth- and Seventeenth-Century France and England", *Past and Present* 92, August 1981, pp. 20~54; John Block Friedman, *The Monstrous Races in Medieval Art and Thought*, Cambridge, Mass.: Harvard University Press, 1981; Mark V. Barrow, "A Brief History of Teratology", Persaud ed., *Problems of Birth Defects*; Howard Martin, *Victorian Grotesque*, London: Jupiter Books, 1977; and Huet, *Monstrous Imagination*.

4 Aristotle, *Nicomachean Ethics*, trans. Terence Irwin, Indianapolis: Hackett Publishing, 1985, pp. 36~44 and 49~52.

5 Friedman, *The Monstrous Races*, pp. 109, 118 인용.

6 Hevey, *The Creatures Time Forgot*, p. 53; 로버트 워들로와 홀리아 파스트라나에 대해서는 Frederick Drimmer, *Born Different: Amazing Stories of Very Special People*, New York: Atheneum, 1988, p. 71을 볼 것.

7 어쩌면 현대 문화가 1940년 이전에 있었던 기형인간쇼 형태로 장애인들을 전시하는 것을 금하기 때문에 기형에 대한 관심의 방향이 바뀌었을지도 모른다. 기형인간쇼의 현대판은 반체제적 오락, 주간 토크쇼, 타블로이드에 실린 기사, 장애인을 위한 모금 방송, 수술 장면 방송 프로그램, 기인 쇼, 올리버 색스와 스테픈 잽 굴드(Stephen Jap Gould)의 대중적 글, 그리고 최근 대중문화에 대한 학문적 연구라고 할 수도 있다. Rosemarie Garland Thomson ed., *Freakery: Cultural Spectacles of the Extraordinary Body*, New York: New York Univeristy Press, 1996와 Cohen ed., *Monster Theory*를 볼 것.

8 이 논의는 다음 자료로부터 온 것이다. Neil Harris, *Humbug: The Art of P. T. Barnum*, Boston: Little, Brown, 1973; Gould, *The Mismeasure of Man*; Patricia Cline Cohen, *A Calculating People: The Spread of Numeracy in Early America*, Chicago: University of Chicago Press, 1982; Veblen, *The Theory of the Leisure Class*; John Tagg, *The Burden of Representation — Evidence, Truth, and Order: Essays on Photographies*

and Histories, London: Macmillan, 1988; 그리고 Bogdan, *Freak Show*.

9 조이스 헤스에 대한 설명은 P. T. Barnum, *Struggles and Triumphs*, 1869; reprint, New York: Arno Press, 1970; A. H. Saxton, P. T. *Barnum: The Legend and the Man*, New York: New York University Press, 1989; Harris, *Humbug*, pp. 20~26; 그리고 Bernth Lindfors, "P. T. Barnum and Africa", *Studies in Popular Culture* 7, 1984를 볼 것.

10 이와 비슷하게 상세한 신체적 사항의 누적에 대하여 Thomas W. Laqueur도 "Bodies, Details, and the Humanitarian Narrative", Lynn Hunt ed., *The New Cultural History*, Berkeley: University of California Press, 1989, pp. 176~204에서 논함.

11 Barnum, *Struggles and Triumphs*, p. 82.

12 기형인간쇼를 문화적 현상으로 보는 나의 분석은 메리 리안(Mary Ryan)이 그녀의 논문 "The American Parade: Representations of the Nineteenth-Century Social Order" 에서 가두 행진을 문화적 텍스트로 읽은 것에 영향을 받았다(Hunt ed., *The New Cultural History*, pp. 131~153).

13 John J. MacAloon, "Olympic Games and the Theory of Spectacle in Modern Times", John J. MacAloon ed., *Rite, Drama, Festival, Spectacle: Rehearsals Toward a Theory of Cultural Performance*, Philadelphia: Institute for the Study of Human Issues, 1984, p. 243.

14 Bernth Lindfors, "Circus Africans", *Journal of American Culture* 6(2), p. 12.

15 여기서 나는 기형인간이 백인이 아닌 사람들과 장애인으로 만들어졌다고 서술하는, 로버트 보건(Robert Bodgan)의 기형인간쇼에 관한 기념비적 연구의 핵심 주장을 자세히 설명하고 있는 것이다. 내가 구경하는 사람과 구경거리 사이의 관계 연출을 강조한 반면에, 보건은 기형인간쇼가 공연자들이 자주적으로 행동하고 선택할 수 있었던 형태였음을 강조하였다. 기형인간들의 동의가 있었다는 보건의 해석은 데이비드 거버(David Gerber)가 비판하였다("Volition and Valorization: The 'Careers' of People Exhibited in Freak Shows", Thomson ed., *Freakery*).

16 Tagg, "A Means of Surveillance", *The Burden of Representation*, p. 86. 가치 있는 것과 가치 없는 것을 구성한 징계 기술로서 사진을 논의한 것은 Allan Sekula, "The Body and the Archive", *October* 39, Winter 1986, pp. 3~64를 볼 것.

17 기형인간 사진에 대한 논의와 예는 Michael Mitchell, *Monsters of the Gilded Age: The Photographs of Charles Eisenmann*, Toronto: Gage, 1979와 Philip B. Kunhardt Jr., Philip B. Kunhardt III, and Peter W. Kunhardt, P. T. *Barnum: America's Greatest Showman*, New York: Knopf, 1995를 볼 것.

18 Susan Stewart, *On Longing: Narratives of the Miniature, the Gigantic, the Souvenir, the Collection*, Baltimore: Johns Hopkins University Press, 1984, p. 109. 로버트 보그던은 위조된 몸이 붙은 쌍둥이, 야만인, 또는 문신한 기형인간처럼 많은 구경거리들이 위

조되거나 만들어졌다는 사실을 지적함으로써 쇼에 의한 기형인간의 구성을 강조하였다 (Robert Bogdan, *Freak Show*).

19 Lindfors, "Circus Africans", p. 10.

20 Massachusetts Historical Society, "The 'Aztec' Children", M. H. S. *Miscellany* 50, Spring 1992, pp. 1~3.

21 [옮긴이] 잭슨 민주주의는 앤드루 잭슨(Andrew Jackson) 대통령이 재임 기간(1829~1837) 동안 펼친 정책들을 가리킨다. 이전의 대통령들이 상류층 출신인 데 비하여 잭슨은 가난한 아일랜드 이민자의 후손이며 정규 교육을 받지 못한 군인 출신이었다. 따라서 잭슨의 지지자들은 잭슨의 승리로 '보통 사람들의 시대'가 시작되었다고 환호하였다. 잭슨 대통령의 임기 동안 일어난 여러 가지 변화는 대체로 평등주의, 경제적 자유방임주의, 그리고 "명백한 운명"이라는 믿음으로 포장되어 실행된 영토 확장주의로 요약될 수 있다.

22 흥미로운 사실은 다윈의 사촌 프랜시스 갈튼 경(Sir Francis Galton)에 의해 시작된 우생학이 19세기 후반에 발전했고, 랑베르 케틀레(Lambert Quetelet)의 연구를 토대로 하였다는 것이다. 후에 나치에 의해 정치적으로 시행된 우생학의 목표는 인종을 과학적으로 "개량" 또는 정화하는 것, 달리 표현하자면, 통계적으로 표준화된 평균인을 실현하는 것이었다. 우생학에 대한 연구는 Proctor, *Racial Hygiene: Medicine Under the Nazis*와 Hubbard, *The Politics of Women's Biology*를 볼 것. 평균인 개념에 대한 논의는 Stephen Stigler, *The History of Statistics: The Measurement of Uncertainty Before 1900*, Cambridge, M. A.: Belknap Press of Harvard University Press, 1986, pp. 169~172 와 Theodore M. Porter, *The Rise of Statistical Thinking, 1820~1900*, Princeton: Princeton University Press, 1986, 특히 chapters 4, 5를 볼 것. "통계학상의 사람들"에 대한 비판은 Mark Selzer, *Bodies and Machines*, New York: Routledge, 1992를 볼 것.

23 Henry Ward Beecher, *Lectures to Young Men, on Various Important Subjects*, New York: J. B. Ford, 1873, p. 181. 싸구려 박물관 그리고 나중에 서커스에 있어서도 품위가 문제가 되었지만, 바넘은 교육열과 감상이나 금주 같은 중산층 가치에 호소함으로써 이 문제를 거의 극복하였다. 바넘의 '미국 박물관'(American Museum)은 모든 계급의 사람들이 방문하였다. 빅토리아 여왕도 엄지손가락 톰 장군을 구경하였고, 심지어 헨리 워드 비처도 그를 지지하였다. Bruce A. McConachie, "Museum, Theater and the Problem of Respectability for Mid-century Urban Americans", Ron Engle and Tice L. Miller eds., *The American Stage: Social and Economic Issues from the Colonial Period to the Present*, New York: Cambridge University Press, 1993, pp. 65~80; Brooks McNamara, "A Congress of Wonders: The Rise and Fall of the Dime Museum", *ESQ* 20(3), pp. 216~232; Marcello Truzzi, "Circus and Side Shows", Myron Matlaw ed., *American Popular Entertainment*, Westport, Conn.: Greenwoods Press, 1979, pp. 175~185; James B. Twitchell, *Carnival Culture: The Trashing of Taste in*

America, New York: Columbia University Press, 1992, pp. 57~65를 참고할 것.

24 이런 시각에서의 인종적 타자 구성에 대한 논의는 Eric Lott, *Love and Theft: Blackface Minstrelsy and the American Working Class*, New York: Oxford University Press, 1993와 Roediger, *The Wages of Whiteness*를 볼 것.

25 조앤 버빅은 이 관점을 지지하면서, 개인 차원에서 실현된 국가적 책임으로서의 건강한 몸이라는 개념이 19세기 변화하는 사회질서의 혼란과 붕괴에 대한 반응이었다고 주장하였다. Joan Burbick, *Healing the Republic: The Language of Health and the Culture of Nationalism in Nineteenth-Century America*, New York: Cambridge University Press, 1994를 볼 것.

26 Lott, *Love and Theft*가 흑인에 관하여 이와 비슷한 논의를 했다.

27 Foucault, *Discipline and Punish*, pp. 191~199; and Stephen Greenblatt, "Fiction and Friction", Thomas C. Heller et al., *Reconstructing Individualism: Autonomy, Individuality and the Self in Western Thought*, Stanford: Stanford University Press, 1986, pp. 30~52.

28 Howard M. Solomon, "Stigma and Western Culture: A Historical Approach", Stephen Ainlay et al. eds., *The Dilemma of Difference: A Multidisciplinary View of Stigma*, New York: Plenum Press, 1986, pp. 59~76. 권력을 상징하는 의상에 대한 논의는 Richard Sennett, *The Fall of Public Man*, pp. 65~72와 161~174를 볼 것.

29 Harris, *Humbug*, p. 218.

30 별난 것에 대한 빅토리아 시대의 관심에 대한 논의는 Martin, *Victorian Grotesque*와 George M. Gould and Walter L. Pyle, *Anomalies and Curiosities of Medicine*, Philadelphia: W. B. Saunders, 1897을 볼 것.

31 Bogdan, *Freak Show*, pp. 108, 161~166.

32 Meyer, "Myths of Socialization and of Personality", p. 211.

33 19세기 미국의 정체성 위기에 대해서는 Barker-Benfield, *The Horrors of the Half-Known Life*를 볼 것.

34 미국에서 정치적인 목적을 위해 괴물을 해석하던 초기의 사례는 존 윈스럽(John Winthrop)의 1638년 일기에서 발견할 수 있는데, 이 일기는 추방된 앤 허친슨(Ann Hutchinson)이 "괴물을 낳았다"고 썼다. 이 괴물 출산을 존 윈스럽과 매사추세츠만 항만 마을은 "타고난 정의를 부정한" 허친슨의 잘못에 노한 신의 메시지로 해석하였다(Nina Baym et al. eds., *Norton Anthology of American Literature*, 4th ed., New York: Norton, 1994, p. 185). 놀라운 것과 과학 사이의 갈등에 대하여는 Michael P. Winship, "Prodigies, Puritanism, and the Perils of Natural Philosophy: The Example of Cotton Mather", *William and Mary Quarterly*, Jan. 1994, pp. 92~105를 볼 것.

35 내 논의는 바넘의 인기에 대한 닐 해리스의 설명을 부연한 것이다(Neil Harris, *Humbug*).

36 Saxon, P. T. *Barnum*, illustration following p. 82, no. 12 of Currier and Ives series on Barnum's Gallery of Wonders, Shelburne Museum, Shelburne, Vermont.

37 Victor Turner, *The Forest of Symbols: Aspects of Ndembu Ritual*, Ithaca: Cornell University Press, 1967.

38 Barbara Ehrenreich and Deirdre English, *For Her Own Good: 150 Years of the Experts' Advice to Women*, p. 31. 이 전문가들은 몸에 대한 권위를 주장하는 것에 저항한 사례에 대해 논의했는데 Burbick, *Healing the Republic*, 특히 1장을 볼 것.

39 Paul Starr, *The Social Transformation of American Medicine*, New York: Basic Books, 1982.

40 [옮긴이] 섹슈얼리티는 성적 욕망, 심리, 실천, 정체성, 이데올로기, 사회제도, 관습 등 성에 연결된 현상들의 총체를 말한다.

41 사르지에 바트먼의 전시에 대한 설명은 Altick, *The Shows of London*; Stephen Jay Gould, "The Hottentot Venus", *Natural History* 91(10), pp. 20~27; Stephen Jay Gould, *The Flamingo's Smile: Reflections in Natural History*, New York: Norton, 1985, pp. 302~305; Bernth Lindfors, "'The Hottentot Venus' and Other African Attractions in Nineteenth-Century England", *Australasian Drama Studies* 1(2); 그리고 Gilman, *Difference and Pathology*를 볼 것. 훌리아 파스트라나의 전시 역사는 Frederick Drimmer, *Very Special People*, New York: Amjon Press, 1983; *Born Different: Otto Hermann, Fahrend Volk*, Signor Salterino, Leipez: J. J. Wber, 1895; A. E. W. Miles, "Julia Pastrana, the Bearded Lady", *Proceedings of the Royal Society of Medicine* 67, 1974, pp. 160~164; J. Z. Laurence, "A Short Account of Bearded and Hairy Female", *Lancet* 2, 1857, p. 48; Jan Bondeson and A. E. W. Miles, "Julia Pastrana, the Nondescript: An Example of Congenital, Generalized Hypertrichosis with Gingival Hyperplasia", *American Journal of Medical Genetics* 47, 1993, pp. 198~212; Francis T. Buckland, "The Female Nondescript Julia Pastrana, and Exhibitions of Human Mummies, etc.", *Curiosities of Natural History*, vol. 4, London: Richard Bentley and Son, 1888; 그리고 J. Sokolov, "Julia Pastrana and Her Child", *Lancet* 1, 1862, pp. 467~469를 볼 것.

42 Gould, "The Hottentot Venus", p. 20.

43 [옮긴이] 호텐토트는 비하의 의미가 담긴 용어이다. 호텐토트는 19세기 남아프리카에 진출했던 네덜란드인들이 아프리카 부족인 코이코이족(族)을 비하해 일컫던 말이다.

44 Lindfors, "Circus Africans", p. 9. 린드포스는 또한 아프리카인을 우리에 가두어 전시한 경우 중 그가 발견한 가장 최근의 경우는 1906년에 브롱스 동물원의 원숭이 우리에 전시한 것이었지만, 1938년까지도 "인간을 닮은 만큼이나 원숭이를 닮은" 사람으로 묘사된 아프리카인이 미국 서커스에서 전시되었다고 주장하였다(p. 10). 아프리카인의 동물원 전시

에 대한 또 다른 설명은 Phillips Verner Bradford and Harvey Blume, *Ota Benga: The Pygmy in the Zoo*, New York: St. Martin's Press, 1992를 볼 것.

45 바트먼의 경우는 역사가 너무나 복잡해서 단순하게 판단하거나 확실한 이야기를 하기가 언제나 어렵다는 사실을 잘 보여 준다. 앨틱(Altick)은 이 같은 착취에 매혹되는 경우도 있었지만, 이와 함께 그녀의 전시에 대한 분노에 찬 항의도 있었고, 이 때문에 쇼가 잠시 중단되기도 하였다고 주장한다. 그녀가 자신의 상황을 이해하고 있는지에 대해 여러 시간에 걸쳐 공식적인 심문을 한 결과, 대부분의 기형인간들이 그랬던 것처럼, 수익의 반을 받기 위하여 자발적으로 참여한 것으로 밝혀졌고, 따라서 그녀의 쇼를 중단하려 한 소송은 취하되었다(*The Shows of London*, p. 270). 이 같은 전시에 있어서 출연자의 동의에 관한 조사는 Gerber, "Volition and Valorization"를 볼 것.

46 "Curious History of the Baboon Lady, Miss Julia Pastrana", pamphlet, Harvard Theater Collection, pp. 5~7.

47 Laurence, "A Short Account of the Bearded and Hairy Female", p. 48.

48 ibid.

49 Buckland, *Curiosities of the Natural World*, pp. 46, 42.

50 Robert Bogdan, *Freak Show* 그리고 Kathryn Park and Lorraine Daston, "Unnatural Conceptions"는 기형인간쇼의 종말을 장애의 의료화에 연계하였다.

51 Leslie Fiedler, *Freaks: Myths and Images of the Secret Self*, New York: Simon and Schuster, 1978, p. 250.

52 [옮긴이] 사이드쇼는 서커스나 축제 행사 등에서 손님을 끌기 위해 따로 보여 주는 소규모 공연을 의미한다.

53 Bogdan, *Freak Show*, p. 81.

54 "Hybrid Indian!", broadside no. 616156A, New York Public Library.

55 이 문제에 대한 더 깊은 논의는 Cassuto, *The Inhuman Race*를 볼 것.

56 Altick, *The Shows of London*, p. 272. 스티븐 제이 굴드(Stephen Jay Gould)는 그의 논문 "호텐토트의 비너스"에서 1982년 특별 방문 시 이 표본을 보았다고 보고하였다. 바트먼의 성기와 함께 "흑인여성"과 "페루비아 여성"이라는 표가 붙은 병에 담긴 두 성기, 무릎 부분에서 잘린 중국 여성의 전족된 발, 그리고 과학자 폴 브로카(Paul Broca)의 보존 처리된 뇌가 있었다. 굴드는 "나는 여성의 뇌, 브로카의 음경 또는 다른 남성들의 성기가 수집품을 빛내고 있는 것은 보지 못했다"고 꼬집었다(*The Flamingo's Smile*, p. 21).

57 예를 들어, 우생학의 아버지라 불리는 프랜시스 갈튼 경은 1853년 *Narrative of an Explorer in Tropical South Africa*에서 신중하고도 완곡하게 "이 총애를 받는 인종에게 주어진 풍요로운 자연의 선물"이라고 묘사한 아프리카 여성에 대해서 기술하였다. 그는 "과학자로서" 멀리서 육분의[六分儀, 항해 시 해, 달, 별의 고도를 측정하여 배의 현재 위치를 확인하는 데 사용하는 기기]와 측정기로 열심히 이 여성을 측정하였다. 갈튼은 그의 관심의 대

상을 "모습이 호텐토트일 뿐만 아니라, 그 점에서 호텐토트 중의 비너스"라고 묘사하였다. 갈튼은 "그 점"이 무엇인지 밝히지 않고 그저 호텐토트의 비너스를 넌지시 언급함으로써, 과학 담론에서 호텐토트의 비너스가 누리고 있던 악명을 확인해 주었다(Gould, *The Flamingo's Smile*, p. 303 인용.).

58 Gilman, *Difference and Pathology*, p. 89. 나아가 길먼은 의학 담론이 어떻게 발과 귀 모양에서부터, 일탈적인 성을 나타내고 그런 일탈적인 성을 불가피하게 만드는 식욕과 그에 따르는 비만에 이르는 일련의 몸의 징표들을 가지고 성매매하는 백인 여성을 확인하는지를 보여 주었다(pp. 94~101).

59 지배적 권력 관계에 있어서 과학의 공모에 대한 비판은 Evelyn Fox Keller, "Gender and Science", Evelyn Fox Keller ed., *Reflections on Gender and Science*, New Heaven: Yale University Press, 1985, pp. 75~94; Hubbard, *The Politics of Women's Biology*; Foucault, *The Birth of the Clinic*; 그리고 Gould, *The Mismeasure of Man*을 볼 것.

60 Foucalult, *Discipline and Punish*, p. 184.

61 Gould, *The Flamingo's Smile*, pp. 65~77.

62 나는 기형인간과 표본만이 장애를 가진 사람들이 하는 역할이라고 주장하려는 것이 아니다. 내가 의도하는 의미는 의학 담론과 기형인간 담론이 신체적 일탈의 속성에 영향을 주었다는 것이다. 신체적 장애는 항상 사유화되었고, 불행한 것 또는 창피한 것으로 읽혔고, 공공장소에 나온 장애인들은 전통적으로 걸인들이었다.

63 Gilman, *Difference and Pathology*, p. 216.

64 엘리자베스 그로스(Elizabeth Grosz)는 몸이 붙은 쌍둥이와 자웅동체인 같은 상황을 참지 못하고, 일반적으로 수술을 통해 '교정'하는 현재의 현상에 대해 논하였다("Intolerable Ambiguity: Freaks as/at the Limit", Thomson ed., *Freakery*).

65 슈퍼맨으로서의 공적인 역할에서 "용감한" 장애인 역할로 옮겨 간 배우 크리스토퍼 리브 (Christopher Reeve)는 (이 책이 쓰인 1997년) 지지자들을 상대로 "나 같은 사람들을 교정할" 돈을 책정하도록 국회에 청원할 것을 주창하고 있다(*Good Housekeeping*, June 1996, p. 88).

66 Hubbard, *The Politics of Women's Biology*, pp. 179~198.

4장 / 스토, 데이비스, 펠프스의 자선적 모성주의와 장애여성들

1 [옮긴이] 18세기 후반 낭만주의 말기 현상으로 일어난 문학적 경향.

2 Harriet Beecher Stowe, *Uncle Tom's Cabin or Life Among the Lovely*, 1852; reprint, New York: Penguin, 1981[『톰 아저씨의 오두막』, 이종인 옮김, 문학동네, 2011]; Rebecca Harding Davis, *Life in the Iron Mills*, 1861; reprint, New York: The Feminist Press at the City University of New York, 1972(『제철소에서의 삶』); Elizabeth Stuart Phelps, *The Silent Partner*, 1871; reprint, New York: The Feminist Press, 1983(『침묵의 동반자』). 이

후 이 소설들에 대한 인용은 소설의 제목과 쪽수만 기록할 것이다. 최근까지 무시되고 폄하된 용어인 '감상주의'로 함께 묶은 것을 재평가하기 위하여 다음과 같이 여러 명의 비평가가 이 다양한 소설들의 포괄적인 범주를 제시하였다. Nina Baym, *Women's Fiction: A Guide to Novels By and About Women in America, 1820~1870*, Ithaca: Cornell University Press, 1978; Mary Kelley, "The Sentimentalist: Promise and Betrayal in the Home", *Signs: Journal of Women in Culture and Society* 4(31), pp.434~446; Jane P. Tompkins, *Sensational Designs: The Cultural Work of American Fiction, 1790~1860*, New York: Oxford University Press, 1985; Shirley Samuels ed., *The Culture of Sentiment: Race, Gender, and Sentimentality in Nineteenth-Century America*, New York: Oxford University Press, 1992; Karen Sanchez-Eppler, "Bodily Bonds: The Intersecting Rhetorics of Feminism and Abolition", *Representations* 24, Fall 1988, pp.28~59; 그리고 Philip Fisher, *Hard Facts: Setting and Form in the American Novel*, New York: Oxford University Press, 1985를 볼 것. 이 장에서 언급된 이 소설들에 대한 다른 포괄적인 분석으로는 『톰 아저씨의 오두막』을 사실주의로 분석한 Robyn Warhol, "Poetics and Persuasion: *Uncle Tom's Cabin* as a Realist Novel", *Essays in Literature* 13(2), pp. 283~298; 자연주의의 선구자로서 『제철소에서의 삶』을 설명한 Sharon Harris, "Rebecca Harding Davis: From Romance to Realism", *American Literacy Realism* 21(2), pp. 4~20; 그리고 사회적 복음 전통에 『침묵의 동반자』를 위치시킨 Frances Malpezzi, "*The Silent Partner*: A Feminist Sermon on the Social Gospel", *Studies in the Humanities* 13(2), pp. 103~110이 있다.

3 장애 형상의 이용은 감상주의 소설과 가정 소설, 특히 데이비스와 펠프스 소설의 관습이다. 예를 들면 데이비스의 *Margret Howth: A Story of Today*, 1862; reprint, New York: The Feminist Press, 1990(『마그렛 하우스』)에 등장하는 루이(Lois), 펠프스의 "The Tenth of January", *The Silent Partner*(「1월 10일」, 『침묵의 동반자』)에 등장하는 아스낫(Asenath), 그리고 펠프스의 *Doctor Zay*, 1882; reprint, New York: The Feminist Press, 1987(『닥터 제이』)의 어머니는 장애 형상이다. 마리아 커민스(Maria Cummins)의 *The Lamplighter*, Boston: Jewett, 1854(『점등원』)도 여주인공이 장애인이며, 영국 전통에서도 물론 디킨스의 많은 장애 인물들이 중요한 역할을 한다.

4 Paul Longmore, conversation with the author, San Francisco, 28 June 1994.

5 이 동정과 불쾌함의 동시 발생은 특히 데이비스가 그려 낸 데브 울프라는 인물이 잘 보여 준다. 데브의 장애는 그에 대한 역사적 설명이 없다. 그녀의 문학적 선조를 거슬러 올라가 보면, 꼬인 영혼이 유표화된 몸으로 드러나는 "확실한 증거"인 "기형의 학자"로저 칠링워스가 있는데, 그와 같이 데브의 "기형적인" 몸은 그녀의 경제적, 사회적 추락을 가리킨다 (Nathaniel Hawthorne, *The Scarlet Letter: A Romance*, 1850; reprint, New York: Bobbs-Merrill, 1963, pp. 59, 60).

6 장애를 가진 사람들에 대한 제도적 억압과 사람들의 개인적 태도에 관한 논의는 Yuker ed., *Attitudes Toward Persons with Disabilities*; Fine and Asch eds., *Women with Disabilities*; Goffman, *Stigma*; Burgdorf, "A History of Unequal Treatment" 그리고 Fred Davis, "Deviance Disavowal"을 볼 것.

7 이 책의 연구 목적을 위해서는 눈에 보이는 장애와 눈에 보이지 않는 장애를 구별하는 것이 중요하다. 몸의 외면이 내면 또는 영혼의 비유로 읽히는 경향이 있다. 예를 들면, 스토의 에바(Eva)와 마리 클레르(Marie St. Clare)는 그들의 기표적 힘의 대부분을 그들의 완벽한 외면과 "장애를 지닌" 내면 사이의 불일치로부터 얻고 있다. 물론 두 인물에게 있어서 그 의미는 다르다. 외면적 표시와 내면적 장애는 해석에 다른 영향을 주기 때문에 나는 여기서 눈에 보이는 장애만 검토한다. 19세기 미국 여성들의 눈에 보이지 않는 장애가 어떤 기능을 했는지에 대한 논의는 Herndl, *Invalid Women*을 볼 것.

8 이런 의미에서 이 작가들은 다음과 같은 여성주의 이론가들을 예상케 하는 문화적 여성주의를 실천한 것이다. Gilligan, *In a Different Voice*; Elsthain, *Public Man, Private Women*; Sara Ruddick, "Maternal Thinking", *Feminist Studies* 6(2), pp. 342~367; Fox-Genovese, *Feminism Without Illusions*. 이 이론가들은 여성의 사회화를 개인 권리나 자율보다는 책임과 보살핌의 윤리와 결부시킨다.

9 [옮긴이] '책임, 방해, 장애, 골칫거리' 등으로 번역되기도 하는데, 이 책에서는 '부담'으로 번역하였다.

10 해리엇 비처 스토는 *The Key to Uncle Tom's Cabin*, London: 1853에서 최상의 모성적 양육은 장애를 가진 아이로 인해 나타난다고 주장하였다. 그녀는 "어머니가 아이들 중에 병으로 눈이 멀거나, 귀가 먹거나, 일상적인 의사소통을 통하여 지식을 얻을 수 없는 아이를 가지고 있는 경우, 그녀는 강하고 더 뛰어난 아이들에게 사용하는 대화 방법보다 더 부드럽고 친밀한 대화 방법으로 그 아이의 어두운 마음을 헤아리려 하지 않는가?"라고 하였다(p. 38). John L. Thomas, "Romantic Reform in America, 1815~1865", *American Quarterly* 17, Winter 1965, pp. 656~681가 복음주의 기독교와 불가분의 관계를 맺고 있다고 주장하는 가정 이데올로기(domestic ideology) 내에서 인간이 고통받는 것은 인간이 죄를 짓는 것 이상의 것을 의미하며, 따라서 비난보다는 위로가 더 중요하였다. 존경받는 사람과 그들의 도움을 받아 살아가는 고통받는 하층민의 관계는 모든 죄인들을 몸부림치게 한 이전의 칼뱅주의적, 가부장적 하나님의 반대인 동정적이고 양육하는, 여성화된 예수 같은 인물과 인간 사이의 관계와 유사하다. 캐스린 스칼라(Kathryn Skalar)가 주장하였듯이, 신학에서 선행을 통한 구원이라는 개념이 예정설을 대신하면서 기독교적 사랑을 베풀 수 있는 대상을 갖는 것이 매우 중요하게 되었다(Catharine Beecher, *A Study in American Domesticity*, New York: Norton, 1973, p. 13). 완벽한 수혜자는 죄 없이 고통받는 장애 형상이고, 고통받는 사람이 더 혐오스러울수록 그 자를 사랑하는 사람은 더 훌륭한 기독교인이 된다. 뿐만 아니라, 이 장애여성들은 예수의 선택을 받은 눈먼 자, 다리를 저는

자, 나병 환자를 암시한다. 한 논문(Charles Kokaska, et al., "Disabled People in the Bible", *Rehabilitation Literature* 45[1~2], pp. 20~21)은 성경에서 장애와 관련된 180개의 사건을 확인하였는데, 이 사건들의 대부분이 신약성서에서 예수와 관련하여 발생하였다고 한다. 『톰 아저씨의 오두막』은 성녀 클레어(St. Clare) 같은 어머니가 "우리가 눈먼 자들에게 시력을 주길 원하면, 예수께서 하신 것처럼 그들을 우리 곁으로 불러 우리의 손을 그들의 몸에 얹어야 한다"고 이야기하는 장면에서 (스토의 노예들처럼) 구원받을 대상으로 사용된 성경 속 장애 형상들을 넌지시 말하였다. 따라서 스토는 신약성서가 가장 낮은 곳에 있는 자들을 가장 높은 곳으로 끌어올림으로써 사회 권력 구조를 전도시킨 것을 전용하여, "지극히 작은 자가" 예수와 같다는 기독교 가르침을 반영하였다.

11 Fisher, *Hard Facts*, p. 99.

12 질리언 브라운(Gillian Brown)은 "가정적 개인주의"(domestic individualism) 연구에서 여성적 가정성과 남성적 개인주의가 별개의 이념이 아니라 서로 얽히고 서로를 강화해 주는 문화적 발전이라고 주장한다. 브라운이 가정성이 개인주의를 위한 현장과 정당화를 제공하였다는 것을 보여 주는 반면에, 나는 이 세 텍스트에 나타난 대로의 자선적 모성애의 공적인 역할이 중산층 여성들을 위한 여성적 페르소나(persona)이고, 이것이 중산층 여성들에게 자유주의적 개인의 특권을 부여하였다고 주장하는 것이다.

13 19세기 중산층 여성들의 경제적 생산에 대한 논의는 Nancy F. Cott, *The Bonds of Womanhood: "Women's Sphere" in New England, 1780~1835*, New Heaven: Yale University Press, 1977; Mary P. Ryan, *Empire of the Mother: American Writing About Domesticity, 1830~1860*, New York: Institute for Research in History and The Hawthorne Press, 1982; Rodgers, *The Work Ethic in Industrial American 1850~1920*; 그리고 Charlotte Perkins Gilman, *Women and Economics: A Study of the Economic Relation Between Women and Men*, 1898; reprint, Buffalo, N. Y.: Prometheus Books, 1994를 볼 것. Sara M. Evans, *Born for Liberty: A History of Women in America*, New York: The Free Press, 1989는 19세기 대부분의 여성들이 여성 개혁가로서의 정체성을 유지할 수 있는 경제적 수단이나 동기를 갖지 못하였다고 말하였다. 이 이상에 도달할 수 있는 여성들의 수는 적었지만, 그것이 지배집단이 만든 여성성이었기 때문에 모성적인 자선 형상은 상당한 사회적 힘과 지위를 행사하였다.

14 Carroll Smith-Rosenberg, *Disorderly Conduct: Visions of Gender in Victorian America*, New York: Oxford University Press, 1985를 참고할 것.

15 [옮긴이] 천년왕국설은 세상이 종말에 이르기 전에 재림한 예수가 천 년 동안 다스린다는 이상적인 나라에 대한 기독교적인 믿음을 가리킨다.

16 Cott, *The Bonds of Womanhood*, p. 7.

17 Thomas L. Haskell, "Capitalism and the Origins of the Humanitarian Sensibility, Part 1", *American History Review* 90(2), pp. 339~361; Thomas L. Haskell, "Capitalism

and the Origins of the Humanitarian Sensibility, Part 2", *American History Review* 90(3), pp. 547~566.

18 이 같은 시도와 함께 세 작가들은 "생계 유지"가 불가능한 자들에게 정부가 어떤 책임을 져야 하는가라는, 계속해서 논란이 되고 있는 문제를 환기시켰다. Rothman, *Discovery of the Asylum*과 Stone, *The Disabled State*를 볼 것. 스톤은 공공 부문이 "도움을 받을 자격이 있는" 가난한 사람과 "도움을 받을 자격이 없는" 가난한 사람을 구분하려는 시도 속에서 극빈과 장애를 처리하는 데 보여 준 양면적 감정을 조사하기 위해 장애의 역사를 연구하였다.

19 Silvers, *Reconciling Equality to Difference: Caring (F)or Justice for People with Disabilities*는 돌보는 사람은 자율적인 행위 주체자인 반면에, 돌봄을 받는 사람은 그들의 관계의 조건을 정할 수 없기 때문에 돌보는 사람과 돌봄을 받는 사람 사이의 비대칭적 관계에서 돌봄이 억압적으로 될 수 있는 위험이 상존한다고 주장하였다.

20 이 사회개혁 소설들에 의해 마련되고 시도된 구조의 유형은 17세기 말~18세기 초에 초기 미국 포로 내러티브 전통을 일부 모사하였다. 이 포로 내러티브에서는 백인 여성들이 아메리카 대륙 원주민들에 의해 포로가 되고, 백인 남성들에 의해 구조되었다. 유럽계 미국인에 의한 (영토적, 사회적) 확장에 매우 필요했던 이 사회적 신화는 여기서 논의되고 있는 소설에서 흥미롭게 수정되었다. 젠더 역할이 전도되어 이전의 희생자 즉 백인 여성이 구조하는 여주인공이 되어, 위협적인 악한 즉 지배하는 남성으로부터 새로운 희생자 즉 장애여성을 구하는 것이다. 이 두 종류의 내러티브의 효과는 집단 정체성과 자격을 설정하는 것이다. 젠더를 토대로 포로 내러티브에 대해 논의하는 것은 Annette Kolodny, *The Land Before Her*, Chapel Hill: University of North Carolina Press, 1984를 참고할 것.

21 흥미롭게도 여주인공이 더욱 백인이고, 기독교인이고, 모성적일수록 그들의 몸은 더욱 아름답다. 1/4이 흑인인 일라이자는 "세련된 몸매"와 "노예에게는 치명적인 유산인" 아름다움을 지녔다(『톰 아저씨의 오두막』, pp. 215, 216, 223). 이에 대한 예외는 위선적인 기독교인이며 노예 소유주인 마리 세인트 클레어인데, 이 인물은 처음 지니고 있던 아름다움이 노예의 시중을 받는 이기적인 행동에 의해 망가져 "사랑스럽지 않은", "피부색이 누렇고 퇴색한 병든" 여자 그리고 나쁜 어머니가 된다(『톰 아저씨의 오두막』, p. 243). 여주인공들의 자연스럽고 치장하지 않은 아름다움과는 대조적으로, 이 허영심 많고 방종한 마리는 그녀 주변에 있는 모든 사람들이 고통을 받는 가운데 "화려한 옷을 입고" "다이아몬드 팔찌"를 하고 있다(『톰 아저씨의 오두막』, p. 275).

22 Laqueur, *Making Sex*; Barbara Welter, "The Cult of True Womanhood: 1820~1860", *American Quarterly* 18(2), pp. 151~174; Gerda Lerner, "The Lady and the Mill Girl: Changes in the Status of Women in the Age of Jackson", *Midcontinent American Studies Journal* 10, 1969, pp. 5~15(인용은 p. 11) 볼 것. 나는 종종 인용되는 바버라 웰터(Barbara Welter)의 "여성성 숭배"(Cult of True Womanhood)와 내가 러너의 용어 "숙녀 숭

배"(the cult of the lady)를 사용하여 의도하려는 것을 구분하고 싶다. 웰터는 행위와 태도를 강조하는 반면에, 나는 '숙녀'가 되는 것이 사회계급에 따라 달리 몸 자체에 영향을 주는 것을 강조한다. 따라서 나는 일에 영향을 주는 신체적 제약과 여성의 몸을 병적일 뿐만 아니라 추하다고 말하는 담론에 초점을 맞춘다.

23 이 과정이 여성에게 끼치는 경제적 영향에 대한 논의는 Lerner, "The Lady and the Mill Girl"; Richard D. Brown, *Modernization: The Transformation of American Life 1600~1865*, New York: Hill and Wang, 1976, 특히 6과 7장; Rodgers, *The Work Ethic in Industrial America 1850~1920*, 특히 7장; Stuart Blumin, *The Emergence of Middle Class: Social Experience in the American City, 1760~1900*, Cambridge: Cambridge University Press, 1989, 특히 pp. 179~191; 그리고 Veblen, *The Theory of the Leisure Class*, 특히 pp. 125~131를 볼 것. 과학-의학 담론이 여성에 준 영향에 대한 논의는 Ehrenreich and English, *For Her Own Good*, 특히 3장과 4장; Smith-Rosenberg, *Disorderly Conduct*, 특히 히스테리 여성과 낙태를 다루는 장; Judith Walzer Leavitt ed., *Women and Health in America*, Madison: University of Wisconsin Press, 1984, 특히 1부; Herndl, *Invalid Women*, 특히 1장; Tuana, *The Less Noble Sex*; 그리고 Gould, *The Mismeasure of Man*, pp. 103~109를 볼 것. Martha Verbrugge, *Able-Bodied Womanhood: Personal Health and Social Change in Nineteenth-Century Boston*, New York: Oxford University Press, 1988은 개인주의 숭배, 그리고 여성은 가정 일에 맞도록 되어야 한다는 요구가 만들어 낸 역설을 분석하였다.

여성적 아름다움을 정하는 제도와 그것이 소비주의 및 여가와 맺는 관계에 대한 논의는 Banner, *American Beauty*, 특히 1~4장; Wolf, *The Beauty Myth*; 그리고 Veblen, *Theory of the Leisure Class*를 볼 것.

24 몸에 대한 제약과 취약성에 대한 생각은 많이 기록되어 있는데, 그 중에서 가장 강력한 두 개는 Charlotte Perkins Gilman, "The Yellow Wallpaper", *The New England Magazine*, January 1892와 Florence Nightingale, "Cassandra", 1928; reprinted Ray Strachey ed., *The Cause: A Short History of the Women's Movement in Great Britain*, London: Virago, 1978, pp. 395~418이다.

25 Gail Parker, *The Oven Birds: American Women on Womanhood, 1820~1920*, Garden City, N. J.: Anchor Books, 1972, p. 197.

26 Tillie Olsen, *Silences*, New York: Dell Publishing, 1965, pp. 117~118; Susan Coultrap-McQuin, *Doing Literary Business: American Women Writers in the Nineteenth Century*, Chapel Hill: University of North Carolina Press, 1990, p. 15.

27 Elizabeth Stuart Phelps, "Why Shall They Do It?", *Harpers* 36, 1886, p. 219; Carol Farley Kessler, *Elizabeth Stuart Phelps*, Boston: Twayne, 1982, p. 15.

28 1899년에 소스타인 베블런은 여성들이 "가시적 낭비와 남의 눈에 띄는 여가"를 보여야 한

다는 시장경제의 요구가 "자발적으로 가한 신체적 장애"에 이르는 습관과 옷을 강요하였다고 주장하였다(Veblen, *Theory of the Leisure Class*, p. 127). 문화 담론은 장애인들의 신체적 특징들을 표현하는 것과 동일한 방식으로 여성의 몸을 열등하고, 연약하며, 제한적인 것으로 묘사하였다.

29 Amy Schrager Lang, "Class and the Strategies of Sympathy", Samuels ed., *The Culture of Sentiment*를 볼 것. 랭은 『톰 아저씨의 오두막』과 『제철소에서의 삶』에서 사회계급을 제시하는 일과 관련된 딜레마가 (사회계급 대신) 젠더를 이용하고, 예술이 데이비스의 소설의 최종적인 주제가 되게 함으로써 해결되었다고 주장하였다.

30 Sharon Harris, "Rebecca Harding Davis"에서 해리스는 선철 찌꺼기로 만든 여성상이 데브의 개정이라고 언급했다. 이러한 읽기를 받아들이는 경우, 그 상이 데브의 장애를 교정하여 실제 장애를 지닌 여성의 신체적 제약에서 벗어난 이상화된 형태의 데브를 제시하는 것처럼 보인다는 것이 흥미롭다(『제철소에서의 삶』, p. 19). 나는 선철 찌꺼기로 만든 여성상이 여성화된 휴의 자화상이라고 주장할 증거를 텍스트에서 찾았다. 휴는 "굶주림으로 미쳐 세상을 향해 손을 뻗은" 선철 찌꺼기로 만든 여성상의 살아 있는 형태로 묘사되고 있다(『제철소에서의 삶』, p. 45).

31 거다 러너는 스토가 30세가 되었고, 펠프스가 태어나기 직전이며, 데이비스가 어린아이였던 1840년에 이르러 여성들 사이의 사회계급적 구분이 확실하게 자리 잡았음을 보여 주었다(Gerda Lerner, "The Lady and the Mill Girl"). 스토가 사회 개혁을 위해 어머니로서의 경험을 이용하여 여성들을 단합하려고 시도했을 때 그리고 사회계급이 존재하지 않는 가정을 회고적으로 그렸을 때 바로 이 구분에 저항하였던 것이다. 『제철소에서의 삶』에 퍼져 있는 죄의식에 사로잡힌 방어적인 자세와 절망감이 노동자와 그들을 돕는 사람들 사이의 격차는 메우기 불가능하다는 데이비스의 회의감을 반영하였다고 할 수 있지만, 그들의 소설에서 데이비스와 펠프스 둘 다 노동자들과 그들을 돕는 중산층 사람들 사이의 서열적인 배치를 수용하였다. Lois Banner, *American Beauty*와 Naomi Wolf, *The Beauty Myth*는 1840년에 이르러 미국의 아름다움과 관련된 문화의 주요 특징들과 제도들이 자리를 잡았고, 소비주의의 발전, 대량 생산, 중산층 숙녀의 지속적인 대두가 그에 기여하였다고 주장한다.

32 Lerner, "The Lady and the Mill Girl", p. 11.

33 이 같은 경제에 대한 논의는 Banner, *American Beauty*를 볼 것.

34 *Godey's Lady's Book*, 1852; Banner, *American Beauty*, p. 10에 인용된 것.

35 『침묵의 동반자』에서 펠프스가 결혼을 거부하는 것은 스토와 대조를 이룬다. 스토는 결혼을 자선적 모성주의의 자연스러운 요소로 가정한 것 같다. 펠프스의 소설 첫 부분에서 (이전의 마리 세인트 클레어를 생각나게 하는) 멋대로 행동하고 경박한 펄리는 아버지의 사업 파트너인 매버릭 헤일(Maverick Hayle)과 약혼한다. 그러나 그녀는 투지 넘치는 그러나 억압당하고 있는 십 가스(Sip Garth)를 만난 후 이 남자를 버리고 사회복지관 비슷한 것을 세운

다. 공장 노동자들에게 헌신하기 위해 결혼을 거부하지만, 그녀는 "그녀가 사랑했었을지도 모르는" 남자인 기독교인 스테픈 개릭(Stephen Garrick)의 찬미에 의해 여성으로 인정받는다(『침묵의 동반자』, p. 260). 청혼자에 대한 그녀의 반응은 "저는 사랑과 결혼을 생각할 시간이 없어요 …… 그건 사업이고 거래예요. …… 저는 할 일이 많아요. …… 그런 것을 위해 시간을 낼 수가 없군요."라는 말에서 드러난다(『침묵의 동반자』, p. 260). 그의 사랑과 그녀의 자기 희생은 모두, 후반부에서 그녀를 마리보다는 에바처럼 만드는 미화 작업의 일부를 이루고 있다.

36 Burgdorf, "A History of Unequal Treatment", p. 887은 장애를 사회진화론에 결부시킨다. 사회진화론에 대한 논의는 Richard Hofstadter, *Social Darwinism in American Thought*를 볼 것.

37 신체적 장애 인물들의 구분에 의해 시사되는 탈체화 전략은 낸시 코트(Nancy Cott)가 19세기 중산층 여성들이 자신의 취약성에 대한 반응으로서, 그리고 남성의 욕망 대상이 되는 것의 대안으로서 확인하는, 스스로 부과한 여성의 "성적인 초연함"과 비슷한 것이다(*The Bonds of Womanhood*, p. 239). 성적인 초연함의 이념은 성적 매력이 아닌 자기 통제를 통한 권능화를 여성들에게 제공하였다. 이 이념은 또한 그들을 원치 않는 임신, 성적 또는 육체적 종속, 그리고 육욕과의 연계와 같은 독특하게 여성적인 부담으로부터 여성들을 해방시켜 주리라는 약속도 하였다. 코트는 자기 통제의 윤리를 주로 성적인 관계로 보지만, 장애여성들은 노예 제도, 임금 노동, 결혼, 그리고 장식품으로서의 여성의 역할 등을 포함하는 여성이 갖는 부담들을 보여 준다.

38 Lerner, "The Lady and the Mill Girl", p. 14.

5장 / 페트리, 모리슨, 로드의 강한 여성으로서의 장애여성

1 Audre Lorde, *Zami: A New Spelling of My Name*(『자미: 내 이름의 새로운 철자』), Freedom, Calif.: Crossing Press, 1982, p. 15. 이후 이로부터의 인용은 제목과 쪽수만 표기할 것임. Carolyn Heilbrun, *Writing a Woman's Life*, New York: Norton, 1988은 비전통적인 여성의 삶을 분석한 언어와 내러티브 형태의 결여에 대해 논하였다. 로드의 "제3의 호칭"처럼, 헤일브런(Heilbrun)의 용어 "모호한 여성"(ambiguous woman)은 젠더 정체성의 힘을 전유하고 부담을 거절할 수 있게 한다. 두 용어 모두 여성성 개념의 확인과 수정을 시도한다.

2 [옮긴이] 거대 내러티브는 장 리오타르(Jean Lyotard)가 만들어 낸 용어로 우리가 사회에서 설명하고, 판단하고, 기능하는 공통적인 방법을 제공한다. 예를 들어 어떤 거대 내러티브는 남성과 여성의 역할, 경제적 체제, 언어 사용 방법 등을 설명하고, 이것들과 관련된 우리의 생각이나 행동에 영향을 준다. 리오타르는 거대 내러티브가 작은 내러티브들의 다양한 목소리를 무시했다고 비난하며 거대 내러티브 시대의 종언을 선언했다. 주변부로 밀려난 작은 내러티브들에 귀 기울여야만 하는 시대가 되었다는 것이다.

3 Ann Petry, *The Street*, 1946; reprint, Boston: Beacon, 1974(『거리』); Toni Morrison, *The Bluest Eye*, New York: Washington Square Press, 1970[『가장 푸른 눈』, 신진범 옮김, 들녘, 2003]; Toni Morrison, *Sula*, New York: New American Library, 1973[『술라』, 김애주 옮김, 들녘, 2005]; Toni Morrison, *Song of Solomon*, New York: New American Library, 1977[『솔로몬의 노래』, 김선형 옮김, 들녘, 2004]; Toni Morrison, *Tar Baby*, New York: New American Library, 1981[『타르 베이비』, 신진범 옮김, 들녘, 2007]; Toni Morrison, *Beloved*, New York: New American Library, 1987[『빌러비드』, 최인자 옮김, 문학동네, 2014]. [이후 이 들로부터의 인용은 (우리말) 제목과 쪽수만 표기할 것임.]

4 Adrienne Rich, "When We Dead Awaken: Writing as Revision", *On Lies, Secrets, and Silence*, New York: Norton, 1979는 "re-vision"을 "새로운 시각으로" 읽고, 쓰고, 해석하는 것으로 정의하였다. 단순한 문화 역사, 문학 비평, 또는 자서전적 글쓰기 이상을 의미하는 것으로 리치의 잘 알려진 여성주의적 개념은 여성으로 하여금 전통적인 여성성에 내재되어 있는 "자기 파괴"를 거부할 수 있게 하는 "생존의 행동"이다(p. 35). 여기서 논의되는 미국 흑인 소설들은 정확히 리치가 의미하는 대로 흑인여성 정체성을 수정한다. 그러나 본 연구는 단순한 인종 또는 젠더 정체성의 개념을 심화시켜, 사회역사적 범주인 '신체적 장애'를 강조함으로써 그 개념을 '새롭게 읽는다'. 각 소설은 장애 범주를 간접적으로, 자의식 없이 접근하며, 그 어느 소설도 장애 정체성을 직접적으로 다루지 않는다. 흑인, 여성과 신체적 장애의 낙인찍힌 정체성 사이의 관계는 명백하게 밝혀지지 않는다.

5 미국 흑인여성의 작품에 등장하는 다른 장애 인물들의 예로는 Harriet Wilson, *Our Nig; or Sketches from the Life of a Free Black*, 1859; reprint, New York: Vintage Books, 1983(『우리의 검둥이』)과 Harriet Jacobs, *Incidents in the Life of A Slave Girl*, 1861; reprint, Cambridge: Harvard University Press, 1987[『린다 브렌트 이야기』, 이재희 옮김, 뿌리와이파리, 2011]의 주인공, Paule Marshall, *Brown Girl, Brownstones*, 1959; reprint, Old Westbury, N. Y.: Feminist Press, 1981(『갈색 소녀, 갈색 벽돌집들』)의 미스 톰슨(Miss Thompson), Maya Angelou, *I Know Why The Caged Bird Sings*, Toronto: Bantam, 1969[『새장에 갇힌 새가 왜 노래하는지 나는 아네』, 김욱동 옮김, 문예출판사, 2009]의 윌리 삼촌(Uncle Willie), Alice Walker, *Meridian*, New York: Pocket Books, 1976(『메리디언』)의 주인공, 모리슨의 유일한 남성 장애인인 『솔로몬의 노래』의 밀크맨 데드(Milkman Dead)를 들 수 있다. 이 같은 장애 인물이 많이 등장하는 것은 아마도 상징적 의도보다는 가난과 억압하에서 장애가 더 자주 발생한다는 역사적인 사실 때문인 듯하다.

6 이러한 수사학의 형성은 대체로 다음과 같이 설명할 수 있는 문화적 감수성상의 역사적 변화와 일치한다. 동정의 수사학은 (예를 들면 천년왕국설에 대한 믿음에 표현된 것처럼) 19세기 미국인들의 사고를 지배한 그러나 19세기 말의 세속화되고 자연주의적 미학이 이의를 제기한 문화적 그리고 우주적 원칙인 통일을 가정하였다. 그러한 믿음을 대체하고 그러한 믿음의 상실을 애도한 근대적 절망의 수사학은 그로테스크한 것, 반(反)영웅주의, 실존적 생

각을 낳았다. 탈근대적 다름의 수사학은 다양성과 씨름하지만, 통일을 애도하지 않는다. 탈근대적 다름의 수사학은 장애가 재현되기에 가장 알맞은 양식이다. 여기서 근대와 탈근 대란 용어는 프레드릭 제임스(Fredric James)적인 의미 즉 "저항할 수는 있으나 초월할 수 는 없는 문화적으로 우세한 것"을 의미한다("Postmodernism, or the Cultural Logic of Late Capitalism", *New Left Review* 146, July-Aug. 1984, pp. 53~92). 하나의 문화적 우세에서 다음 문화적 우세로의 이행은 문학뿐만 아니라 정치에서도 필연적으로 감지된다.

7 이 같은 장애의 해석상의 변화는 장애 관련 법 제정의 역사에 대한 여러 연구에 시사되어 있다. Scotch, *From Good Will to Civil Rights*; Stone, *The Disabled State*; Liachowitz, *Disability as a Social Construct*; 그리고 Shapiro, *No Pity*를 볼 것.

8 [옮긴이] 19세기 후반 예술 분야를 지배한 사조로 과학자의 시각으로 현실을 관찰, 분석, 보 고하는 것을 목표로 한다. 자연주의 작가들은 개인의 운명은 자유 의지보다는 유전적 요인 과 환경에 의해 주로 결정된다는 믿음을 바탕으로 개인을 내적 혹은 외적 힘의 희생자로 그 려 낸다.

9 예를 들면, Robert Bone, *The Negro Novel in America*, New Haven: Yale University Press, 1958는 페트리의 소설을 『토박이』(*Native Son*)의 계승으로 보았다. Addison Gayle, Jr., *The Ways of the New World: The Black Novel in America*, New York: Anchor/ Doubleday, 1975, pp. 192~197는 『거리』를 자연주의 소설로 분석하였다.

10 참여성(True Womanhood)과 신여성(New Womanhood)의 정의는 Barbara Welter, "The Cult of True Womanhood: 1820~1860"와 Smith-Rosenberg, *Disorderly Conduct*, pp. 245~296에서 찾을 수 있다.

11 [옮긴이] 목이나 머리에 두르는 화려한 색상의 천.

12 [옮긴이] 서브텍스트란 진술이나 기록이 외면적으로 확실하게 드러내고 있는 내용의 이면 에 자리 잡고 있는 암시된 내용 또는 (진술이나 기록을 접하는 사람이) 뒤에 깨닫고 밝힐 수 있 게 되는 생각, 느낌, 판단 등을 가리킨다. 일례로 소설에서 등장인물이 외면적으로 말하는 것 뒤에 감추어져 있는, (그 인물이) 진정으로 생각하는 것이 서브텍스트이다.

13 Sharon Harris, "Rebecca Harding Davis: From Romance to Realism", *American Literary Realism* 21(2), pp. 4~20은 『제철소에서의 삶』을 자연주의 소설의 선구자로 설 명한다.

14 이런 측면에서 데브와 루티는 비슷하다. 그들의 행동은 의도한 것의 정반대를 성취해 이 두 인물을 파멸시킨다. 헤지스 부인에게는 의도와 결과 사이에 불일치가 없다.

15 Baym, *Women's Fiction*, pp. 11~12.

16 *The Bonds of Womanhood*에서 낸시 코트는 19세기 여성의 "성적 초연함"이라는 이념 을 여성의 육욕이 약함과 부도덕한 행위라는 믿음의 기능적인 문화적 재구성으로서 분석 하였다. 성적 초연함이 19세기 여성들을 높은 도덕적 위치에 올려 놓고 그들의 지위와 독 립을 높이기는 했지만, 이제 그 유용성이 수명을 다했고, 여성들을 그들의 성적 성향으로

부터 소외시키는 결과를 낳고 있다.

17 Marjorie Pryse, "'Pattern Against the Sky': Deism and Motherhood in Ann Petry's *The Street*", Marjorie Pryse and Hortense J. Spillers eds., *Conjuring: Black Women, Fiction, and Literary Tradition*, Bloomington: Indiana University Press, 1985, pp. 116~131는 이 소설과 헤지스 부인을 이신론이라는 측면에서 분석하면서, 루티가 벤저민 프랭클린[이 마련한 처세술] 각본에 동일시하는 행동의 결과를 탐구하였다. 프라이스는 루티의 행동과 태도가 자멸적이라고 주장하고, 그녀가 헤지스 부인과 다른 사람들을 생존의 모형으로 이용할 수도 있었음을 보여 주었다. 그러나 프라이스는 헤지스 부인이 새로운 여주인공이 될 수 있는 잠재력에 대해서는 설명하지 않았다. [이신론은 18세기 계몽주의 시대의 대표적인 그리스도교 사상으로서, 신이 세계를 창조한 뒤에는 직접 세계에 간섭하지 않고, 자연에 내재하는 합리적 법에 의해 다스린다고 보는 생각이다.]

18 [옮긴이] 미국 혁명을 전후하여 등장한 여성의 역할에 대한 태도로서 공화주의를 다음 세대에 전하기 위해 여성들을 공화주의의 이상을 지지하도록 양육해야 한다는 믿음을 바탕으로 함.

19 John Berger, *Ways of Seeing*, London: British Broadcasting Corporation, 1972, p. 47.

20 [옮긴이] 지붕의 빗물 배수구 끝을 장식하는 괴기스러운 새나 사자 등의 형상.

21 Michael Steig, "Defining the Grotesque: An Attempt at Synthesis", *Journal of Aesthetics and Art Criticism* 29(2), p. 253에서 인용함.

22 William Van O'Connor, *The Grotesque: An American Genre, and Other Essays*, Carbondale: Southern Illinois University Press, 1962가 "미국적 장르"로서의 그로테스크를 고딕적인 포(Poe)에서, 자연주의적인 크레인(Crane)과 노리스(Norris)를 거쳐 포크너(Faulkner)와 다른 남부 작가들, 그리고 마지막으로 너새네이얼 웨스트(Nathanael West)와 넬슨 올그런(Nelson Algren) 같은 부조리 근대주의자들을 통하여 추적하였다.

23 전형적인 한 가지 예가 플래너리 오코너의 그로테스크한 장애 인물에 관한 길버트 멀러(Gilbert H. Muller)의 분석이다. "그녀의 일그러진 영혼과 비슷한 외모를 소유한 주인공은 세상으로부터 완전히 소외되었다"(*Nightmares and Visions: Flannery O'Connor and the Catholic Grotesque*, Athens: University of Georgia Press, 1972, p. 27). 오코너의 비평가들은 이런 식의 읽기를 벗어날 수 없었던 것 같다. "그로테스크"라는 용어가 그들이 오코너의 작품을 신체적 장애에 대한 탐구로 읽지 못하게 하였던 것이다. 하나 예외가 있다면 캐슬린 패터슨(Kathleen Patterson)이 오코너의 작품을 정치화된 장애 의식이라는 측면에서 분석한 것이다("Disability and Identity in Flannery O'Connor's Short Fiction", unpublished manuscript, 1991). 앤 칼턴(Ann Carlton)도 카슨 매컬러스(Carson McCullers)의 작품에 대한 여성주의적 분석에서 장애를 직접 다루지는 않았지만 "고딕과 그로테스크"에 한정된 읽기를 초월하였다("Beyond Gothic and Grotesque: A Feminist View of Three Female Characters of Carson McCullers", *Pembroke* 20, 1988, pp. 54~68).

24 이와 비슷한 그로테스크에 관한 논의는 Philip Thomson, *The Grotesque*, London: Methuen, 1972; Frances K. Barasch, "Introduction", Thomas Wright, *A History of Caricature and Grotesque in Literature and Art*, 1865; reprint, New York: Frederic Ungar, 1968; Harpham, *On the Grotesque*(인용 pp. 30, 11); Stallybrass and White, *The Poetics and Politics of Transgression*; Bahktin, *The Dialogic Imagination*; 그리고 Cassuto, *The Inhuman Race*를 볼 것. 고프먼을 제외하고 내가 인용한 모든 이론가들처럼 이 그로테스크 이론가들도 명백하게 그들의 이론과 실제 장애인들을 연결하지 않았다. 예를 들면, 하펌은 오코너의 소설에 등장하는 "여러 절름발이와 사지 절단자들"을 언급하였지만, 환상적인 그로테스크와 인간 그로테스크 사이의 차이에 대해 분석하지 않았다. 대체로 스스로를 장애학이라고 밝힌 학문적 연구들만이 장애를 사회적 범주로서 고려해 왔다. Turner, *The Forest of Symbols*, p. 97의 인용도 참고할 것.

25 나는 이 재구성이 장애를 전의(轉意)로 사용하는 것과는 다르다는 것을 강조하고 싶다. 이 장애 형상들은 은유가 아니다. 그들의 재현은 장애의 인생 경험과 사회적 정체성을 중재하며, 어쩌면 그 문화적 의미를 재구성하기도 한다. 머피가 경계성으로서의 장애에 대한 문화 기술지(*The Body Silent*)에서 기술한 역할과 지위 상실은 그가 장애인으로서 경험한 것이기 때문에 그에 초점을 맞추고 있다. 그러나 Fine and Asch, *Women with Disabilities*, pp. 1~31는 장애여성의 역할 부재가 해방적일 수 있다고 주장한다. 어쨌든 여성, 특히 흑인여성은 머피처럼 전에 [백인인] '정상인'이었다가 장애인이 된 사람보다는 장애인이 됨으로써 잃을 문화적 자산이 적다.

26 Donna Haraway, "A Manifesto for Cyborgs: Science, Technology, and Socialist Feminism in the 1980s", *Socialist Review* 80, p. 67.

27 내가 여기서 모순어법적이라고 하는 '강한 여성'과 '장애 인간' 같은 신분들은 W. E. B. 뒤보이스가 지적한 것처럼 "이중 의식"을 표출하는 아프리카계 미국인(African-American)같이 하이픈을 사용하여 표기하는 인종/민족 정체성과 비슷한 기능을 한다. W. E. B. DuBois, *The Souls of Black Folk*, 1903; reprint, New York: New American Library, 1982, p. 45를 볼 것.

28 Haraway, "A Manifesto for Cyborgs", pp. 65, 91, 73, 95. 해러웨이는 사이보그와 장애인을 연결시키지 않지만, 컴퓨터에 관해 논의하면서 지나가는 말로 "양측 하지마비 장애인이나 다른 심각한 장애를 지닌 자들은 다른 대화 장치를 통하여 복잡한 혼합의 가장 강렬한 경험을 할 수 있다"고 하였다(p. 97). 그녀는 보정 장치를 "친한 자아"라고 하였지만, 휠체어를 자아의 일부라고 인정하지 않았고, 장애가 서로 배타적인 두 가지의 상태를 합친다는 것도 인정하지 않았다.

29 문화적 개념으로서의 보정 장치에 대한 논의는 David Wills, *Prosthesis*, Stanford: Stanford University Press, 1995를 볼 것.

30 Claudia Tate ed., *Black Women Writers at Work*, New York: Continuum, 1988, p. 129.

31 Susan Willis, "Eruptions of Funk: Historicizing Toni Morrison", *Specifying: Black Women Writing the American Experience*, Madison: University of Wisconsin Press, 1987은 모리슨의 첫 네 편의 소설을 역사화하면서 피상적으로 "해방을 위한 모습으로서의 결여, 기형, 그리고 자해"에 대해 논의하였다(p. 104). 윌리스의 주요 논점은 소설들 내에서 그려지는 부르주아 문화에의 저항에 대한 것이었지만, 그녀는 모리슨의 소설에 있어서의 장애와 사회적 타자성의 관계를 인식하면서, 자해가 개인을 "급진적으로 다른 사회적 공간을 차지하고 있는 새로운 그리고 온전한 사람"으로 재정의해 준다고 주장하였다(p. 103). 나의 장애 인물에 대한 읽기는 그녀의 이러한 간략한 설명과 일치하지만, 나의 연구는 이러한 분석을 더 확장하고 집중하여 장애를 단순한 신체적 상태로서가 아니라 인종적 그리고 성적 범주를 복잡하게 만드는 사회적으로 구성된 정체성으로 취급한다.

32 [옮긴이] 트릭스터는 속임수나 장난을 통해 도덕과 관습을 무시하고 사회 질서를 어지럽히는 신화/설화 속의 신, 인간, 동물 등을 이르는 말이다. 트릭스터의 주요 역할은 강한 자와 약한 자 사이에 힘의 균형을 바로잡는 것이다. 미국 흑인 문학 비평은 트릭스터 인물에서 미국 사회의 인종 억압을 내부로부터 해체할 수 있는 가능성을 찾았다.

33 Henry Louis Gates Jr., "The Blackness of Blackness: A Critique of the Sign and the Signifying Monkey", Henry Louis Gates Jr. ed., *Black Literature and Literary Theory*, New York: Methuen, 1984, p. 287.

34 Asch and Fine, "Disabled Women: Sexism without the Pedestal", *Journal of Sociology and Social Welfare* 8(2), pp. 233~248.

35 베이비 석스의 손녀이고 빌러비드의 자매인 덴버(Denver)도 신체적 장애인이다. 그녀는 자매의 죽음에 대한 진실에 관해서 듣기를 심리적으로 거부한 결과 2년 동안 듣지 못하게 된다. 덴버가 인종차별의 만행을 말해 주는 유형에는 잘 들어맞지만 그녀의 장애는 일시적인 것이라서 나는 그녀를 이 분석에 포함시키지 않기로 하였다. 등에 난 흉터 때문에 분석에 포함시킨 덴버의 어머니 세스 역시 일시적인 장애를 가지고 있는데, 여기서 밝힐 예정이다. 그녀는 어머니가 교수형에 처해진 이후부터 남편이 될 헬리(Halle)를 만날 때까지 말을 더듬는다.

36 '장애'라는 단 하나의 범주에 모반과 같은 형태적 측면과 기동력 손상과 같은 기능적 상태를 함께 포함시킴으로써 나는 모든 신체적으로 낙인찍힌 상태들의 동등함을 주장하려는 것이 아니라 이 같은 표시들에 대한 상호 연관된 사회정치적 해석을 주장하려는 것이다. 나는 또한 모리슨의 내러티브가 여성성, 비백인성과 장애를 자연적인, 선천적으로 제약적인 생물학적 상태로서가 아니라 적대적인 주변 환경의 신체적, 제도적, 사회적 측면에 의해 형성된 정체성으로서 표현하였다고 주장한다.

37 [옮긴이] 필레이트는 (우리말) 성경에서 빌라도로 소개되는 이름이다. 빌라도는 유대 지역을 다스리던 총독으로서 예수가 유대인들의 고소로 잡혀 왔을 때 예수의 무죄함을 알고 석방하려 했으나 유대인들의 반대로 예수에게 사형 판결을 내린 인물이다.

38 Tate, *Black Women Writers at Work*, p. 128.

39 Goffman, *Stigma*, p. 1; Gates Jr., "The Blackness of Blackness", p. 300.

40 Tate, *Black Women Writers at Work*, p. 129.

41 세스의 어머니에 관하여 이 부분을 나에게 지적해 준 매 핸더슨(Mae Henderson)에게 감사 드린다.

42 Susan Stewart, *Nonsense: Aspects of Intertextuality in Folklore and Literature*, Baltimore: Johns Hopkins University Press, 1978, p. 21.

43 ibid.

44 『타르 베이비』의 온딘 차일즈(Ondine Childs)와 제이딘 차일즈(Jadine Childs), 『술라』의 헬렌 라이트(Helene Wright), 『솔로몬의 노래』의 루스 데드(Ruth Dead) 같은 다른 이상적인 하인이나 점잖은 숙녀 인물들처럼 폴린도 그녀가 지배 체제로부터 가치와 정의를 받아들인 정도만큼 신화적 재현에서 배제되어 있다.

45 Susan Stewart, *Nonsense*, p. 62.

46 [옮긴이] 『솔로몬의 노래』의 배경이 되는 도시의 길 이름은 원래 '메인즈 거리'(Mains Avenue)였으나, 거기에 첫 흑인 의사가 살게 되면서 흑인들이 이 의사에게 편지를 보낼 때 '의사 거리'(Doctor Street)로 길 이름을 바꿔서 써 보낸다. 이에 화가 난 백인 시청 공무원들이 '의사 거리가 아닌 메인즈 거리'(Mains Street and Not Doctor Street)라는 표지판을 세운다. 이후 사람들이 이 길을 '의사 거리가 아닌 거리'(Not Doctor Street)로 부르게 된다. 그리고 소설에서 자애 병원(Mercy Hospital)은 백인 전용 병원이다. 따라서 자애(Mercy)라는 병원 이름이 의미하는 것이 흑인들에게는 해당되지 않은 것이었다.

47 Kriegel, "The Wolf in the Pit in the Zoo", p. 22; Marshall, *Brown Girl, Brownstones*, p. 28.

48 Tate, *Black Women Writers at Work*, p. 115.

49 [옮긴이] 미국 흑인을 주요 독자층으로 하는 월간지

50 Biddy Martin, "Lesbian Identity and Autobiographical Difference[s]", Bella Brodzki and Celeste Schenck eds., *Life/Lines: Theorizing Women's Autobiography*, Ithaca: Cornell University Press, 1988, pp. 77~103은 자전적 작품에서 여성 동성애자적 시각이 갖는 인습타파적 잠재력에 대해 비슷한 주장을 하면서, "여성 동성애자 자서전적 내러티브는 관습적인 모형들의 윤곽과 내러티브적 제약을 벗어나 다르게 기억하기이다"라고 강조하였다(p. 85). 오드리 로드의 말은 *Sister Outsider*, p. 40에서 인용함.

51 [옮긴이] 카리브 해에 위치한 그레나다의 보호령

52 이 탈구조주의적/여성중심주의적 시도는 물론 엘렌 식수(Helene Cixous)의 여성적 글쓰기(l'ecriture femine)와 비슷하다(예를 들어 "The Laugh of the Medusa", *Signs: Journal of Women in Culture and Society* 1, 1976, pp. 875~893을 볼 것). 그러나 여기서 로드의 시도는 식수가 몸에 대해 글을 썼던 것에 비교했을 때 물리적 경험에 더 근거하고 언어적 이론에

덜 근거하고 있다. 로드의 시 이론에 대한 자세한 설명은 "Uses of the Erotic: the Erotic as Power", *Sister Outsider*, pp. 53~59를 볼 것.

53 이 표현은 심리학자 진 바커 밀러(Jean Baker Miller)와 웨슬리 대학(Wellesley College)의 스톤 센터(Stone Center)에 있는 그녀의 동료들이 제시한 이론과 놀라울 정도로 비슷하다. 이들은 여성이 구별보다는 관계를 통해 자아감을 발전시키는 경향이 있다고 주장한다(밀러의 *Towards a New Psychology of Women*, Boston: Beacon Press, 1976을 볼 것). 이에 관한 논의는 Judith Jordan et al., *Women's Growth in Connection: Writings from the Stone Center*, New York: Guilford, 1991과 Nancy Chodorow, *The Reproduction of Mothering: Psychoanalysis and the Sociology of Gender*, Berkeley: University of California Press, 1978[『모성의 재생산』, 김민예숙·강문순 옮김, 한국심리치료연구소, 2008]을 볼 것.

54 Claudine Raynaud, "'A Nutmeg Nestled Inside Its Covering of Mace': Audre Lorde's *Zami*", Brodzki and Schenck eds., *Life/Lines*, p. 226.

55 Lorde, *Sister Outsider*, p. 42.

56 젠더와 인종 이론가들이 지금은 젠더와 인종 본질주의에 대해 강한 의구심을 표시하고 있기는 하지만, 긍정적인 정체성의 정치학에 근거를 두기 위하여 가끔 다름을 강조하는 것이 정치적으로 젠더와 인종 운동에 중요하다. 정치적 운동에 있어서 신체적 다름의 역할에 대한 연구는 앞서 2장에서 내가 한 논의를 참고하라.

57 [옮긴이] 백인과 동등한 경제적, 사회적 권력 획득을 목표로 1960년대 중반 시작된 흑인 인권 운동으로 일종의 문화 민족주의 형태를 취한다.

58 Jacobs, *Incidents in the Life of a Slave Girl*, p. 56.

59 스토의 주장은 James Baldwin, *Notes of a Native Son*, Boston: Beacon Press, 1953, pp. 13~23과 Hortense J. Spillers, "Changing the Letter: The Yokes, the Jokes of Discourse, or, Mrs. Stow, Mr. Reed", Deborah E. McDowell and Arnold Rampersad eds., *Slavery and the Literary Imagination: Selected Papers from The English Institute*, 1987, Baltimore: Johns Hopkins University Press, 1989 등에서 맹렬한 비판을 받았다. 이 두 비평가들은 스토의 흑인 묘사가 부정적이고, 잘난 체하며, 자기 잇속만 차린다고 비판하였다.

60 Tate, *Black Women Writers at Work*, p. 129.

61 Lorde, *Sister Outsider*, p. 42.

62 ibid., p. 112.

참고문헌

Ainlay, Stephen, Gaylene Becker and Lerita M. Coleman eds., *The Dilemma of Difference: A Multidisciplinary View of Stigma*, New York: Plenum Press, 1986.

Alcoff, Linda, "Cultural Feminism Versus Post-Structuralist Feminism: The Identity Crisis in Feminist Theory", *Signs* 13, no. 3 (1988), pp. 405~436.

Altick, Richard D., *The Shows of London*, Cambridge: The Belknap Press of Harvard University Press, 1978.

Anderson, Benedict, *Imagined Communities: Reflections on the Origin and Spread of Nationalism*, New York: Verso, 1991.

Angelou, Maya, *I know Why the Caged Bird Sings*, Toronto: Bantam Books, 1969. [『새장에 갇힌 새가 왜 노래하는지 나는 아네』, 김욱동 옮김, 문예출판사, 2009]

Appiah, Kwame Anthony, *In my Father's House*, New York: Oxford University Press, 1992.

Aptheker, Bettina, *Tapestries of Life: Women's Work, Women's Consciousness, and the Meaning of Daily Experience*, Amherst: University of Massachusetts Press, 1989.

Arieli, Yehoshua, *Individualism and Nationalism in American Ideology*, Cambridge, Mass: Center for the Study of the History of Liberty in America, 1964.

Aristotle, *Generation of Animals*, trans. A. L. Peck, Cambridge: Harvard University Press, 1994.

_____, *Nicomachean Ethics*, trans. Terence Irwin, Indianapolis: Hackett Publishing, 1985.

_____, "The Poetics", Hazard Aadams ed., *Critical Theory Since Plato*, New York: Harcourt Brace Jovanovich, 1971, pp. 48~66.

Asch, Adrienne and Michelle Fine eds., "Moving Beyond Stigma", *Journal of Social Issues* 44, no. 1, 1988.

Atarr, Paul, *Social Transformation of American Medicine*, New York: Basic Books, 1982.

Bakhtin, Mikhail M., *The Dialogic Imagination*, ed. Michael Holquist, trans. Caryl Emerson and Michael Holquist, Austin: Texas University Press, 1981.

Baldwin, James, "Everybody's Protest Novel", James Baldwin, *Notes of a Native Son*, Boston: Beacon Press, 1955, pp. 13~23.

Balsamo, Anne, "On the Cutting Edge: Cosmetic Surgery and the Technological Production of the Gendered Body", *Camera Obscura* 28, Jan. 1992, pp. 207~236.

Banner, Lois W., *American Beauty*, New York: Alfred A. knopf, 1983.

_____, "Religious Benevolence as Social Control: A Critique of an Interpretation", *Journal of American History* 60, no. 1, June 1973, pp. 23~41.

Barasch, Frances K., "Introduction", Thomas Wright, *A History of Caricature and Grotesque in Literature and Art,* 1865; Reprint, New York: Frederick Ungar, 1968.

Barker-Benfield, G. J., *The Horrors of the Half-known Life: Male Attitudes Toward Women and Sexuality in Nineteenth-Century America*, New York: Harper & Row, 1976.

Barnum, P. T., *Struggles and Triumphs*, 1869; Reprint, New York: Arno Press, 1970.

Barrow, Mark V., "A Brief History of Teratology", T. V. N. Persaud ed., *Problems of Birth Defects*, Baltimore: University Park Press, 1977, pp. 18~28.

Baym, Nina et al. eds., *Norton Anthology of American Literature*, 4th ed., New York: Norton, 1944.

_____, *Women's Fiction: A Guide to Novels by and about Women in America, 1820~1870*, Ithaca: Cornell University Press, 1978.

Baynton, Douglas C., "A Silent Exile on this Earth: The Metaphorical Construction of Deafness in the Nineteenth Century", *American Quarterly* 44, no. 2, June 1992, pp. 216~243.

de Beauvoir, Simone, *The Second Sex*, trans. H. M. Parshley, 1952; Reprint, New York: Vintage, 1974.

Becker, Ernest, *The Denial of Death*, New York: The Free Press, 1973.

Beecher, Henry Ward, *Lectures to Young Men, on Various Important Subjects*, New

York: J. B. Ford, 1873.

Bellah, Robert N. et al., *Habits of the Heart: Individualism and Commitment in American Life*, Berkeley: University of California Press, 1985.

Berger, John, *Ways of Seeing*, London: British Broadcasting Corporation, 1972.

Berger, Peter and Thomas Luchmann, *The Social Construction of Reality*, New York: Doubleday, 1966.

Biklin, Douglas and Lee Bailey eds., *Rudely Stamp'd: Imaginal Disability and Prejudice*, Washington, D. C.: University Press of America, 1981.

Biklin, Douglas and Robert Bogdan, "Media Portrayals of Disabled People: A Study in Stereotypes", *Interracial Books for Children Bulletin* 8, nos. 6~7, 1977, pp. 4~9.

Blumin, Stuart, *The Emergence of the Middle Class: Social Experience in the American City, 1760~1900*, Cambridge: Cambridge University Press, 1989.

Bogdan, Robert, *Freak Show: Presenting Human Oddities for Amusement and Profit*, Chicago: University of Chicago Press, 1989.

Bogdan, Robert and Steven Taylor, "Toward of Sociology of Acceptance: The Other Side of the Study of Deviance", *Social Policy* 18, no. 2, Fall 1987, pp. 34~39.

Bondeson, Jan and A. E. W. Miles, "Julia Pastrana, the Nondescript: An Example of Congenital, Generalized Hypertrichosis Terminalis with Gingival Hyperplasia", *American Journal of Medical Genetics* 47, 1993, pp. 198~212.

Bone, Robert, *The Negro Novel in America*, New Heaven: Yale University Press, 1958.

Bordo, Susan R., "The Body and the Reproduction of Femininity: A Feminist Appropriation of Foucault", Alison Jaggar and Susan Bordo eds., *Gender/Body/Knowledge: Feminist Reconstructions of Being and Knowing*, New Brunswick, N. J.: Rutgers University Press, 1989, pp. 13~31.

_____, *Unbearable Weight: Feminism, Western Culture, and the Body*, Berkeley: University of California Press, 1993. [『참을 수 없는 몸의 무거움』, 박오복 옮김, 또하나의문화, 2003]

Boucht, Brigitta et al., *Postfeminism*, Esbo, Finland: Draken, 1991.

Bowe, Frank, *Handicapping America: Barriers to Disabled People*, New York: Harper and Row, 1978.

Boydston, Jeanne, Mary Kelley and Anne Margolis, *The Limits of Sisterhood: The Beecher Sisters on Women's Rights and Woman's Sphere*, Chapel Hill, N. C.: The University of North Carolina Press, 1988.

Bradford, Phillips Verner and Harvey Blume, *Ota Benga: The Pygmy in the Zoo*,

New York: St. Martin's Press, 1992.

Brown, Gillian, *Domestic Individualism: Imagining Self in Nineteenth-Century America*, Berkeley: University of California Press, 1990.

Brown, Richard D., *Modernization: The Transformation of American Life 1600~1865*, New York: Hill and Wang, 1976.

Buckland, Francis T., "The Female Nondescript Julia Pastrana, and Exhibitions of Human Mummies, etc.", *Curiosities of Natural History* 4, London: Richard Bentley and Son, 1888.

Burbick, Joan, *Healing the Republic: The Language of Health and the Culture of Nationalism in Nineteenth-Century America*, New York: Cambridge University Press, 1994.

Burgdorf, Marcia Pearce and Robert Burgdorf Jr., "A History of Unequal Treatment: The Qualifications of Handicapped Persons as a 'Suspect Class' Under the Equal Protection Clause", *Santa Clara Lawyer* 15, 1975, pp. 855~910.

Butler, Judith, *Bodies That Matter: On the Discursive Limits of "Sex"*, New York: Routledge, 1993.

_____, *Gender Trouble: Feminism and the Subversion of Identity*, New York: Routledge, 1990. [『젠더 트러블』, 조현준 옮김, 문학동네, 2008]

Canguilhem, Georges, *The Normal and the Pathological*, trans. Carolyn R. Fawcett with Robert S. Cohen, New York: Zone Books, 1989. [『정상과 병리』, 이광래 옮김, 한길사, 1996]

Carlton, Ann, "Beyond Gothic and Grotesque: A Feminist View of Three Female Characters of Carson McCullers", *Pembroke* 20, 1988, pp. 54~68.

Cassuto, Leonard D., *The Inhuman Race: The Racial Grotesque in American Literature and Culture*, New York: Columbia University Press, 1996.

Chernin, Kim, *The Hungry Self: Women, Eating, and Identity*, New York: Times Books, 1985.

_____, *The Obsession: Reflections on the Tyranny of Slenderness*, New York: Harper & Row, 1981.

Chodorow, Nancy, *The Reproduction of Mothering: Psychoanalysis and the Sociology of Gender*, Berkeley: University of California Press, 1978. [『모성의 재생산』, 김민예숙·강문순 옮김, 한국심리치료연구소, 2008]

Cixous, Helene, "The Laugh of the Medusa", *Signs: Journal of Women in Culture and Society* 1, 1976, pp. 875~893.

Cohen, Jeffrey Jerome ed., *Monster Theory: Reading Culture*, Minneapolis: University of Minnesota Press, 1996.

Cohen, Patricia Cline, *A Calculating People: The Spread of Numeracy in Early America*, Chicago: University of Chicago Press, 1982.

Collins, Patricia Hill, *Black Feminist Thought: Knowledge, Consciousness and the Politics of Empowerment*, Boston: Unwin Hyman, 1990. [『흑인 페미니즘 사상』, 박미선·주해연 옮김, 여이연, 2009]

Compton, Tom, "The Brief History of Disability", Berkeley, CA: unpublished manuscript, 1989.

Cott, Nancy F., *The Bonds of Womanhood: "Woman's Sphere" in New England, 1780~1835*, New Haven: Yale University Press, 1977.

Coultrap-McQuin, Susan, *Doing Literary Business: American Women Writers in the Nineteenth Century*, Chapel Hill: University of North Carolina Press, 1990.

Cummins, Maria, *The Lamplighter*, Boston: Houghton, Osgood, 1879.

"Curious History of the Baboon Lady, Miss Julia Pastrana", Pamphlet, Cambridge: Harvard Theater Collection.

Daly, Mary, *Gyn/ecology: The Metaethics of Radical Feminism*, Boston: Beacon Press, 1978.

Davis, Fred, "Deviance Disavowal: The Management of Strained Interaction by the Visible Handicapped", *Social Problems* 9, 1961, pp. 120~132.

Davis, Kathy, *Reshaping the Female Body: The Dilemma of Cosmetic Surgery*, New York: Verso, 1995.

Davis, Lennard J., *Enforcing Normalcy: Disability, Deafness, and the Body*, New York: Verso, 1995.

_____ ed., *The Disability Studies Reader*, New York: Routledge, 1996.

Davis, Rebecca Harding, *Life in the Iron Mills*, 1861; Reprint, New York: Feminist Press, 1972.

_____, *Margret Howth*, 1862; Reprint, New York: Feminist Press, 1990.

DeBord, Guy, *Society of the Spectacle*, Detroit: Black and Red, 1983.

Dimock, Wai Chee, *Empire for Liberty: Melville and the Poetics of Individualism*, Princeton: Princeton University Press, 1989.

Donovan, Josephine, *Feminist Theory*, New York: Continuum, 1992.

Douglas, Ann, *The Feminization of American Culture*, New York: Alfred A. Knopf, 1977.

Douglas, Mary, *Purity and Danger: An Analysis of Concepts of Pollution and Taboo*, New York: Praeger, 1966. [『순수와 위험』, 유제분·이훈상 옮김, 현대미학사, 1997]

Drimmer, Frederick, *Born Different: Amazing Stories of Very Special People*, New York: Atheneum, 1988.

_____, *Very Special People*, New York: Amjon Press, 1983.

Du Bois, W. E. B., *The Souls of Black Folk*, 1903; Reprint, New York: New American Library, 1982.

Dyer, Richard, *The Matter of Images: Essays on Representation*, New York: Routledge, 1993.

Ehrenreich, Barbara and Deirdre English, *For Her Own Good: 150 Years of the Expert's Advice to Women*, Garden City, N. Y.: Anchor Books, 1979.

Eisenstein, Hester, *Contemporary Feminist Thought*, Boston: G. K. Hall, 1983.

Elshtain, Jean Bethke, *Public Man, Private Woman: Women in Social and Political Thought*, Princeton: Princeton University Press, 1981.

Emerson, Ralph Waldo, *The Works of Ralph Waldo Emerson*, Boston: Houghton Mifflin, 1865.

Erkkila, Betsy, "Ethnicity, Literary Theory, and the Grounds of Resistance", *American Quarterly* 47, no. 4, Dec. 1995, pp. 563~594.

Evans, Sara M., *Born for Liberty: A History of Women in America*, New York: The Free Press, 1989.

Faludi, Susan, *Backlash: The Undeclared War Against American Women*, New York: Crown, 1991.

Fiedler, Leslie, *Freaks: Myths and Images of the Secret Self*, New York: Simon and Schuster, 1978.

_____, *Love and Death in the American Novel*, New York: Criterion Books, 1960.

_____, "Pity and Fear", *Salmagundi* 57, Fall 1982, pp. 57~69.

Fine, Michelle and Adrienne Asch eds., *Women with Disabilities: Essays in Psychology, Culture, and Politics*, Philadelphia: Temple University Press, 1988.

_____, "Disabled Women: Sexism without the Pedestal", *Journal of Sociology and Social Welfare* 8(2), pp. 233~248.

Finger, Anne, "Claiming All Our Bodies: Reproductive Rights and Disability", Rita Arditti, Renate Duell Klein, and Shelley Minden eds., *Test-Tube Women: What Future for Motherhood?*, Boston: Pandora, 1984.

Finkelstein, Victor, *Attitudes and Disabled People: Issues for Discussion*, New York: World Rehabilitation Fund, 1980.

Firestone, Shulamith, *The Dialectic of Sex: The Case for Feminist Revolution*, New York: William Morrow, 1970.

Fisher, Philip, *Hard Facts: Setting and Form in the American Novel*, New York: Oxford University Press, 1985.

Foucault, Michel, *The Archaeology of Knowledge and the Discourage on Language*, trans. Alan M. Sheridan-Smith, New York: Pantheon, 1972.

_____, *Birth of the Clinic: An Archaeology of Medical Perception*(Naissance de la clinique), trans. Alan M. Sheridan-Smith, New York: Pantheon, 1973. [『임상의 학의 탄생』, 홍성민 옮김, 이매진, 2006]

_____, *Discipline and Punish: The Birth of the Prison*(Surveiller et punir), trans. Alan M. Sheridan-Smith, New York: Vintage Books, 1979. [『감시와 처 벌』, 오생근 옮김, 나남, 2003]

_____, *Madness and Civilization: A History of Insanity in the Age of Reason*(Histoire de la folie à l'âge classique), trans. Richard Howard, New York: Pantheon, 1965. [『광기의 역사』, 이규현 옮김, 나남, 2003]

_____, *Power/Knowledge: Selected Interviews and Other Writings*, ed. and trans. Colin Gordon, New York: Pantheon, 1980.

Fox-Genovese, Elizabeth, *Feminism without Illusions*, Chapel Hill: University of North California Press, 1991.

Freaks, Dir, *Tod Browning*, Metro-Goldwyn-Mayer, 1932.

Freedman, Rita Jackaway, *Beauty Bound*, Lexington, Mass.: Lexington Books, 1986.

Freud, Sigmund, "Some Character Types Met with in Psycho-Analytic Work", *Collected Papers* 4, trans. Joan Riviere, London: Hogarth, 1957, pp. 318~323.

Friedman, John Block, *The Monstrous Races in Medieval Art and Thought*, Cambridge: Harvard University Press, 1981.

Friedman, Lawrence M. and Jack Ladinsky, "Social Change and the Law of Industrial Accidents", *Columbia Law Review* 67, no. 1, Jan. 1967, pp. 50~81.

Fuss, Diana, *Essentially Speaking: Feminism, Nature and Difference*, New York: Routledge, 1989.

Gallagher, Hugh Gregory, *By Trust Betrayed, Physicians, and the License to Kill in the Third Reich*, New York: Holt, 1989.

_____, *FDR's Splendid Deception*, New York: Dodd Mead, 1985.

Gartner, Alan and Tom Joe eds., *Images of the Disabled, Disabling Images*, New York: Praeger, 1987.

Gates, Henry Louis Jr., "The Blackness of Blackness: A Critique of the Sign and the Signifying Monkey", Henry Louis Gates Jr. ed., *Black Literature and Literary Theory*, New York: Methaen, 1984, pp. 285~321.

Gayle, Addison Jr., "The Black Rebel", *The Way of the New World: The Black Novel in America*, New York: Anchor/Doubleday, 1975.

Gerber, David, "Volition and Valorization: The 'Careers' of People Exhibited in

Freak Shows", Rosemarie Garland Thomson ed., *Freakery: Cultural Spectacles of the Extraordinary Body*, New York: New York University Press, 1996.

Giddings, Paula, *When and Where I Enter: The Impact of Black Women on Race and Sex in America*, New York: Bantam Books, 1984.

Gilligan, Carol, *In a Different Voice: Psychological Theory and Women's Development*, Cambridge: Harvard University Press, 1982.

Gilman, Charlotte Perkins, *Women and Economics*, 1898. Reprint, New York: Harper Torchbooks, 1966.

_____, "The Yellow Wallpaper", *New England Magazine*, Jan. 1892.

Gilman, Sander L., *Difference and Pathology: Stereotypes of Sexuality, Race, and Madness*, Ithaca: Cornell University Press, 1985.

Ginzberg, Lori D., *Women and the Work of Benevolence: Morality, Politics, and Class in the Nineteenth-Century United States*, New Heaven: Yale University Press, 1990.

Goffman, Erving, *Stigma: Notes on the Management of Spoiled Identity*, Englewood Cliffs, N. J.: Prentice-Hall, 1963. [『스티그마』, 윤선길 옮김, 한신대학교출판부, 2009]

Gould, George M. and Walter L. Pyle, *Anomalies and Curiosities of Medicine*, Philadelphia: W. B. Saunders, 1897.

Gould, Stephen Jay, *The Flamingo's Smile: Reflection in Natural History*, New York: Norton, 1985.

_____, "The Hottentot Venus", *Natural History* 91, no. 10, Oct. 1982, pp. 20~72.

_____, *The Mismeasure of Man*, New York: Norton, 1981.

Grant, Judith, *Fundamental Feminism: Contesting the Core Concepts of Feminist Theory*, New York: Routledge, 1993.

Greenblatt, Stephen, "Fiction and Friction", Thomas C. Heller et al. eds., *Reconstructing Individualism: Autonomy, Individuality and Self in Western Thought*, Stanford: Stanford University Press, 1986, pp. 30~52.

Groce, Nora, *Everyone Here Spoke Sign Language: Hereditary Deafness on Martha's Vineyard*, Cambridge: Harvard University Press, 1985. [『마서즈 비니어드 섬 사람들은 수화로 말한다』, 박승희 옮김, 한길사, 2003]

Grosz, Elizabeth, "Intolerable Ambiguity: Freaks as/at the Limit", Rosemarie Garland Thomson ed., *Freakery: Cultural Spectacles of the Extraordinary Body,* New York: New York University Press, 1996.

Hahn, Harlan, "Can Disability Be Beautiful?", *Social Policy*, Fall 1988, pp. 26~31.

Haller, Mark H., *Eugenics: Hereditarian Attitudes in American Thought*, New Brunswick, N. J.: Rutgers University Press, 1984.

Haraway, Donna, "A Manifesto for Cyborgs: Science, Technology, and Socialist

Feminism in the 1980s", *Socialist Review* 80, 1985, pp. 65~107.

Harpham, Geoffrey Galt, *On the Grotesque: Strategies of Contradiction in Art and Literature*, Princeton: Princeton University Press, 1982.

Harris, Neil, *Humbug: The Art of P. T. Barnum*, Boston: Little, Brown, 1973.

Harris, Sharon M., *Rebecca Harding Davis and American Realism*, Philadelphia: Pennsylvania University Press, 1991.

_____, "Rebecca Harding Davis; From Romance to Realism", *American Literary Realism* 21, no. 2, Winter 1989, pp. 4~20.

Haskell, Thomas L., "Capitalism and the Origins of the Humanitarian Sensibility, Part 1", *American History Review* 90, no. 2, April 1985, pp. 339~361.

_____, "Capitalism and the Origins of the Humanitarian Sensibility, Part 2", *American History Review* 90, no. 3, June 1985, pp. 547~566.

Hawthorne, Nathaniel, *The Scarlet Letter: A Romance*, 1850; Reprint, New York: Bobbs-Merrill, 1963.

Hays, Peter L., *The Limping Hero: Grotesques in Literature*, New York: New York University Press, 1971.

Heilbrun, Carolyn, *Writing a Woman's Life*, New York: Norton, 1988.

Hennessy, Rosemary, *Materialist Feminism and the Politics of Discourse*, New York: Routledge, 1993.

Hermann, Otto W., *Fahrend Volk*, Signor Salterino, Leipzig: Weber, 1895.

Herndl, Diane Price, *Invalid Women: Figuring Illness in American Fiction and Culture, 1840~1940*, Chapel Hill: University of North Carolina Press, 1993.

Herndl, Diane Price and Robyn Warhol, *Feminisms*, New Brunswick, N. J.: Rutgers University Press, 1991.

Hevey, David, *The Creatures Time Forgot: Photography and Disability Images*, London: Routledge, 1992.

Hillyer, Barbara, *Feminism and Disability*, Norman, Okla.: University of Oklahoma Press, 1993.

Hirsch, Marianne and Evelyn Fox Keller eds., *Conflicts in Feminism*, New York: Routledge, 1990.

Hofstadter, Richard, *Social Darwinism in American Thought*, Boston: Beacon Press, 1944.

hooks, bell, *Ain't I A Woman: Black Women and Feminism*, Boston: South End Press, 1981.

Horowitz, Maryanne Cline, "Aristotle and Women", *Journal of the History of Biology* 9, 1976, pp. 183~213.

Hubbard, Ruth, "Who Should and Should Not Inhabit the World", Ruth Hubbard ed., *The Politics of Women's Biology*, New Brunswick, N. J.: Rutgers University Press, 1990, pp. 179~198.

Huet, Marie-Helene, *Monstrous Imagination*, Cambridge: Harvard University Press, 1993.

Hurston, Zora Neale, *Their Eyes Were Watching God*, Chicago: University of Illinois Press, 1978.

Jacobs, Harriet, *Incidents in the Life of a Slave Girl*, 1861; Reprint, Cambridge: Harvard University Press, 1987.

Jameson, Fredric, "Postmodernism, or The Cultural Logic of Late Capitalism", *New Left Review* 146, July-Aug. 1984, pp. 53~92.

Jehlen, Myra, *American Incarnation: The Individual, the Nation, and the Continent*, Cambridge: Harvard University Press, 1986.

Johnson, Charles, *Middle Passage*, New York: MacMillan, 1990.

Johnson, James Weldon, *The Autobiography of an Ex-Coloured Man*, New York: Alfred A. Knopf, 1927.

Jones, Edward E. et al., *Social Stigma: The Psychology of Marked Relationships*, New York: Freeman, 1984.

Jordan, Judith et al., *Women's Growth in Connection: Writings from the Stone Center*, New York: Guilford, 1991.

Kant, Immanuel, "Critique of Judgement", Hazard Adams ed., *Critical Theory Since Plato*, New York: Harcourt Brace, 1971, pp. 379~399.

Kaplan, Deborah, "Disability Rights: Perspectives on Reproductive Technologies and Public Policy", Sherrie Cohen and Nadine Taub eds., *Reproductive Laws for the 1990s*, Totowa, N. J.: Humanities Press, 1989, pp. 241~247.

Kaplan, E. Ann, "Is the Gaze Male?", Ann Snitow, Christine Stansell, and Sharon Thompson eds., *Powers of Desire: The Politics of Sexuality*, New York: Monthly Review Press, 1983, pp. 309~325.

Katz, Michael B., *In the Shadow of the Poorhouse: A Social History of Welfare in America*, New York: Basic Books, 1986.

Keller, Evelyn Fox, "Gender and Science", Evelyn Fox Keller ed., *Reflections on Gender and Science*, New Heaven: Yale University Press, 1985, pp. 75~94.

Kelly, Mary, *Private Woman, Public Stage: Literary Domesticity in Nineteenth-Century America*, New York: Oxford University Press, 1984.

_____, "The Sentimentalist: Promise and Betrayal in the Home", *Signs: Journal of Women in Culture and Society* 4, no. 31, 1979, pp. 434~446.

Kent, Deborah, "In Search of a Heroine: Images of Women with Disability in Fiction and Drama", Asch and Fine eds., *Women with Disabilities*, pp. 90~110.

Kessler, Carol Farley, *Elizabeth Stuart Phelps*, Boston: Twayne, 1982.

Kevles, Daniel J., *In the Name of Eugenics: Genetics and the Use of Human Heredity*, Berkeley: University of California Press, 1985.

Kittay, Eva Feder and Diana T. Meyers, *Women and Moral Theory*, Totowa, N. J.: Rowman and Littlefield, 1987.

Kokaska, Charles et al., "Disabled People in the Bible", *Rehabilitation Literature* 45, no. 1~2, 1984, pp. 20~21.

Kolodny, Annette, *The Land Before Her*, Chapel Hill: University of North Carolina Press, 1985.

Kracauer, Siegfried, *The Mass Ornament: Weimar Essays*, trans. and ed. Thomas Y. Levin, Cambridge: Harvard University Press, 1995.

Kriegel, Leonard, "Uncle Tom and Tiny Tim: Some Reflections on the Cripple as Negro", *The American Scholar* 38, no. 3, Summer 1969, pp. 412~430.

_____, "The Wolf in the Pit in the Zoo", *Social Policy*, Fall 1982, pp. 16~23.

Kristeva, Julia, *Powers of Horror: An Essay on Abjection*, trans. Leon S. Roudiez, New York: Columbia University Press, 1982. [『공포의 권력』, 서민원 옮김, 동문선, 2001]

Kuhn, Thomas S., *The Structure of Scientific Revolutions*, Chicago: University of Chicago Press, 1992. [『과학혁명의 구조』, 김명자·홍성욱 옮김, 까치글방, 2013]

Kunhardt, Philip B. Jr., Philip B. Kunhardt and Peter W. Kunhardt., *P. T. Barnum: America's Greatest Showman*, New York: Alfred A. Knopf, 1995.

Lakoff, Robin Tolmach and Raquel L. Scherr, *Face Value: The Politics of Beauty*, Boston: Routledge, 1984.

Lane, Harlan, *When the Mind Hears: A History of the Deaf*, New York: Random House, 1984.

Lang, Amy Schrager, "Class and the Strategies of Sympathy", Shirley Samuels ed., *The Culture of Sentiment: Race, Gender and Sentimentality in Nineteenth-Century America*, New York: Oxford University Press, 1992.

_____, *Prophetic Woman: Anne Hutchinson and the Problem of Dissent in the Literature of New England*, Berkeley: University of California Press, 1987.

Laqueur, Thomas W., "Bodies, Details, and the Humanitarian Narrative", Lynn Hunt ed., The New Cultural History, Berkeley: California University Press, 1989.

_____, *Making Sex: Body and Gender from the Greeks to Freud*, Cambridge: Harvard University Press, 1990.

Laurence, J. Z., "A Short Account of the Bearded and Hairy Female", *Lancet* 2, 1857, p. 48.

Lazerson, Marvin, "The Origins of Special Education", J. G. Chambers and William T. Hartman eds., *Special Education Politics: Their History, Implementation, and Finance*, Philadelphia: Temple University Press, 1983, pp. 15~47.

Leavitt, Judith Walzer ed., *Women and Health in America*, Madison: University of Wisconsin Press, 1984.

Lenihan, J., "Disabled Americans: A History", *Performances*, Nov.-Dec. 1976 ~ Jan. 1977, pp. 1~69.

Lerner, Gerda, "The Lady and the Mill Girl: Changes in the Status of Women in the Age of Jackson", *Midcontinent American Studies Journal* 10, 1969, pp. 5~15.

Lerner, Melvin, *The Belief in a Just World*, New York: Plenum, 1980.

Leverenz, David, "The Politics of Emerson's Man-Making Words", *PMLA* 101, no. 1, Jan. 1986, p. 49.

Liachowitz, Claire H., *Disability as a Social Construct: Legislative Roots*, Philadelphia: Pennsylvania University Press, 1988.

Lindfors, Bernth, "Circus Africans", *Journal of American Culture* 6, no. 2, 1983, pp. 9~14.

_____, "'The Hottentot Venus' and Other African Attractions in Nineteenth-Century England", *Australasion Drama Studies* 1, no. 2, 1983, pp. 82~104.

_____, "P. T. Barnum and Africa", *Studies in Popular Culture* 7, 1984, pp. 18~25.

Longmore, Paul K., "Conspicuous Contribution And American Cultural Dilemmas: Telethons, Virtue, and Community", David Mitchell and Sharon Snyder eds., *Storylines and Lifelines: Narratives of Disability in the Humanities*, Forthcoming.

_____, "A Note on Language and the Social Identification of Disabled People", *American Behavioral Scientist* 28, no. 3, Jan.-Feb. 1985, pp. 419~423.

_____, "Screening Stereotypes: Images of Disabled People", *Social Policy* 16, Summer 1985, pp. 31~38.

Lorde, Audre, *Sister Outsider*, Trumansburg, N. Y.: The Crossing Press, 1984.

_____, *Zami: A New Spelling of My Name*, Freedom, Calif.: The Crossing Press, 1982.

Lott, Eric, *Love and Theft: Blackface Minstrelsy and the American Working Class*, New York: Oxford University Press, 1993.

Lukacs, Georg, *The Meaning of Contemporary Realism*, trans. John and Necke Mander, London: Merlin, 1963.

MacAloon, John J., "Olympic Games and the Theory of Spectacle in Modern Times", John J. MacAloon ed., *Rite, Drama, Festival, Spectacle: Rehearsals*

Toward a Theory of Cultural Performance, Philadelphia: Institute for Study of Human Issues, 1984, pp. 241~280.

MacPherson, C. B., *The Political Theory of Possessive Individualism: Hobbies to Locke*, Oxford: Clarendon, 1962.

Mairs, Nancy, "On Being a Cripple", Nancy Mairs, *Plaintext: Essays*, Tucson: University of Arizona Press, 1986, pp. 9~21.

Malpezzi, Frances, "The Silent Partner: A Feminist Sermon on the Social Gospel", *Studies in the Humanities* 13, no. 2, Dec. 1986, pp. 103~110.

Marshall, Paule, *Brown Girl, Brownstones*, Old Westbury, N.Y.: The Femminist Press, 1981.

_____, *Praisesong for the Widow*, New York: Dutton, 1983.

Martin, Biddy, "Lesbian Identity and Autobiographical Difference(s)", Bella Brodzki and Celeste Schenck eds., *Life/Lines: Theorizing Women's Autobiography*, Ithaca: Cornell University Press, 1988, pp. 77~103.

Martin, Howard, *Victorian Grotesque*, London: Jupiter Books, 1977.

MasciaLees, Frances E. and Patricia Sharpe, "The Marked and the Un(re)marked: Tattoo and Gender in Theory and narrative", Frances E. Mascia-Lees and Patricia Sharpe eds., *Tattoo, Torture, Mutilation, and Adornment*, Albany: SUNY Press, 1992, pp.145~170.

Massachusettes Historical Society, "The 'Aztec Children'", *M. H. S. Miscellany* 50, Spring 1992, pp. 1~3.

Mathiessen, F. O., *The American Renaissance*, New York: Oxford University Press, 1941.

McConachie, Bruce A., "Museum Theater and the Problem of Respectability For Mid-Century Urban Americans", Ron Engle and Tice L. Miller eds., *The American Stage: Social and Economic Issues from the Colonial Period to the Present*, New York: Cambridge University Press, 1993, pp. 65~80.

McDonald, Barbara with Cynthia Rich, *Look Me in the Eye: Old Women, Aging, and Ageism*, San Francisco: Spinsters, Ink, 1983.

McNamara, Brooks, "'A Congress of Wonders': The Rise and Fall of the Dime Museum", *ESQ* 20, no. 3, 1974, pp. 216~232.

Melville, Herman, *Moby Dick*, 1851; Reprint, New York: Bobbs-Merrill, 1964.

Messer-Davidow, Ellen, "The Philosophical Bases of Feminist Literary Criticism", *New Literary History: A Journal of Theory and Interpretation* 19, no. 1, Autumn 1987, pp. 65~103.

Meyer, John W., "Myths of Socialization of Personality", Thomas C. Heller et al. eds., *Reconstructing Individualism: Autonomy, Individuality, and Self in*

Western Thought, Stanford: Stanford University Press, 1986, pp. 208~221.

Meyers, Marvin, *The Jacksonian Persuasion: Politics and Belief*, New York: Vintage, 1957.

Miles, A. E. W., "Julia Pastrana: The Bearded Lady", *Proceeding of the Royal Society of Medicine* 67, 1974, pp. 160~164.

Miller, Jean Baker, *Towards a New Psychology of Women*, Boston: Beacon Press, 1976.

Minow, Martha, *Making All the Difference: Inclusion, Exclusion, and American Law*, Ithaca: Cornell University Press, 1990.

Mitchell, Michael, *Monsters of the Gilded Age: The Photographs of Charles Eisenmann*, Toronto: Gage, 1979.

Morgan, Kathryn Pauly, "Women and the Knife: Cosmetic Surgery and the Colonization of Women's Bodies", *Hypatia* 6, no. 3, Fall 1991, pp. 25~53.

Morrison, Toni, *Beloved*, New York: New American Library, 1987. [『빌러비드』, 최인자 옮김, 문학동네, 2014]

_____, *The Bluest Eye*, New York: Washington Square Press, 1970. [『가장 푸른 눈』, 신진범 옮김, 들녘, 2003]

_____, *Playing in the Dark: Whiteness and the Literary Imagination*, Cambridge: Harvard University Press, 1992.

_____, *Song of Solomon*, New York: New American Library, 1977. [『솔로몬의 노래』, 김선형 옮김, 들녘, 2004]

_____, *Sula*, New York: New American Library, 1973. [『술라』, 김애주 옮김, 들녘, 2005]

_____, *Tar Baby*, New York: New American Library, 1981. [『타르 베이비』, 신진범 옮김, 들녘, 2007]

Mudrick, Nancy, "Disabled Women", *Society* 20, no. 3, March/April 1983, pp. 52~55.

Muller, Gilbert H., *Nightmares and Visions: Flannery O'Connor and the Catholic Grotesque*, Athens: University of Georgia Press, 1972.

Murphy, Robert, *The Body Silent*, New York: Holt, 1987.

Nicholson, Linda J., *Feminist/Postmodernism*, New York: Routledge, 1990.

Nightingale, Florence, "Cassandra", 1928; Reprinted in Ray Strachey ed., *The Cause: A Short History of the Women's Movement in Great Britain*, London: Virago, 1978, pp. 395~418.

Noddings, Nel, *Caring: A Feminine: Approach to Ethics and Moral Education*, Berkeley: University of California Press, 1984.

Norden, Martin, *The Cinema of Isolation: A History of Physical Disability in the*

Movies, New Brunswick, N. J.: Rutgers University Press, 1994.

Olsen, Tillie, *Silences*, New York: Dell, 1965.

Orbach, Susie, *Fat is a Feminist Issue: The Ant-Diet Guide to Permanent Weight Loss*, New York: Paddington Press, 1978.

_____, *Hunger Strike: The Anorectic's Struggle as a Metaphor for Our Age*, New York: Norton, 1986.

Paden, Carol and Tom Humphreys, *Deaf in America: Voices from a Culture*, Cambridge: Harvard University Press, 1988.

Pare, Ambroise, *On Monsters and Marvels*, 1573. trans. Janis Pallister, Reprint, Chicago: University of Chicago Press, 1982.

Park, Katherine and Lorraine Daston, "Unnatural Conceptions: The Study of Monsters in Sixteenth- and Seventeenth-Century France and England", *Past and Present* 92, Aug. 1981, pp. 20~54.

Parker, Gail, *The Oven Birds: American Women on Womanhood, 1820~1920*, Garden City, N. Y.: Anchor Books, 1972.

Pateman, Carole, *The Sexual Contract*, Stanford: Stanford University Press, 1988.

_____ and Elizabeth Gross eds., *Feminist Challenges: Social and Political Theory*, Boston: Northeastern University Press, 1986.

Patterson, Kathleen, "Disability and Identity in Flannery O'Connor's Short Fiction", unpublished manuscript, 1991.

Petry, Ann, *The Street*, 1946; Reprint, Boston: Beacon Press, 1974.

Phelps, Elizabeth, *Doctor Zay*, 1882; Reprint, New York: The Feminist Press, 1987.

_____, *The Silent Partner*, 1871. Reprint, New York: The Feminist Press, 1987.

_____, "The Tenth of January", Elizabeth S. Phelps, *The Silent Partner*, 1871; Reprint, New York: The Feminist Press, 1983.

_____, "Why Shall They Do It?", *Harpers* 36, 1886, pp. 218~223.

Porter, Theodore M., *The Rise of Statistical Thinking, 1820~1900*, Princeton: Princeton University Press, 1986.

Proctor, Robert, *Racial Hygiene: Medicine Under the Nazis*, Cambridge: Harvard University Press, 1988.

Pryse, Marjorie, "'Pattern Against the Sky': Deism and Motherhood in Ann Petry's The Street", Marjorie Pryse and Hortense J. Spillers eds., *Conjuring: Black Women, Fiction, and Literary Tradition*, Bloomington: Indiana University Press, 1985, pp. 116~131.

Raynaud, Claudine, "'A Nutmeg Nestled Inside Its Covering of Mace': Audre Lorde's Zami", Bella Brodzki and Celeste Schenck eds., *Life/lines: Theorizing Women's Autobiography*, Ithaca: Cornell University Press, 1988, pp. 221~242.

Reinharz, Shulamit, "Friends or Foes: Gerontological and Feminist Theory", *Women's Studies International Forum* 9, no. 5, 1986, pp. 503~514.

Rich, Adrienne, "When We Dead Awaken", Adrienne Rich, *On Lies, Secrets, and Silence*, New York: Norton, 1979.

Robinson, Paul, "Responses to Leslie Fielder", *Salmagundi* 57, Fall 1982, pp. 74~78.

Rodgers, Daniel T., *The Work Ethic in Industrial America, 1850~1920*, Chicago: Chicago University Press, 1978.

Roediger, David, *The Wages of Whiteness*, New York: Verso, 1991.

Romm, Sharon, *The Changing Face of Beauty*, St. Louis: Mosby-Year Book, 1992.

Roth, William, "Handicap as a Social Construct", *Society* 20, no. 3, March/April 1983, pp. 56~61.

Rothman, David, *The Discovery of the Asylum: Social Order and Disorder in the New Republic*, Boston: Little Brown, 1971.

Ruddick, Sara, "Maternal Thinking", *Feminist Studies* 6, no. 2, Summer 1980, pp. 342~367.

Russo, Mary, *The Female Grotesque: Risk, Excess, and Modernity*, New York: Routledge, 1994.

Ryan, Mary, "The American Parade: Representations of the Nineteenth-Century Social Order", Lynn Hunt ed., *The New Cultural History*, Berkeley: University of California Press, 1989, pp. 131~153.

_____, *Empire of the Mother: American Writing About Domesticity, 1830~1860*, New York: Institute for Research in History and The Hawthorne Press, 1982.

Sacks, Oliver, *Seeing Voices: A Journey into the World of the Deaf*, Berkeley: University of California Press, 1989.

Samuels, Shirley ed., *The Culture of Sentiment: Race, Gender, and Sentimentality in Nineteenth-Century America*, New York: Oxford University Press, 1992.

Sanchez-Eppler, Karen, "Bodily Bonds: The Interesting Rhetorics of Feminism and Abolition", *Representations* 24, Fall 1988, pp. 28~59.

Saxton, A. H., *P. T. Barnum: The Legend and the Man*, New York: New York University Press, 1989.

Saxton, Marsha, "Born and Unborn: The Implications of Reproductive Technologies for People with Disabilities", Rita Arditti, Renate Duell Klein, and Shelley Minden eds., *Test-Tube Women: What Future for Motherhood?*, Boston: Pandora, 1984, pp. 298~312.

_____, "Prenatal Screening and Discriminatory Attitudes about Disability", *Gene Watch*, Jan.-Feb. 1987, pp. 8~10.

Scarry, Elaine, *The Body in Pain: The Making and Unmaking of the World*, New York: Oxford University Press, 1985.

Schur, Edwin M., *Labeling Women Deviant: Gender, Stigma, and Social Control*, Philadelphia: Temple University Press, 1983.

Scotch, Richard K., *From Good Will to Civil Rights: Transforming Federal Disability Policy*, Philadelphia: Temple University Press, 1984.

Scott, Joan Wallach, "Deconstructing Equality-Versus-Difference: Or, The Uses of Poststructuralist Theory for Feminism", *Feminism Studies* 14, no. 1, Spring 1988, pp. 33~50.

Sedgwick, Eve Kosofsky, *Epistemology of the Closet*, Berkeley: University of California Press, 1990.

Sekula, Allan, "The Body and the Archive", *October* 39, Winter 1986, pp. 3~64.

Selzer, Mark, *Bodies and Machines*, New York: Routledge, 1992.

Selzer, Richard, *Mortal Lessons: Notes on the Art of Surgery*, New York: Simon and Schuster, 1987.

Sennett, Richard, *The Fall of Public Man*, New York: Alfred A. Knopf, 1977.

Shapiro, Joseph, *No Pity: People with Disabilities Forging a New Civil Rights Movement*, New York: Times Books/Random House, 1993.

Silvers, Anita, "Reconciling Equality to Difference Caring (f)or Justice for People with Disabilities", *Hypatia* 10, no. 1, Winter 1995, pp. 30~55.

Siwek, P., "Stigmatization", *New Catholic Encyclopedia* vol. 13, New York: McGraw Hill, 1967, pp. 711~712.

Sklar, Kathryn Kish, *Catharine Beecher: A Study in American Domesticity*, New York: Norton, 1973.

Smith, Sidonie, *Subjectivity, Identity, and the Body: Women's Autobiographical Practices in the Twentieth Century*, Bloomington: Indiana University Press, 1993.

Smith-Rosenberg, Carroll, *Disorderly Conduct: Visions of Gender in Victorian America*, New York: Oxford University Press, 1985.

_____ and Charles Rosenberg, "The Female Animal: Medical and Biological Views of Woman and Her Role in Nineteenth-Century America", Judith Leavitt Walzer ed., *Women and Health in America*, Madison: University of Wisconsin Press, 1984, pp. 12~27.

Sokolov, J., "Julia Pastrana and Her Child", *Lancet* 1, 1862, pp. 467~469.

Solomon, Howard M., "Stigma and Western Culture: A Historical Approach", Stephen Ainlay et al. ed., *The Dilemma of Difference: A Multidisciplinary View of Stigma*, New York: Plenum, 1986, pp. 59~76.

Sontag, Susan, *Illness as Metaphor*, New York: Farrat, Straus and Giroux, 1977. [『은 유로서의 질병』, 이재원 옮김, 이후, 2002]

Spelman, Elizabeth V., *Inessential Woman: Problems of Exclusion in Feminist Thought*, Boston: Beacon Press, 1988.

Spillers, Hortense J., "Changing the Letter: The Yokes, the Jokes of Discourse, or, Mrs. Stow, Mr. Reed", Deborah E. McDowell and Arnold Rampersad eds., *Slavery and the Literary Imagination*, Selected Papers from the English Institute, 1987; Reprint, Baltimore: Johns Hopkins University Press, 1989, pp.25~61.

Stallybrass, Peter and Allon White, *The Poetics and Politics of Transgression*, Ithaca: Cornell University Press, 1986.

Steig, Michael, "Defining the Grotesque: An Attempt at Synthesis", *Journal of Aesthetics and Art Criticism* 29, no. 2, Winter 1970, pp. 253~260.

Stewart, Susan, *Nonsense: Aspects of Intertextuality in Folklore and Literature*, Baltimore: Johns Hopkins University Press, 1978.

_____, *On Longing: Narratives of the Miniature, the Gigantic, the Souvenir, the Collection*, Baltimore: Johns Hopkins University Press, 1984.

Stigler, Stephen M., *The History of Statistics: The Measurement of Uncertainty Before 1900*, Cambridge: Belknap Press of Harvard University Press, 1986.

Stone, Deborah A., *The Disabled State*, Philadelphia: Temple University Press, 1984.

Stowe, Harriet Beecher, *The Key to Uncle Tom's Cabin*, London: Clarke, Beeton, & Co., 1853

_____, *Uncle Tom's Cabin or, Life Among the Lowly*, 1852; Reprint, New York: Penguin, 1981.

Tagg, John, "A Means of Surveillance: The Photograph as Evidence in Law", John Tagg, *The Burden of Representation: Evidence, Truth, and Order*, London: Macmillan, 1988, pp. 66~102.

Tate, Claudia ed., *Black Women Writers at Work*, New York: Continuum, 1988.

Thomas, Brook, *Cross Examinations of Law and Literature: Cooper, Hawthorne, Stowe, and Melville*, Cambridge: Cambridge University Press, 1987.

Thomas, John L., "Romantic Reform in America, 1815~1865", *American Quarterly* 17, Winter 1965, pp. 656~681.

Thomson, Philip, *The Grotesque*, London: Methuen, 1972.

Thomson, Rosemarie Garland ed., *Freakery: Cultural Spectacles of the Extraordinary Body*, New York: New York University Press, 1996.

_____, "Redrawing the Boundaries of Feminist Disability Studies", *Feminist*

Studies 20, Fall 1994, pp. 583~595.

Thurer, Shari, "Disability and Monstrosity: A Look at Literary Distortions of Handicapping Conditions", *Rehabilitation Literature* 41, no. 1~2, 1980, pp. 12~15.

Tocqueville, Alexis de, *Democracy in America vols. I and II,* 1840, 1862; Reprint, New York: Vintage Books, 1990. [『미국의 민주주의』1·2, 임효선·박지동 옮김, 한길사, 2002]

Tompkins, Jane, *Sensational Designs: The Cultural Work of American Fiction, 1790~1860,* New York: Oxford University Press, 1985.

Torgovnick, Marianna, *Gone Primitive: Savage Intellects, Modern Lives,* Chicago: University of Chicago Press, 1990.

Truzzi, Marcello, "Circus and Side Shows", Myron Matlaw ed., *American Popular Entertainment,* Westport, Conn.: Greenwood Press, 1979, pp. 175~185.

Tuana, Nancy, *The Less Noble Sex: Scientific, Religious, and Philosophical Conceptions of Woman's Nature,* Bloomington: Indiana University Press, 1993.

Turner, Victor, *The Forest of Symbols: Aspects of Ndembu Ritual,* Ithaca: Cornell University Press, 1967.

Twitchell, James B., *Carnival Culture: The Trashing of Taste in America,* New York: Columbia University Press, 1992.

U. S. Senate, 1989, *The Americans with Disabilities Act of 1989,* 101st Cong., 1st sess., S. Res. 933.

Van Cleve, John and Barry Crouch, *A Place of Their Own: Creating the Deaf Community in America,* Washington, D. C.: Gallaudet University Press, 1989.

Van O'Connor, William, *The Grotesque: An American Genre and Other Essays,* Carbondale: Southern Illinois University Press, 1962.

Veblen, Thorstein, *The Theory of the Leisure Class,* 1899; Reprint, Boston: Houghton Mifflin, 1973. [『유한계급론』, 김성균 옮김, 우물이있는집, 2012]

Verbrugge, Martha, *Able-Bodied Womanhood: Personal Health and Social Change in Nineteenth-Century Boston,* New York: Oxford University Pres, 1988.

Vertinsky, Patricia, "Exercise, Physical Capability, and the Eternally Wounded Woman in Late Nineteenth-Century North America", *Journal of Sport History* 14, no. 1, 1987, p. 7.

Wade, Cheryl Marie, "I Am Not One of the", *MS.* 11, no. 3, Nov/Dec. 1991, p. 57.

Walker, Alice, *The Color Purple,* New York: Washington Square Press, 1982.

_____, *Meridian,* New York: Pocket Books, 1976.

Walters, Ronald, *American Reformers, 1815~1860,* New York: Hill and Wang, 1978.

_____, *The Antislavery Appeal: American Abolitionism After 1830*, Baltimore: Johns Hopkins University Press, 1976.

Warhol, Robyn R., "Poetics and Persuasion: Uncle Tom's Cabin as a Realist Novel", *Essays in Literature* 13, no. 2, Fall 1988, pp. 283~298.

Warkany, Josef, "Congenital Malformations in the Past", T. V. N. Persaud ed., *Problems of Birth Defects*, Baltimore: University Park Press, 1977, pp. 5~17.

Warren, Joyce W., *American Narcissus: Individualism and Women in Nineteenth-Century American Fiction*, New Brunswick, N. J.: Rutgers University Press, 1984.

Weed, Elizabeth, "Introduction: Terms of Reference", Elizabeth Weed ed., *Coming to Terms: Feminism, Theory, Politics*, New York: Routledge, 1989, pp. ix-xxxi.

Weinberg, Nancy, "Another Perspective: Attitudes of People with Disabilities", Harold E. Yuker eds., *Attitudes Toward Persons with Disabilities*, New York: Springer, 1988, pp. 141~153.

Welter, Barbara, "The Cult of True Womanhood: 1820~1860", *American Quarterly* 18, no. 2, 1966, pp. 151~174.

Wicke, Jennifer, "Celebrity Material: Matericalist Feminism and the Culture of Celebrity", *South Atlantic Quarterly* 93, no. 4, Fall 1994, pp. 751~778.

Willis, Susan, "Eruptions of Funk: Historicizing Toni Morrison", *Specifying: Black Women Writing the American Experience*, Madison: University of Wisconsin Press, 1987, pp. 83~109.

Wilson, Dudley, *Signs and Portents: Monstrous Births from the Middle Ages to the Enlightenment*, London: Routledge, 1993.

Wilson, Harriet E., *Our Nig; or, Sketches From the Life of a Free Black*, 1859; Reprint, New York: Vintage, 1983.

Winship, Michael P., "Prodigies, Puritanism, and the Perils of Natural Philosophy: The Example of Cotton Mather", *William and Mary Quarterly*, Jan. 1994, pp. 92~105.

Wittig, Monique, "The Straight Mind", *Feminist Issues* 1, no. 1, Summer 1980, pp. 101~110.

Wolf, Naomi, *The Beauty Myth: How Images of Beauty Are Used Against Women*, New York: William Morrow, 1991.

Wolfensberger, Wolf, *The Origin and Nature of Our Institutional Models*, Syracuse, N. Y.: Human Policy Press, 1975.

Woloch, Nancy, *Women and the American Experience*, New York: Alfred A. Knopf, 1984.

Wood, Ann Douglas, "The Fashionable Diseases: Women's Complaints and Their

Treatment in Nineteenth-Century America", Judith Walzer Leavitt ed., *Women and Health in America*, Madison: University of Wisconsin Press, 1984, pp. 222~238.

Wright, Beatrice, "Attitudes and the Fundamental Negative Bias: Conditions and Corrections", Harold Yuker ed., *Attitudes Toward Persons with Disabilities*, New York: Springer, 1988, pp. 3~21.

Young, Iris Marion, *Justice and the Politics of Difference*, Princeton: Princeton University Press, 1990.

_____, *Throwing Like a Girl and Other Essays in Feminist Philosophy and Social Theory*, Bloomington: Indiana University Press, 1990.

Yuker, Harold E. ed., *Attitudes Toward Persons with Disabilities*, New York: Springer, 1988.

Zola, Irving Kenneth, *Missing Pieces: A Chronicle of Living with Disability*, Philadelphia: Temple University Press, 1982.

찾아보기